Lars Winkelsdorf

Waffenrepublik Deutschland

Lars Winkelsdorf

WAFFENREPUBLIK DEUTSCHLAND

Der Bürger am Abzug

Fackelträger

Für Rasputin († 2009)

Die Nutzungsrechte für die Abbildungen im Innenteil des Buches liegen beim Autor, mit Ausnahme der Seiten 21 u. (picture-alliance/ZB), 24 (Stadtpolizei Zürich), 35 (picture-alliance/dpa), 64 (Firma Ferkinghoff), 107 (picture-alliance/dpa), 200 (Schießzentrum »Magnum«).

Satz: Bild1Druck, Berlin
Gesamtherstellung: VEMAG Verlags und Medien AG Köln
Printed in Germany

ISBN 978-3-7716-4450-5

www.fackeltraeger-verlag.de

Inhalt

Vorwort

Waffenmissbrauch, Straftaten, Amokläufe – beinahe täglich sind in den Medien Nachrichten über Tötungsdelikte vertreten, Verbrechen, die mit einer Schusswaffe begangen worden sind. Das deutsche Waffenrecht, das als eines der schärfsten in Europa gilt, greift in diesen Fällen nicht, es ist lediglich ein überreguliertes Räderwerk, das selbst von Experten nicht zur Gänze verstanden wird. Die Bevölkerung wird in einen Schockzustand versetzt, wenn wieder einmal ein Amokläufer Menschen – oftmals Schüler und Lehrer – tötet, und die Politiker vergehen sich in den immer gleichen Pseudodiskussionen. Was nützt hier ein effektives Waffengesetz, wenn es schon an seinem Vollzug durch die Behörden, durch den Staat hapert?

Aber die offensichtlichen Defizite werden kaum thematisiert, etwa die fehlenden Gelder, mit denen die personelle Verstärkung der Behörden realisiert und Weiterbildungsmöglichkeiten für die Mitarbeiter geschaffen werden könnten. Dem Bürger werden biometrische Sicherheitssysteme schöngeredet und als Gewinn für die eigene Bewegungsfreiheit verkauft, obwohl sie die Waffen und die dafür vorgesehenen Schränke kaum besser verschließen wie ein ordinäres Vorhängeschloss. Und einen Amoklauf wie den von Winnenden im März 2009, als Tim K. mit einer Waffe, die er im Schlafzimmerschrank seines Vaters liegen fand, 15 Menschen hinrichtete, hätten sie wohl kaum verhindert. Bei der Werbung um die Sicherheitssysteme wird vorwiegend nach Umsatz getrachtet – Milliarden, für die jedwede Kritik mundtot gemacht wird. Die Sicherheit der Bevölkerung zählt, so hat es den Anschein, weit weniger als die Interessen der Politiker und Unternehmer. Wie sonst ist es zu erklären, dass Nationen mit äußerst fragwürdigen Regierungen und sogar Terroristen im Besitz von Waffen aus deutscher Herstellung sind – und dies obendrein seitens der Verantwortlichen für unser Land in keinster Weise thematisiert wird.

In diesem Buch werden die verantwortlichen Akteure in Politik und Wirtschaft zur Rede gestellt, ihre Falschaussagen aufgedeckt und der Missbrauch von Dienstwaffen durch Polizisten enthüllt. Wie kann es sein, dass gefährliche Maschinenpistolen ohne Probleme aus Polizeibeständen entwendet werden können? Und wie kann es sein, dass Vollzugsdefizite die Amokläufe von 2002 in Erfurt und von 2009 in Winnenden überhaupt erst ermöglichten?

Das Waffenrecht versagt. Das zeigt der historische Abriss von den Anfängen des Waffenrechts in den 1920er-Jahren über den Terror der Roten Armee Fraktion bis heute. Dank einer Politik, die aus ihren Fehlern nicht gelernt hat und es noch immer versäumt, aus den angesprochenen Vorkommnissen die richtigen Schlüsse zu ziehen, anstatt zusammen mit den Medien das immergleiche Lied von der Suche nach den Schuldigen, von der Verteufelung der Sportschützen und Computerspiele zu singen.

In diesem Buch werden Lösungswege aufgezeigt – für eine Aufklärung, die früh ansetzt und unmittelbar greift, für sinnvolle

Gesetzesänderungen und um endlich alle Waffen an eine rechtsstaatliche Kette zu legen. Denn Regen vorhersagen kann bekanntlich jeder. Aber Archen bauen, darauf kommt es an.

Hamburg, im März 2010

1

Waffentheater – Was nützen verschärfte Gesetze?

Ironie der Geschichte? Eher schon Zynismus des Schicksals, auf jeden Fall aber eine aufrüttelnde tragische Verkettung: Am Mittag des 26. April 2002, genau um 12 Uhr 12, begann im Deutschen Bundestag die Aussprache über eine seit vielen Jahren überfällige Novellierung des Waffengesetzes. Zur gleichen Zeit spielten sich im Erfurter Gutenberg-Gymnasium die letzten Szenen eines unfassbaren Dramas ab: Gegen 10 Uhr 45 hatte Robert S., ein kurz zuvor wegen Urkundenfälschung von der Schule verwiesener Fast-Abiturient, das Gebäude betreten. Er trug eine große Tasche und suchte die Toilette im Erdgeschoss auf. Dort vermummte er sich, entnahm der Tasche eine Pump-Gun Mossberg 590 Mariner, die er sich über die Schulter hängte, und eine Pistole Glock 17. Mit dieser erschoss er in den folgenden etwa 25 Minuten wahllos Sekretärinnen, Lehrer, Schüler und einen der beiden Polizisten, die gegen 11 Uhr 10 als Erste eintrafen. 17 Opfer waren zu beklagen, darunter der Amokläufer selbst; seine Leiche fanden Männer des Spezialeinsatzkommandos (SEK) um 13 Uhr 02 im Kunstraum. Im Berliner Parlament zeichnete sich da bereits eine Einigung auf eine Neufassung des

Waffengesetzes ab, die neben anderen Änderungen die Senkung des Zugangsalters für Schusswaffen von zwölf auf zehn Jahre vorsah.

Erfurt machte die Vorlage noch während der Beratung zu Makulatur. Liberalisierungen hatten keine Chance mehr, im Gegenteil: Erschütterte Politiker traten noch am Tag der Tat vor die Fernsehkameras und kündigten Verschärfungen des Waffenrechts an; schließlich wurde das Zugangsalter wieder angehoben. Für den Besitz großkalibriger Waffen erhöhte sich das Alter von 18 auf 21 Jahre, und der Waffenerwerb durch unter 25-Jährige wurde an medizinisch-psychologische Gutachten geknüpft. Eine Verfassungsbeschwerde der Deutschen Schießsportunion (DSU) dagegen wurde vom Gericht nicht zur Entscheidung angenommen. Hatte man also die richtigen Antworten auf Erfurt gefunden?

Man könnte es sich einfach machen und mit einem Wort antworten: Winnenden – Schauplatz eines ähnlichen Massakers, das mit dem fraglichen Gesetz eben nicht zu verhindern war. Doch dazu später. Hier zunächst einmal ein Blick darauf, wie es nach Erfurt weiterging. Die Amoktaten der folgenden Jahre führten dazu, dass sich verzerrte Bilder von Amokläufern verfestigten. Bei ihnen handelt es sich nach landläufiger Meinung um frustrierte Jugendliche oder junge Erwachsene, natürlich männlich, mit ausgeprägtem Hang zu Waffen und/oder Killerspielen. Diese enthemmten Gestalten dringen mit Vorliebe in Schulen ein und richten dort Blutbäder an. Je nach Standpunkt werden dann die passenden Indizien für diese Sichtweise herangezogen. Was sich nicht ins Bild fügt, bleibt meist unbeachtet oder wird sogar ganz verdrängt.

Der Begriff »Amok« kommt übrigens aus dem Malaiischen und bedeutet so viel wie »(blinde) Wut«. Gemeint ist ein Zustand geistiger Verwirrung, in dem der oder die Betroffene einen Dolch zieht und auf jeden einsticht, der in Reichweite gerät. Der Wortursprung verweist auf eine in Südostasien fast ritualisierte Selbstmordart, wobei die Täter sich den eigenen Tod durch den anderer erkaufen, weil sie anders nicht zu stoppen sind.

Der Tod und das Mädchen

1979 brachte die irische New-Wave-Band »The Boomtown Rats« ihren erfolgreichsten Song heraus: »I Don't Like Mondays«. Autor war Bob Geldof, der mit seinem Text versuchte, den Amoklauf der 16-jährigen Brenda Ann Spencer in San Diego zu verarbeiten. Am 29. Januar 1979 hatte sich das Mädchen um 8 Uhr 30 ans Fenster ihres Zimmers gestellt und mit einem Kleinkalibergewehr den Schulhof der gegenüberliegenden Grover Cleveland Elementary School unter Feuer genommen. Der Schulleiter Burton Wragg und der Hausmeister Mike Suchar kamen bei dieser Amoktat ums Leben, acht Schüler und ein Polizist wurden zum Teil schwer verletzt, ehe eine Spezialeinheit die Täterin nach über sechs Stunden überwältigen konnte. Während ihrer Schüsse gab Brenda Ann Spencer ein Radiointerview, in dem sie als Motiv schlicht »I don't like Mondays« angab. Auch bei ihrer Festnahme und in den anschließenden Vernehmungen begründete sie ihre Tat auf diese Weise.

Ebenso zeigen zwei Fälle aus Deutschland, dass die Täter nicht unbedingt immer männliche Jugendliche sein müssen und dass sie auch nicht stets auf Großkaliber- und Faustfeuerwaffen zurückgreifen. Bei Amokläufen wird als Tatmittel so ziemlich alles benutzt, was den Tätern oder Täterinnen in die Hände fällt:

Am 23. Mai 2006 wurde im Berliner Stadtteil Moabit eine 18-jährige Schülerin mit einer scharfen Pistole Walther PPK erwischt. Die junge Frau hatte sich vor Mitschülern mit der geladenen Waffe und Reservemagazinen wichtiggemacht. Und am 12. Mai 2009 wurde in Bonn der Amoklauf einer 16-jährigen Schülerin von einer aufmerksamen Mitschülerin im letzten Augenblick vereitelt; die Jugendliche hatte sich mit Messern und Brandsätzen bewaffnet.

Das Bild von den fast ausschließlich männlichen Tätern ist also erkennbar unzutreffend. Und Schusswaffen mögen als Tatmittel zwar überwiegen, es sind aber keineswegs die einzigen. Wie im Bonner Fall oder wie bei einem Amoklauf im bayerischen Ansbach im September 2009 finden beispielsweise auch Brandsätze Verwendung. Doch im öffentlichen Bewusstsein kommt das kaum an. Da dominiert die Schusswaffe und mithin auch das Bemühen, bei ihr mit der Prävention anzusetzen. So gab der Bremer Innensenator Ulrich Mäurer am 24. März 2009, also nur knapp zwei Wochen nach dem Amoklauf von Winnenden, zu verstehen, das Problem sei der legale Waffenbesitz der Sportschützen. Als Beleg dafür trug er eine Liste von Amokläufen mit Toten und Verletzten vor. Er nannte unter anderen die Amoktaten von Winnenden, Erfurt und Emsdetten. Im Fall Emsdetten lag er besonders falsch. Weder war der Täter ein Sportschütze, noch schoss er mit Sportwaffen, und um legale Waffen handelte es sich schon gar nicht. Doch Mäurers Verlautbarung wurde von vielen Zeitungen ungeprüft übernommen. Dabei wäre der tatsächliche Sachverhalt mit nur geringem Rechercheaufwand leicht zu klären gewesen:

Der 18-jährige Bastian B. war am 20. November 2006 in die Geschwister-Scholl-Realschule gekommen, bewaffnet mit einer großen Zahl von Rauchbomben, zwei antiken Vorderladerwaffen und einem abgesägten Kleinkalibergewehr. Mit seinen sogar nach eigener Meinung untauglichen Waffen schoss er in der Schule um sich, wobei er den Hausmeister mit einem Bauchschuss schwer verletzte. Insgesamt fünf Personen wurden durch seine Schüsse verwundet, etwa 30 weitere mussten in ärztliche Behandlung, überwiegend wegen des Einatmens der Gase aus den Rauchbomben; der Täter tötete sich mit einem Mundschuss. Die beiden Vorderlader, eine Pistole und ein Gewehr, hatte der Täter über das Internetauktionshaus eGun ersteigert. Beide Waffen sind nach historischen Vorbildern gefertigt und für Amokläufe denkbar ungeeignet angesichts eines vorsintflutlichen technischen Standards. Die Haupttatwaffe, das Kleinkalibergewehr, hatte Bastian B. bei einem Bekannten gegen ein Spielzeuggewehr eingetauscht und mithin illegal erworben.

Als Tatmotiv führte die Staatsanwaltschaft später einen »allgemeinen Lebensfrust« an und die seinen Gewaltneigungen entsprungene Begeisterung für Killerspiele auf dem PC. In dieselbe Richtung wiesen Militärspiele im Wald mit Softairwaffen (Druckluftwaffen), an denen sich der Täter gern beteiligt hatte. Was ihn indes wirklich zu seiner Tat trieb, wird sich wohl ebenso wenig ganz aufklären lassen, wie sich uns die innersten Motive der Amokläufer von Erfurt und Winnenden erschließen. Bastian B. hat zwar ein Tagebuch hinterlassen, das zum einen die Tatvorbereitungen schildert und zum anderen Hinweise auf seine Seelenlage gibt. Doch mehr als ein diffuses Leiden an der Welt und ein unbeholfen formuliertes Gefühl der Isolation lassen sich daraus nicht ersehen.

Zeichen der Zeit nicht erkannt

Das Entsetzen nach der Tat von Erfurt spiegelte die weitverbreitete Ansicht, hier sei gänzlich Unvorhersehbares über eine Stadt hereingebrochen. Ein knapper Rückblick zeigt, dass dem beileibe nicht so war. Schon Jahre zuvor hatte der Amoklauf zweier Schüler im amerikanischen Littleton bei Denver (Colorado) für Schlagzeilen gesorgt: Am 20. April 1999 töteten Eric Harris und Dylan Klebold zwölf Schüler und einen Lehrer und verletzten doppelt so viele

Menschen. Experten hierzulande hatten schon früher begriffen, dass derartige »Lagen«, wie es im Polizeijargon heißt, keinesfalls auf die gern bemühten »amerikanischen Zustände« beschränkt waren. Es wäre weltfremd gewesen, ähnliche Tragödien für Deutschland ausschließen zu wollen. Charakterlich gestörte oder aus der Balance geratene Menschen, die zur Waffe greifen und um sich schlagen oder schießen, gab es wohl zu allen Zeiten. Die Disposition dazu gehört offenbar zu den extremen Menschenmöglichkeiten, wie Selbstmordkommandos in Kriegen und die lange Geschichte des Wortes »Amok« belegen.

Wie das im Zeitalter der Feuerwaffen aussehen und ausgehen kann, war spätestens seit den Schüssen in Austin (Texas) am 1. August 1966 klar: Ein ehemaliger US-Marine verschanzte sich an diesem Tag auf dem mehr als hundert Meter hohen Turm der Universität und schoss wahllos auf Passanten. Er tötete bei seinem Amoklauf insgesamt 16 Menschen, 32 weitere wurden verletzt, ehe der Täter von der Polizei erschossen werden konnte. Ein solcher »active shooter« war auch in Deutschland als möglicher Ernstfall spätestens seit den 1970er-Jahren bei Spezialeinheiten der Polizei ein oft angenommenes Szenario, dem es zu begegnen galt. Bei den engen Beziehungen zu amerikanischen Polizeibehörden lag es nahe, dass deutsche Polizisten gerade in der Hochphase des Terrorismus der Roten Armee Fraktion (RAF) von den Kollegen zu lernen bemüht waren. Sicherheitskräfte müssen sich ja gerade auf das vorbereiten, was noch kommen könnte. Niemand wundert sich über die Unzahl der Importe aus dem Land der unbegrenzten Möglichkeiten. Warum sollte ausgerechnet das Phänomen »Amok« an der US-Atlantikküste haltmachen?

Angesichts der wachsenden Zahl solcher Taten in den USA ging Polizeiausbildern in Deutschland bald auf, dass Derartiges auch in der Bundesrepublik wahrscheinlicher wurde. Erfurt, das machen sich viele nicht klar genug, hatte eine lange Vorgeschichte und war keinesfalls eine Überraschung für die Polizei. Ein Amoklauf von solchen Dimensionen war viel wahrscheinlicher, als es sein Ausbleiben gewesen wäre. Wie schon beim Attentat palästinensischer Terroristen während der Olympischen Spiele 1972 in München hatte die Politik auch beim Thema Amok die Zeichen der Zeit nicht erkannt oder nicht erkennen wollen. Die Stimmen von warnenden Experten waren unterdrückt worden, und die Bedrohung wollte man nicht wahrhaben oder spielte sie herunter. Man beruhigte sich mit dem grotesken Fehlschluss: Amokläufe hatte es »bei uns« noch nicht gegeben. Warum also die Polizeikräfte darauf vorbereiten? Als ob die Deutschen ein Anti-Amok-Gen besäßen.

Aus eigenem Antrieb

Lange vor Erfurt hatten deutsche Polizeiausbilder die Gefahr erkannt, die in einer solchen sträflichen Schonhaltung lag, und sich organisiert. Aus der Kontaktpflege zwischen den Bundesländern entwickelte sich im Laufe der Jahre das Netzwerk »Polizeitrainer in Deutschland e. V.« (PID); die Beteiligten bemühen sich zu lernen, was es international an Neuem gibt, damit sie die Polizeibeamten nach modernsten Erkenntnissen ausbilden können. Eigensicherung, der Grundsatz des »Komm gesund nach Hause«, hat dabei ebenso Priorität wie die Verhinderung von Unfällen, ob es um unbeabsichtigte Verletzungen von Verdächtigen bei der Festnahme geht oder um die Analyse von Polizeimunition. Das wirklich Bemerkenswerte daran: Diese Beamten opfern hierfür ihre Freizeit; es ist ihr privates Geld, das sie investieren. Sie handeln aus eigenem

Antrieb, weil sie ihrer großen Verantwortung gerecht werden wollen.

Zusammengeschlossen haben sich Vollprofis, darunter nicht wenige ehemalige Ausbilder von Spezialeinheiten oder hochrangige Personenschützer. Bei den Konferenzen treffen sich inzwischen Hunderte Ausbilder von Behörden aus dem In- und Ausland zur Weiterbildung. Neben niederländischen Experten für Geiselbefreiung sitzen hier Personenschützer der Bundeskanzlerin. In diesem Rahmen beschäftigen sich Soldaten des Kommandos Spezialkräfte (KSK) in ihrer Freizeit mit dem Verhältnismäßigkeitsgrundsatz. Und ebenso sind Polizeibeamte von kleinen Dorfdienststellen anzutreffen, die lernen wollen, bei einem Amoklauf die Ruhe zu bewahren und ihre Ängste zu kontrollieren. Man sollte annehmen, dass eine so couragierte Initiative jede mögliche Unterstützung amtlicherseits erhält. Doch hieran mangelt es, weil unbürokratisches Handeln auf eigene Faust, und sei es noch so verdienstvoll, leicht amtlichen Argwohn weckt. Die Beteiligten befürchten daher eher, dass die Politik ihnen einen Strich durch die Rechnung machen könnte.

Wie berechtigt solche Sorge ist, zeigten die Lehren aus dem Amoklauf von Littleton. Die danach entwickelten Konzepte der Polizeibehörden der USA, wie man einem solchen Amokläufer begegnen kann und das Töten beendet, wurden umgehend nach Deutschland importiert.[1] Sie wurden intern in Ausbilderkreisen diskutiert und in gewissem Umfang sogar schon geübt. Die Behördenleitungen aber bremsten und sahen keine Notwendigkeit, die Konzepte zügig in die Praxis umzusetzen. Es mangelte an Zeit für die Ausbildung der Streifenbeamten, und die erforderlichen Mittel waren im Etat nicht vorgesehen. Das rächte sich umgehend: Bereits am 1. November 1999, nur ein halbes Jahr nach Littleton, gab es im oberbayerischen Bad Reichenhall einen Amoklauf mit fünf Toten und sechs Verletzten. Er erregte besonderes Aufsehen, weil dabei der prominente Schauspieler Günther Lamprecht lebensgefährlich getroffen wurde.

Immer noch aber tat sich wenig. Zwar schrillten bei den Ausbildern inzwischen alle Alarmglocken, doch selbst intensive Bemühungen, die Behördenführungen von der Dringlichkeit geeigneter Konzepte zu überzeugen, bewegten kaum etwas. Und während noch Überzeugungsarbeit geleistet wurde, erschoss ein 16-Jähriger am 16. März 2000 in Brannenburg, unweit von Bad Reichenhall, mit einer vom Vater entwendeten Pistole seinen Internatsleiter und anschließend sich selbst. Spätestens seit dem 19. Februar 2002, als der 22-jährige Adam Labus in Eching und Freising Amok lief und mit einer illegalen Pistole des Typs Tokarew drei Menschen tötete, hätte man aufwachen und sich auf polizeilicher Ebene dem Thema Amok stellen müssen. Doch nichts geschah.

Kontroversen um einen Paradigmenwechsel

Drei ungenutzte Jahre waren verstrichen, und so stand die Polizei am Morgen des 26. April 2002 völlig überfordert vor dem Gymnasium in Erfurt. Sie konnte nur das tun, was in den alten Polizeidienstvorschriften »PDV 100 – Einsatz bei Großlagen« geschrieben stand. Man sperrte ab, bildete einen inneren Ring zur Sicherung des Tatorts und einen äußeren Ring, um Unbeteiligte fernzuhalten, alles streng nach Vorschrift. Das Problem lösen sollten dann die vom Fußballspielen gerufenen Beamten des SEK Thüringen, während im Schulgebäude weiter Menschen starben. Polizeiausbilder, die vergeblich vor solchen Taten gewarnt hatten, verfolgten die Fernsehberichterstattung in ohnmächtiger Wut und lauschten erbittert den sich anschließenden politischen Absichtserklärungen, nun endlich etwas gegen Amokläufe unternehmen zu wollen. Dass es gar nicht erst so weit hätte kommen müssen, darüber verlor niemand ein Wort. Aber Erfurt ist, wie wir noch sehen werden, eine Geschichte für sich.

Nach dem Amoklauf überschlugen sich die Ereignisse. Ausbilder aus ganz Deutschland arbeiteten fieberhaft daran, sinnvolle Konzepte und Methoden zu entwickeln. Es war offensichtlich geworden, dass eine umfassende Kehrtwende notwendig war. Dennoch zierten sich einige Polizeiführungen noch immer und wollten nicht wahrhaben, dass die einzige Möglichkeit in vielen Fällen nur darin bestehen kann, den Täter aktiv anzugreifen und ihn notfalls gezielt zu töten, um ihn seinerseits am weiteren Töten zu hindern. Manche machten rechtsstaatliche Bedenken geltend oder sahen solch hartes Vorgehen im Widerspruch zu Prinzipien der »Deeskalation« oder warnten vor Opfern unter eigenen Leuten. Das hohe Risiko aber, dass der Täter weitere Menschen töten könnte, zwingt zum Paradigmenwechsel von gewaltfreier Konfliktlösung hin zu einem gewaltsamen entschlossenen Vorgehen, um den Täter zu stoppen. Und eigene Opfer sind bei solchem Geschehen und solchen Tätern nie auszuschließen. So makaber es klingen mag: Notfalls müssen Polizeibeamte auch bereit sein, ihr eigenes Leben zu opfern, um das Leben von Kindern zu schützen.

Es war das genannte Netzwerk »Polizeitrainer in Deutschland e.V.«, das hinter den Kulissen federführend an der Entwicklung von Einsatzkonzepten arbeitete, sie erprobte und ständig verbesserte. Bundesweit haben sich dabei inzwischen zwei Modelle durchgesetzt: das aus Nordrhein-Westfalen, das auf der Besatzung eines Streifenwagens als kleinster taktischer Einheit beruht, und das von PID, nach dem aus mehreren Besatzungen Teams gebildet werden. Beide Modelle haben sich seitdem mehrfach bewährt, sowohl beim Amoklauf von Emsdetten 2006 als auch beim Amoklauf von Winnenden am 11. März 2009.

Der Arbeit der Polizeitrainer ist es zu verdanken, dass an diesem Tag in Winnenden nicht noch mehr Kinder umgebracht wurden. Die Beamten drangen in die Schule ein, nachdem sie Teams gebildet hatten, fanden Tim K. recht zügig und lieferten sich ein Feuergefecht mit dem Amokläufer.[2] Zwar gelang dem Täter die Flucht, was in der Presse scharf kritisiert wurde. Zu berücksichtigen ist aber, dass eine Handvoll Beamter unmöglich ein so großes Gelände wie eine Schule absperren und einen Menschen an der Flucht hindern kann. Kritik an dem Einsatz ist also unangemessen. Es ging darum, das Töten hier und jetzt zu beenden, und den Beamten gebührt höchste Anerkennung dafür, wie sie in diesem Augenblick handelten. Alles rannte in Todesangst aus dem Gebäude – sie gingen rein. Nach Ende des Amoklaufs konnte man als Fernsehzuschauer jede Menge Pressekonferenzen zu diversen Themen verfolgen und unzähligen aufgeregten politischen Diskussionen lauschen. Von Anerkennung, Lob, Tapferkeitsauszeichnungen oder dergleichen für die Beamten hörte man nur wenig. Es waren die Einwohner von Winnenden, die ihrer Polizeidienststelle Blumen und kleine Aufmerksamkeiten zum Dank überbrachten.

Unfähigkeit und Vertuschungsmanöver

Doch zurück zu Erfurt: Der dortige Polizeieinsatz warf viele Fragen auf und rief zu Recht Kritiker auf den Plan. Nach einer Vielzahl von Zeitungsberichten, Fernsehbeiträgen und zuletzt einem Buch von Ines Geipel (*Für heute reicht's. Amok in Erfurt*, 2004) sah sich die Thüringer Landesregierung schließlich gezwungen, eine Untersuchungskommission einzusetzen. Sie sollte die Vorgeschichte des Amoklaufs und den Polizeieinsatz noch einmal umfassend aufarbeiten. Ob hier der nötige Sachverstand versammelt war? Der Abschlussbericht zeigt jedenfalls, dass eine Unzahl von Fragen der Hinterbliebenen ebenso unbeantwortet geblieben ist wie die von kritischen Fachleuten. Inwieweit dafür Unfähigkeit verantwortlich war oder ob manches sogar vorsätzlich vertuscht werden sollte, beschäftigt uns im Folgenden.

Zunächst einmal ist nichts daran auszusetzen, dass im Abschlussbericht darauf verwiesen wird, die Polizei in Thüringen sei mit der Heckler & Koch P10 ausgerüstet gewesen, während Robert S. eine Glock 17 als Tatwaffe verwendete. Die Betonung gewinnt erst aufs Ganze gesehen einen seltsamen Klang. Eine Unterscheidung der Verfeuerungsspuren dieser gänzlich unterschiedlichen Waffentypen nämlich ist ein Leichtes. Die Ausrüstung mit der P10 traf jedoch lediglich auf die Dienstwaffen jener Beamten am Gutenberg-Gymnasium zu, die zuerst eintrafen und noch nicht ins Gebäude eindrangen. Über die anderen Waffen der Polizei findet sich im Bericht hingegen kein Wort. Das ist insofern besonders bemerkenswert, als auf den Bildern dieses Tages doch recht deutlich zu sehen ist, welches Kurzwaffenmodell die Beamten des SEK Thüringen in ihren Holstern stecken hatten: Glock 17. Die Theorie, die suggerieren sollte, nur der Amokläufer habe eine solche Pistole verwendet, erweist sich als unhaltbar. Es war nicht nur eine einzige Pistole Glock 17 zur fraglichen Zeit am Tatort, es waren mehr als dreißig.

Im Bericht heißt es hierzu: »Kriminaltechnisch ist eine eindeutige Zuordnung von Projektilen (Geschossen) zu einer bestimmten Waffe – anders als bei Hülsen – nicht möglich. Aber der Schuss hinterlässt auf dem Geschoss Systemspuren, die eine gewisse Eingrenzung zulassen. So ist festgestellt worden, dass alle auswertbaren

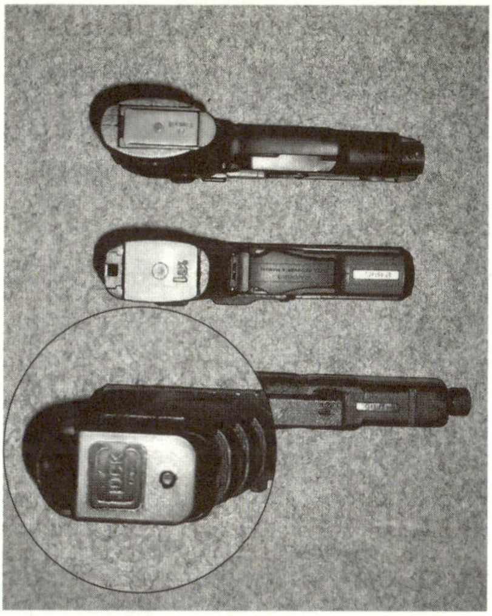

Die Pistolen SIG P6, HK P10 und Glock 17 (von oben nach unten) im Vergleich. Bei Letzterer ist der Hohlraum im Griff deutlich zu sehen.

Dieses Foto beweist, auch das SEK Thüringen trug im Gutenberg-Gymnasium Pistolen Glock 17. Der Hohlraum am Ende des Griffes taucht bei der Heckler & Koch P10 nicht auf.

Projektile und Geschossmantelteile Verfeuerungsspuren eines Laufes mit Hexagonalprofil aufweisen. Die vom Täter benutzte Glock 17 bringt dieselben Spuren hervor, sodass alles dafürspricht, dass die aufgefundenen Geschosse und Geschossmantelteile Schüssen aus dieser Waffe zuzuordnen sind, zumal alle Hülsen – wie nachgewiesen ist – aus der Glock von Robert S. stammen.«[3] Die Seltsamkeiten dieser Argumentation erschließen sich bei genauerer Betrachtung.

Verwischte Spuren

Die Pistole Glock 17 im Kaliber 9 mm Luger hinterlässt derart leicht erkennbare und einzigartige Verfeuerungsspuren, dass die Behauptungen der Untersuchungskommission zum Amoklauf von Erfurt widerlegt werden. Durch Abnutzung, also Materialverschleiß, bilden sich im Laufe der Zeit bei jeder Waffe recht eindeutige Spuren im Lauf heraus, die eine Identifizierung, also eine Zuordnung von Geschossen zu einem Waffenlauf, ermöglichen. Wie ein Fingerabdruck kann so ein einzigartiges Profil identifiziert werden.

Die Stadtpolizei Zürich stellt auf ihrem Internetauftritt fest: »Die Verbindung zwischen Waffe und Opfer … kann bei Vorhandensein des Projektils … durch individuelle Verfeuerungsspuren bewiesen werden. … Die feinen Verfeuerungsspuren werden einander optisch gegenübergestellt und auf Übereinstimmungen geprüft.«[4] Die Hülsen betreffend, gerät man ebenfalls leicht auf gedankliches Glatteis: Eine große Zahl der Projektile konnte bis heute nicht gefunden werden. Selbst wenn die Hülsen der Glock 17 des Täters zugeordnet werden, muss keineswegs jedes feststellbare Projektil auch tatsächlich vorher in einer dieser Hülsen gesteckt haben. Die Behauptung, dass nur der Täter eine Glock verwendet hatte und entsprechend alle gefundenen – befremdlicherweise angeblich nicht einmal verwertbaren – Geschossspuren aus seiner Waffe stammten, lässt sich nicht schlüssig mit der Tatsache belegen, dass die aufgefundenen Hülsen aus dieser Pistole stammen.

Und es wird noch merkwürdiger: Nicht nur Hülsen, Projektile und Geschossteile fehlen, auch die Aufzeichnungen des Funkverkehrs des SEK sind verschwunden sowie eine Vielzahl weiterer Beweismittel, etwa Filmaufnahmen vom Tatort und Telefonprotokolle. Sogar zum Verbleib der Organe, die einzelnen Opfern entnommen wurden, wird den Hinterbliebenen nach Aussage des Erfurter Rechtsanwaltes Eric T. Langer keine Auskunft erteilt.[5] Dabei handelte es sich ausgerechnet um die Organe, anhand derer leicht hätte festgestellt werden können, ob die Verletzungen von Vollmantelgeschossen aus der Waffe des Täters stammten oder aber von Deformationsgeschossen der Polizei herrührten. Angesichts dieser Ermittlungspannen entschloss sich Langer nach erfolglosen Versuchen mit einer Strafanzeige Anfang August 2004, seine Fragen zum Geschehen im Internet zu veröffentlichen.[6] Setzt man die einzelnen Puzzleteile zusammen, ergibt sich: Genau die Beweismittel sind verschwunden, die Aufschluss geben könnten über die Beteiligten und ihr Handeln, die wie der Täter die bisher verheimlichten Pistolen Glock 17 führten – die Männer vom SEK Thüringen.

Und sie haben sie mit Sicherheit auch eingesetzt: In der räumlichen Enge von Treppenhäusern, Klassenzimmern und Toiletten ist der Wechsel von sperrigen und eher hinderlichen Maschinenpistolen und Sturmgewehren auf weitaus führigere Kurzwaffen geradezu zwingend. Damit dürfte exakt dieses Pistolenmodell die verwendete Primärwaffe gewesen sein. Zeugen berichteten von einem Schuss im Gebäude, als das SEK eindrang. Der Täter soll zu diesem

Die feinen Linien an den beiden Geschossen beweisen: Beide wurden aus demselben Lauf verschossen.

Zeitpunkt angeblich bereits tot gewesen sein. Wann die einzelnen Opfer gestorben sind, wäre nur durch recht komplizierte medizinische Untersuchungen zu klären, für die genaue Kenntnisse der verletzten Organe erforderlich sind. Die aber sind, wie bereits erwähnt, in vielen Fällen verschwunden. Die unerklärliche Häufung all dieser Umstände verdächtig zu nennen kann einem niemand verübeln. Im Gegenteil: Eher erscheint die Schlussfolgerung der Kommission im Lichte der Pannen und unbestreitbaren Tatsachen als hochproblematisch: »Die Verwendung einer anderen Waffe«, so heißt es da, »... kann deshalb ausgeschlossen werden.«[7] Das mag für den Waffentyp gelten, nicht aber für die Anzahl der eingesetzten Pistolen.

In keiner Weise herumdeuteln lässt sich obendrein an der Erkenntnis, dass die für den Täter zuständige Waffenrechtsbehörde beim Vollzug des Waffengesetzes versagt hat: Hätten die zuständigen Beamten den Gesetzestext richtig gelesen und konsequent angewandt, es wäre nicht zu diesem Amoklauf gekommen. Robert S. verstieß derart häufig gegen das Waffengesetz, machte dermaßen viele Fehler, dass sie selbst Beamten mit nur oberflächlichen Kenntnissen hätten auffallen müssen. Doch der Reihe nach:

Der Täter war Mitglied in einem Polizeischützenverein, dem PSV Domblick, und hatte hier eine Zeit lang am Schießen teilgenommen. Nach dem damals geltenden Waffengesetz genügten sechs Monate regelmäßigen Übens zum Erhalt eines »Bedürfnisnachweises« vom Verein für den Erwerb eigener Schusswaffen. Diese Bescheinigung bekam Robert S. auch. Der Schützenverein kann aber nur besagtes Bedürfnis nachweisen, die Bescheinigung besagt also nur, dass der Antragsteller die gesetzlich vorgeschriebenen Bedingungen erfüllt hat. Ein Schützenverein hat keine hoheitlichen Kompetenzen und kann nicht mehr tun als etwa eine Fahrschule. Fahrprüfung und Erteilung des Führerscheins sind Sache der Behörde.

In Erfurt jedoch scheint seinerzeit der Gesetzestext eher als unverbindliche Richtlinie denn als bindende Vorschrift wahrgenommen worden zu sein. Nicht anders ist es zu erklären, dass sogar die Verkäufer der Erfurter Frankonia-Waffenhandlung über die fehlerhaften Eintragungen in der Waffenbesitzkarte von Robert S. stolperten. Sie machten die Waffenrechtsbehörde der Stadt darauf aufmerksam, erhielten aber nur den Bescheid, dass die fehlerhafte Erlaubnis dennoch in Ordnung gehe. Und was machte der junge Mann mit seiner Erlaubnis? Hätte man das pflichtgemäß überprüft, es wäre unweigerlich aufgefallen, dass er die erworbene Pistole Glock nicht angemeldet hatte. Die Erlaubnis, das gab das Gesetz auch damals schon her, hätte problemlos widerrufen werden können, ja sie hätte, so der Bericht der Kommission, widerrufen werden müssen, wäre der Gesetzestext korrekt beachtet worden.[8] Der Amoklauf hätte sich fraglos verhindern lassen, doch wurden die Sachbearbeiter mit ihren Ausbildungsmängeln alleingelassen.

Sinkende Fallzahlen beim Waffenmissbrauch?

Schusswaffen werden natürlich auch bei weniger spektakulären Tötungsdelikten als Tatmittel eingesetzt. Dazu bemerkenswerte Daten: In den vergangenen Jahrzehnten hat die Zahl der Waffenmissbräuche in der Bundesrepublik von 18 969 Fällen 1971 auf 11 365 Fälle für das Jahr 2008 deutlich abgenommen, und das trotz Wiedervereinigung. Es scheint also, als entfalte das Bemühen um Waffenkontrolle eindeutig Wirkung. Wurde 1971 noch in über 12 000 Fällen tatsächlich geschossen, waren es 2008 sogar nur noch 4371 Fälle, ein Rückgang auf etwas mehr als ein Drittel. Verglichen mit heute herrschten also zu Beginn der 1970er-Jahre noch Zustände wie im sprichwörtlichen Wilden Westen.[9]

Andererseits hat die Berichterstattung über solche Fälle durch die Veränderungen im Medienangebot deutlich zugenommen. Es entsteht daher entgegen den objektiven Fallzahlen der subjektive Eindruck vermehrten Waffenmissbrauchs. Dieses Phänomen ist auch bei anderen Straftaten bekannt, beispielsweise im Zusammenhang mit Jugendkriminalität oder Gewaltdelikten. Auch hier sind die Zahlen in den vergangenen Jahren rückläufig, obwohl man durch den Konsum des täglichen Medienangebots den gegenteiligen Eindruck gewinnen kann. Hinzu kommen Globalisierungseffekte: Wir werden nicht nur vermehrt mit Schlagzeilen über Waffenmissbrauch in Deutschland konfrontiert, sondern auch Schießereien und Amokläufe im Ausland lassen sich deutsche Medien nicht entgehen. Diese andauernde Gewaltüberdosis hält die erregte Diskussion über das Thema Waffenrecht in Gang, gleichgültig ob aus heimischem oder fremdem Anlass.

Tatmittel für Amokläufe

Die Verfügbarkeit von Waffen ist ein wesentlicher Faktor für einen solchen Amoklauf, ohne Waffe kann auch ein Amoklauf mit einer Waffe nicht möglich sein; das Problem ist dabei aber, dass dies gern mit dem Trugschluss verwechselt wird, eine Entziehbarkeit von Waffen realisieren zu können. Genau das Gegenteil ist der Fall. Bei den bisher in Deutschland verübten Amoktaten wurden legale und illegale Waffen gleichermaßen eingesetzt; die vertretenen Auffassungen, wonach Jugendliche und junge Erwachsene eine solche Tat nicht begehen könnten, weil es an der Verfügbarkeit illegaler Waffen mangele, lassen sich aus den statistischen Erkenntnissen jedenfalls nicht ableiten:[10]

Jahr	Ort	legale Waffe	illegale Waffe
1999	Bad Reichenhall	Gewehr mit Zielfernrohr	
2002	Freising		Pistole Tokarew
2002	Erfurt	Pistole Glock 17	
2006	Emsdetten		Kleinkalibergewehr
2009	Winnenden	Pistole Beretta 92	

Dabei fällt auf, dass sich zwei Täter Zugang zu Waffen verschafften, obwohl dies bei Einhaltung des Gesetzes nicht möglich gewesen wäre. Sie beschafften ihre Schusswaffen aus dem legalen Besitz von Familienangehörigen; diese hatten in beiden Fällen nicht die nötige Sorgfalt bei der Aufbewahrung an den Tag gelegt, sodass hierdurch die Taten ermöglicht wurden. Nur ein Täter verfügte selbst über einen legalen Zugang zu Schusswaffen.

Schusswaffen sind bei Amoktaten an Schulen jedoch nicht die einzigen Tatmittel, ebenso werden Hieb- und Stichwaffen, Brandbeschleuniger oder auch Sprengstoffe von den Tätern eingesetzt. Nicht selten sind dabei auch Mischformen der Bewaffnung feststellbar gewesen, von der sich Täter einen maximalen Effekt versprachen.

Jahr	**Ort**	**Schusswaffe**	**andere Bewaffnung**	**Opfer**
1964	Volkhoven		Flammenwerfer, Speere	11 Tote
2002	Freising	Pistole		4 Tote
2002	Erfurt	Pistole		17 Tote
2006	Emsdetten	Kleinkalibergewehr		1 Toter
2009	Winnenden	Pistole		16 Tote
2009	Bonn		Brandflaschen, Stichwaffen	vereitelt
2009	Ansbach		Brandflaschen, Axt	8 Tote

Zwar haben Amoktaten mit Schusswaffen erkennbar hohe Opferzahlen zu verzeichnen, es wird jedoch ersichtlich, dass diese Auswirkungen nicht ausschließlich auf das Tatmittel be-

zogen werden können und auch die Verwendung alternativer Tatmittel in ihren Dimensionen keinesfalls unterschätzt werden darf. Im Gegenteil, gerade die alternativen Tatmittel bergen besonders hohe Gefahren, weil hier keine gesetzlichen Hemmnisse bei der Beschaffung solcher Waffen und Kampfmittel bestehen; potenzielle Täter können sich praktisch in jedem beliebigen Baumarkt mit Tatmitteln ausstatten. Dass dieses Risiko nicht von der Hand zu weisen ist, zeigen die zahlreichen »Dummejungenstreiche« mit Sprengstoffen.
Die immer wieder geäußerte Hypothese, dass mehr als 90 Prozent aller Amokläufe mit »legalen« Waffen verübt würden, trifft dennoch tatsächlich zu. Allerdings nur, weil in den betroffenen Ländern, allen voran die USA, der Zugang zu Waffen völlig unterschiedlich geregelt ist und in die vorliegende Definition von »legal« auch frei verkäufliche Schusswaffen einbezogen sind. Korrekt müsste die Fragestellung daher lauten, wie viele der Amokläufe mit legalen Waffen verübt werden – bei Vorliegen adäquater Waffengesetze, die hohe Hürden zum Waffenerwerb stellen.

Die Flut der Meldungen über kriminellen Einsatz von Schusswaffen beeinträchtigt natürlich das subjektive Sicherheitsempfinden. Und auch das Vertrauen in die Funktionsfähigkeit des Waffenrechts wird durch die ständige Konfrontation mit Gewalttaten dieser Art nachhaltig beschädigt. Der Ruf nach schärferen Gesetzen wird lauter. Dies gilt vor allen Dingen dann, wenn es sich bei den Tätern explizit um Sportschützen handelt und die Tatwaffen ordnungsgemäß angemeldet sind. Tatsächlich hat es, allen Bekundungen von Waffenlobbyisten zum Trotz, solche Taten in der Vergangenheit gegeben. Nur eben nicht in dem Maße, wie es suggeriert wird. Umso schrecklicher sind die Einzelfälle dann jedoch in ihrer medialen Darstellung.

Im Juli 2003 erschoss ein Sportschütze seine frühere Lebensgefährtin mit seiner Sportpistole. Sie war natürlich »großkalibrig« und »legal« in seinem Besitz, wie aus dem Bericht darüber im *Spiegel* hervorging. Dort hieß es:

> »Mehr als ein Jahr nach dem Schulmassaker von Erfurt dürfte die Tat die Diskussion um legale Sportwaffen erneut anheizen. Wie schon der Amokläufer Robert S., der mit einer Sportwaffe 16 Menschen in seinem ehemaligen Gymnasium gezielt erschoss, besaß Stefan H. seine großkalibrige Waffe ganz legal mit einer Waffenbesitzkarte. Vermutlich handelte es sich um eine 44er Magnum. Regelmäßig hatte er in einem Schützenverein mit der Pistole geschossen und kannte sich gut mit ihr aus. Nach Angaben aus Polizeikreisen soll er neben der Pistole noch weitere Waffen besessen haben. Nach den Schüssen von Erfurt wurden zwar die sogenannten Shot-Guns als Sportwaffen gegen den erbitterten Widerstand der mächtigen Schützen-Lobby verboten. Pistolen jedoch gehören weiter zum normalen Gerät in jedem Schützenverein. Sobald ein Schütze nach mehreren Prüfungen eine Waffenbesitzkarte genehmigt bekommt, darf er die Pistolen auch mit nach Hause nehmen.«

Ohne Bedenken wurde hier die »mächtige Schützen-Lobby« sozusagen zur Komplizin des Mörders oder sogar zur Hauptverantwortlichen für die Tat gemacht. Hätte sie sich nicht dauernd quergestellt, wären Waffen längst verboten und damit solche Verbrechen unmöglich. Abgesehen davon, dass ein zum Töten entschlossener

Täter ohne Mühe auch andere Möglichkeiten fände: Hinter der Verantwortungsverschiebung steckt eine Grundhaltung, nach der zwischen »guten« Verbotsforderern und »bösen« Verbotsgegnern unterschieden wird. Wenn ein »Waffennarr« durch bloße Mitgliedschaft in einem Verein sein tödliches Tatmittel erhalten kann, dann hilft eben nur ein völliges Verbot des privaten Umgangs mit Schusswaffen. Alles, was nicht uneingeschränkt in diese Forderung einstimmt, ist der »Waffenlobby« zuzurechnen und damit böse. Aber bringen Verbote wirklich die Lösung? Können Verbote tatsächlich Taten dieser Art verhindern und zu einem Mehr an Sicherheit in der Gesellschaft beitragen? Oder brauchen wir nicht doch etwas ganz anderes?

2

Falsche Bilder dominieren die Diskussion

In der Diskussion um das Waffenrecht, seine Verschärfung oder – seltener – Liberalisierung machen die Kontrahenten reichlich Gebrauch von den zahlreich verfügbaren Bildern von Waffen, sowohl als bedrohliches Stillleben als auch im bewegten dramatischen Einsatz. Mit Bildern lässt sich Stimmung schüren, Betroffenheit erzeugen und die jeweils beabsichtigte Botschaft geschickt transportieren. Ein Bild sagt nicht nur mehr als tausend Worte, sondern es kann Argumenten auch zusätzliches Gewicht verleihen. Allerdings eher unterschwellig und damit der logischen Diskussion weitgehend entzogen. Insofern eignet sich die optische Fundierung in besonderer Weise zur Manipulation und für Retuschen. Kleine Details fallen unter den Tisch, gewünschte Effekte werden verstärkt und für Störendes gibt es die Schere. Das ist nicht einmal verlogen, aber eben auch nicht die ganze Wahrheit.

Im TV-Zeitalter prägen die bewegten Bilder ganz wesentlich unsere Wahrnehmung der Welt. Und wann immer wir die Flimmerkiste einschalten – es wird getötet und geschossen. Gewalt, gerade auch Waffengewalt, gehört zum Medienalltag. Wir konsumieren sie wie selbstverständlich, ja, es herrscht weitestgehend Konsens, dass diese brutale Unterhaltung Teil unserer Kultur ist. Ob nun Brad Pitt mordend die Kinosäle unserer Städte füllt oder seine Partnerin Angelina Jolie sexy mit einer Waffe posiert – wir berauschen uns an der Gewalt und füllen die Taschen der Produzenten. Wollte jemand den Versuch unternehmen, Dolch und Pistole, Mord und Totschlag aus dem Fernsehen zu verbannen, er würde zum Gespött wie einst Don Quichotte beim Kampf gegen die Windmühlen.

Ebenso selbstverständlich lehnen wir reale Gewalt ab, und doch erliegen wir im Alltag oft auch der Faszination, die sie seit Urzeiten hat. Sie macht uns zu Gaffern, die bei einem Unfall die Helfer behindern.[11] Es drängt uns, einen näheren Blick auf etwaige Opfer zu riskieren und uns im Stillen am nicht auszusprechenden, im Grunde »undenkbaren« Gedanken zu erfreuen: »Besser du als ich.« So ticken wir im Innersten; die Erleichterung ist ein ganz normaler Impuls. Die erfreuliche Erkenntnis, dass wir selbst unversehrt und am Leben sind, erfüllt uns in solchen Momenten trotz allen Mitleids und setzt Glückshormone frei.[12] Nicht anders funktioniert der Reiz beim Betrachten von Fernsehgräueln. Da wir mit diesen aber fast pausenlos berieselt werden, stumpfen unsere Sinne ab, und wir brauchen immer höhere Dosen der Droge Gewalt, wollen wir das erhebende Gefühl der eigenen Sicherheit vor solch Bösem richtig auskosten. Immer »realistischer« müssen daher die Darstellungen werden, immer imposanter die Explosionen, immer unerhörter die Schreckensszenarien. Filme wie die der *Saw*-Reihe (deutsch: Säge), in denen die Morde eines psychisch kranken Serienkillers bis in letzte Details breit dargestellt werden, tragen dem in besonders schauerlicher Weise Rechnung.

Dass wir, insbesondere die Kinder und Jugendlichen unter uns, davon nicht unbeeinflusst bleiben, dass die Grenzen zwischen

Fiktion und Wirklichkeit bedenklich verschwimmen können, darüber gibt es keinen vernünftigen Zweifel. Wie sich die Prägungen konkret auswirken, lässt sich sicher nicht pauschal sagen. Da liegt jeder Fall anders. Gewiss aber geht man nicht fehl in der Annahme, dass bei ungefestigten Charakteren ein hohes Risiko besteht, dass sie sich an den medialen Gewaltmustern orientieren. Man muss nicht so weit gehen wie der amerikanische Militärpsychologe Dave Grossman, der eine allgemeine Enthemmung, um nicht zu sagen Verrohung unserer Kinder befürchtet.[13] Klar ist, dass ihnen per Bildschirm fragwürdige Strategien der Konfliktlösung vermittelt werden. Dagegen kommen noch so intensive Bemühungen der Schulen nicht auf, die sich angesichts der nachweislich zunehmenden Jugendgewalt um Methoden des verbalen Ausgleichs bemühen. Fast unnötig der Hinweis, dass es mit der Fähigkeit sich zu artikulieren bei den meisten ohnehin nicht mehr weit her ist. Das ist auch auf Vereinsamung vor dem Bildschirm von PC und Fernseher zurückzuführen. Einbußen an sozialer Kompetenz heißt das bei den Fachleuten.[14]

Das Problem drückt natürlich auch die Protagonisten und Produzenten filmischer Gewaltorgien: Warum müssen solche Darstellungen gezeigt werden? Wieso lässt man Köpfe bei einem Treffer platzen, Blut und Hirn spritzen und Menschen durch die Luft fliegen? Wem nützt das sich ständig steigernde Geballer? Die Macher treten da gern die Flucht nach vorn an, verurteilen eilfertig jede Gewalt und betonen, dass ja nur geschauspielert werde – zur Abschreckung. Man zeige extremste Gewalt, um extremste Gewalt als verabscheuungswürdig darzustellen. So behauptete etwa Regisseur Oliver Stone, der umstrittene Film *Natural Born Killers* sei eine Satire auf die mediale Aufmerksamkeit für Serienmörder.[15] Das ähnelt dem »Argument«, man wolle durch Geschlechtsverkehr für Keusch-

Filmszene aus Mr. & Mrs. Smith (2005). *Sieht so verantwortungsbewusster Umgang mit gefährlichen Waffen aus?*

heit werben oder mittels härtester Sadomaso-Pornos mehr Zärtlichkeit einfordern.

Erstaunlicherweise kommen derart unsinnige Rechtfertigungen bei vielen gut an, die offenbar für ihren eigenen Spaß an der Brutalität ein edles Motiv brauchen. Die Rechtfertiger verfahren nach dem Prinzip – das schon der als Propagandist nicht eben unbegabte Hitler erkannt hatte –, dass dreiste große Lügen weit eher geglaubt werden als kleine Flunkereien. Es nimmt daher auch wenig wunder, dass Forderungen nach Waffenverboten nicht selten im Zusammenhang mit besonders brutalen Filmen auftauchen können oder von Leuten erhoben werden, die darin mitwirken: Roger Moore etwa spricht sich als Unicef-Botschafter gegen Waffen aus, obwohl ihn als James Bond doch die Walther PPK zum Multimillionär gemacht hat.[16] Als Gouverneur von Kalifornien verlangt Arnold Schwarzenegger strengste Waffengesetze, nachdem er als Terminator berühmt und reich geworden ist, weil er den Missbrauch von Waffen als Kult zelebriert hatte. Mit einer Revolverkanone gleich einen ganzen Fuhrpark der Polizei in Schrott zu verwandeln, wie in *Terminator 2* geschehen, lässt sich jedenfalls kaum als Mahnung zu konsequenter Friedfertigkeit verkaufen. Besser dazu passt, dass der Gouverneur die Todesstrafe befürwortet, das Gnadengesuch des geläuterten Mörders und Kinderbuch-Autors Stanley Williams ablehnte und ihn 2005, zwei Dutzend Jahre nach dem Todesurteil, hinrichten ließ.[17]

Verbotsforderungen als Modeerscheinung

Vielleicht ist es gerade wegen dieser kulturellen Doppelbödigkeit so »in«, sich entschieden gegen Waffen auszusprechen: medialer Gewaltkonsum ja, tatsächlicher Umgang mit Schusswaffen nein. Dabei fällt auf, dass meist verkürzt nur von Waffenverboten und von Restriktionen des Waffenbesitzes die Rede ist, wesentlich seltener hingegen von Maßnahmen gegen den Missbrauch von Schusswaffen. Dies aber ist das eigentliche Thema, solange es Waffen gibt, und daran wird sich, wie wir noch sehen werden, kaum etwas ändern lassen. Verbote kommen im Grunde mit einem Federstrich aus, erzieherische Strategien mit der erforderlichen gesellschaftlichen Nachhaltigkeit verlangen erheblich mehr. Da braucht es praktikable Konzepte, klare Regeln, aufwendigen Unterricht, entsprechend geeignete Lehrer, regelmäßige Prüfungen, Kontrollen, einen Verwaltungsapparat und nicht zuletzt sorgfältige Sicherheitsvorkehrungen – kurz: viel Geld und Geduld. Das eine ist den meisten zu schade oder schlicht nicht vorhanden, das andere zu mühsam.

Wie viel einfacher, Waffenverbote zu fordern. Was aber könnten sie leisten? Eine Waffe kümmert es nicht, ob sie verboten ist oder nicht, sie wird weiterhin töten. Vergewaltigung, Körperverletzung, Mord sind von jeher verboten, aber nirgendwo auf Erden verschwunden. Glaubt jemand im Ernst, dass ein zum Töten entschlossener Mensch sich von der Sorge abschrecken ließe, er könne gegen Waffengesetze verstoßen? So plausibel der Einwand, so hartnäckig die Forderer von Verboten. Dahinter steckt der dringliche Wunsch nach einem guten Gewissen, gerade weil es alltäglich durch das mediale Morden verletzt wird. Mit der medialen Propagierung härteren Vorgehens gegen Waffenbesitz klammern wir uns an die Illusion, dass wir die Blutströme auf dem Bildschirm als Fantasieprodukte durchschauen und in Wirklichkeit aufrechte Pazifisten sind. Allerdings hat ebendiese Wirklichkeit hierzulande oft nicht genug zu bieten für das regelmäßige Anfachen der Verbotsdiskussion, weswegen dann in den Medien oft die besonders abscheuliche »amerikanische Waffenlobby« dafür herhalten muss. Der leicht zu schürende Zorn auf sie wird dann unzulässig importiert, und kaum jemand merkt, dass wir unversehens im falschen Film sind.

Michael Moores 2002 gedrehter Streifen *Bowling for Columbine* (benannt nach dem Amoklauf von Littleton 1999 an der Columbine High School) erhielt bei uns zum Teil hymnische Kritiken. Der Beifall galt vor allem der »schonungslosen« Abrechnung mit dem amerikanischen Waffenwahn. Dass Moores Darstellung die Realität in den USA verfehlt, wo nicht bewusst fälscht, entging den meisten deutschen Zuschauern mangels eigener Kenntnisse. (Rick Caine und Debbie Melnyk führen in dem Dokumentarfilm *Manufacturing Dissent* die gravierendsten Kritikpunkte an Moores Methoden auf.) Es ist aber so: Wer ernsthaft behauptet, die National Rifle Association (NRA, Nationale Schusswaffen-Gesellschaft) hätte irgendetwas mit dem Ku-Klux-Klan zu tun, hat sich nicht gründlich informiert oder verdreht die Tatsachen vorsätzlich. Das genaue Gegenteil nämlich ist der Fall: Ihre liberale Haltung gegenüber den Afroamerikanern und ihr Einsatz für die Rechte der Farbigen ließ der NRA lange Ablehnung in den früheren Südstaaten der USA entgegenschlagen, ja, sie wurde nicht selten sogar aktiv bekämpft.[18]

Diese Darstellung gegen die Polemik Moores soll nun keineswegs ein Plädoyer sein für die Forderung der NRA nach freiem Waffenbesitz. Doch wenn man schon über diese Forderungen diskutiert, dann auf der Basis solider Kenntnisse und Fakten, nicht mittels Stimmungsmache. Gerade dann, wenn man aus deutscher Perspektive solche Kritik äußert: Ein Lamento über die »schrecklichen« amerikanischen Zustände bewegt dort nichts und trübt bei uns nur den Blick für die deutschen Zustände.

Leider ist diese Trübung inzwischen schon so weit gediehen, dass beim Thema Waffen mehr über amerikanische Gegebenheiten als über unsere hiesigen gesprochen wird. Das aber ignoriert die doch erheblichen Unterschiede und führt zu Lösungsvorschlägen, die für US-Verhältnisse bedingt taugen mögen, bei uns aber völlig neben den eigentlichen Problemen liegen. In genau dieser gedanklichen Falle aber stecken wir bereits aufgrund des übermächtigen amerikanischen Vorbilds seit Jahren beharrlich fest, wir haben uns verrannt in eine so bei uns nicht gegebene harte Frontstellung zwischen Waffengegnern und Waffenbefürwortern. Für den Fall, dass die Bundesrepublik in einer fernen Zukunft ein Bundesstaat der USA werden sollte, wären wir optimal vorbereitet durch ein perfektes US-Waffengesetz, das als Muster für die anderen Bundesstaaten dienen könnte. Zum Kampf gegen den gegenwärtigen Waffenmissbrauch in Deutschland trägt es nichts bei. Die amerikanisierte Diskussion erinnert an den Mann, der seinen verlorenen Schlüssel unter der Laterne sucht, obwohl er ihn dort gar nicht verbummelt haben kann; aber da ist es wenigstens hell. Wegen des wenig spektakulären Bildmaterials von missbräuchlichem Waffeneinsatz zwischen Flensburg und Sonthofen greifen wir auf das üppige amerikanische Angebot zurück und finden infolgedessen Antworten auf Fragen, die sich so gar nicht stellen.

Inszenierte Angstbilder

Der Einwand, man zeige Bilder aus dem Waffen-Eldorado USA, weil sie so wunderbar abschreckend wirken, dieser Einwand zieht nicht nur nicht – er vernebelt eher das, worum es uns in Deutschland gehen sollte. Eine der typischen Gunshows, auf der gleich mehrere Tausend Waffen an den Verkaufsständen der Händler gefilmt werden können, löst Angstreflexe aus, allerdings weit überzogene angesichts der hiesigen Verhältnisse. Und Angst ist ein schlechter Berater, besonders dann, wenn es um Themen geht, die Besonnenheit bei der Behandlung verlangen. Und so sind auch kurze Sequenzen vom dynamischen Schießen, unterlegt mit gruseligen Kommentaren über hartgesottene Spezialeinheiten, kaum dazu angetan, die Debatte sachlich zu halten. Natürlich, Bilder müssen sein, je eindrucksvoller, desto besser, wenn sie, forensisch gesagt, der Wahrheitsfindung dienen. Nutzt man sie aber zur emotionalen Aufrüstung in die je gewünschte Richtung, stehen sie bei einer ruhigen Klärung der Sachverhalte eher im Wege. Aber der Aufmerksamkeitswert! Man will ja die Menschen mit einer Botschaft erreichen, und da sind bescheidene Farmer auf der Jagd oder biedere Sportschützen am Stand einfach nicht spektakulär genug. Übungsschießen, und sei es mit der Großkaliberpistole, ist filmisch nicht spannender als Angeln, nur lauter. Die Versuchung zum Einsatz von dramatischerem Material ist daher groß – und schuld an so mancher falschen Sichtweise.

Aus harmlosem Kinderspielzeug, den gefürchteten »Anscheinswaffen«, wurden Gefahren für die innere Sicherheit inszeniert und die Durchschlagsleistung der kleinen Plastikkügelchen eindrucksvoll dargestellt. »Kind, du schießt dir ein Auge aus«, lautet die plakative Warnung der Mütter. In der Kinderzeit des Autors gab es solche Bedenken auch noch beim Flitzebogen. Und noch viel seltsamer: Pfeil und Bogen gelten heute als weitestgehend harmlos. Dabei sind diesem »Waffensystem« in den Jahrtausenden vor Erfindung des Schießpulvers wohl mehr Menschen zum Opfer gefallen als in der Folgezeit allen Feuerwaffen dieser Welt zusammen. Allenfalls Nuklearwaffen könnten neue Maßstäbe an Opferzahlen setzen, was der Menschheit hoffentlich erspart bleibt.

Harmlos also ist solches »Spielzeug« ganz und gar nicht, und der »edle Wilde« hat das den »Bleichgesichtern« noch im 19. Jahrhundert in Amerika gezeigt. Im Klartext: In der Tödlichkeit stehen von der Sehne schnellende Pfeile modernen Schusswaffen in keiner Weise nach und erreichen ohne Mühe im normalen Schuss ebenso hohe Durchschlagsleistungen wie die beim Amoklauf von Winnenden verwendete Tatwaffe Beretta 92. Mehr noch: Experimente – vom Autor durchgeführte Beschussversuche in den Jahren 2006/2007 – haben sehr eindrucksvoll gezeigt, dass selbst modernste Schutzausstattungen der Polizei hier deutlich an ihre Grenzen stoßen – und dabei unterliegen diese Sportgeräte noch nicht einmal dem Waffengesetz. Der Durchschnittsbürger unterschätzt sie nur deswegen, weil solche Waffen als Tatmittel relativ selten sind und wir nicht ständig in Nachrichten und Fernsehserien damit konfrontiert werden. Vielleicht hat das allerdings auch damit zu tun, dass diese Waffe keine Knalleffekte liefert und ihre Opfer fast lautlos ausschaltet, es also relativ schwer ist, so etwas filmisch entsprechend in Szene zu setzen.

Schusswaffen beherrschen den Bildschirm, der immer mehr Menschen die Welt bedeutet, in einer Weise, die dazu beiträgt, einen künstlichen Problemdruck zu schaffen. Darauf wiederum sieht sich die Politik gezwungen zu reagieren, weil die Verursacher, eben die Medien, allen voran das Fernsehen, lautstark danach rufen. Und auf diese Weise kommt eine Gespensterdiskussion auf, in der an den wirklichen Problemen vorbeigeredet wird. Die seit Jahren vorherrschende Diskussion über Waffen als Tatmittel hat sich im Laufe der Zeit von der hiesigen Realität immer weiter entfernt. Wir lösen als Gesellschaft dann im Ergebnis Scheinprobleme und wundern uns, dass der Missbrauch von Waffen so nicht abzustellen ist. Unsere Maßnahmen ähneln dem Bemühen, die Zahl der Verkehrstoten durch Tempobegrenzungen für Behindertenrollstühle zu senken.

Das durchschauen wir natürlich noch als völlig absurd. Doch beim Thema Waffen beziehen wir unsere Sachkenntnisse zu einem großen Teil aus dem Programmangebot der TV-Sender. Dabei müsste doch eigentlich jedem auch nur einigermaßen kritischen Menschen klar sein, dass etwa Schimanski in der Realität niemals seinen ersten *Tatort* hätte überleben können, dass die Kommissare der seit 1996 laufenden Serie *Cobra 11* spätestens nach dem dritten Unfall für alle Zeiten im Innendienst gelandet wären und dass Pump-Guns in Krisengebieten längst die Waffe der ersten Wahl wären, könnten durch ihre Schüsse tatsächlich ganze Limousinen in die Luft gejagt werden. Die meisten Zuschauer aber nehmen für bare Münze, was man ihnen vorsetzt, und was das in ihren Köpfen anrichten kann, sollen einige Beispiele verdeutlichen.

Sturmgewehr Kalaschnikow

Die Kalaschnikow AK-47 (AK steht für Awtomat Kalaschnikowa) ist das berühmteste Sturmgewehr der Welt. Sie steht als Symbol für die zahllosen Guerilla- und Bürgerkriege seit 1945 auf allen Kontinenten. Sogar auf Landesflaggen prangt ihr Bild zuweilen, und sie kommt zudem in Volksliedern vor. Mehr als hundert Millionen produzierte Exemplare der unterschiedlichsten Baureihen haben die Märkte der friedlosen Welt überschwemmt und das Gewehr zum Inbegriff für gefährliche Kleinwaffen gemacht. Vergeblich sind die Bemühungen der Vereinten Nationen geblieben, sie unter Kontrolle zu bringen.

Aber was ist eigentlich eine AK-47?

Im Prinzip ein Haufen Stahl, Holz und Plastik, in die richtige Form gebracht, damit das Ergebnis, eben die Kalaschnikow, die Kurzpatrone M43, auch bekannt als 7,62 x 39 mm, verschießen kann. Wahlweise halbautomatisch für den gezielten Einzelschuss oder auch vollautomatisch mit schneller Schussfolge. Dreißig Patronen im charakteristisch gebogenen Magazin, dazu ein abstehender Pistolengriff und vielfach auch eine klappbare Schulterstütze. Der Archetyp der Kleinwaffen, gefährlich, tödlich. Schon der Anblick kann Betrachter in Angst und Schrecken versetzen.

Dagegen sieht der überwiegend in Holz gepackte Selbstlade-Karabiner Simonow (SKS) fast harmlos aus; man denkt unwillkürlich an ein Jagdgewehr. Kein Pistolengriff, ein recht zivil anmutender Schaft, kein langes Magazin und keine klappbare Schulterstütze. Dabei verschießt dieses Sturmgewehr dieselbe Patrone, und die Geschosse verlassen die Laufmündung sogar noch einen Tick schneller als bei der »Kalasch«, denn der längere Lauf beschleunigt sie stärker. Die Unterschiede sind marginal und rein technisch, im Grunde handelt es sich nur um nebensächliche Abweichungen. Wer also meint, eines dieser Gewehre sei weniger gefährlich als das andere, ist buchstäblich auf dem Holzweg. Bei den meisten Amokläufen in den USA mit »Assault Rifles« (Sturmgewehren) kommt der SKS zum Einsatz. Die alten Gewehre aus Russland und China nämlich sind gewöhnlich um einiges billiger als ihre modernen Verwandten; selbst Amokläufer kalkulieren offenbar knapp.

1945 wurde der SKS bei der Roten Armee als Dienstgewehr eingeführt. Man stellte aber recht schnell fest, dass eine Universalwaffe für alle Soldaten deutlich preiswerter ist als ein Nebeneinander von Gewehren und Maschinenpistolen, denn das erfordert zusätzliche Munition, zusätzliche Ersatzteile, zusätzliche Ausbildung; auch im Sozialismus rechnete sich so etwas nicht. Also kam 1947 schließlich die Kalaschnikow. Afghanistan, Jugoslawien und so ziemlich alle Länder der Dritten Welt zeigen, dass die Erfindung des gleichnamigen Konstrukteurs, Vorname Michail, wohl recht überzeugend gewesen sein muss.

Der legendäre Ruf dieses Sturmgewehrs hat sicher dazu beigetragen, dass ihm ähnliche Gegenstände und auch andere »Anscheinswaffen« zeitweilig in der Bundesrepublik verboten waren.[19] Erst am 1. April 2003 fiel das Verbot, nachdem behördlicherseits die Einsicht gewachsen war, dass damit nichts zu bewirken ist. Dennoch gelten im Waffenrecht weiterhin besondere Auflagen für das Aufbewahren, Transportieren und natürlich erst recht für das Führen von Anscheinswaffen.[20] Nach einigen Überfällen damit häuften sich in den Jahren nach 2003 in den Medien erneut die Forderungen nach Verboten, und es wurden Bedenken laut, dass Anscheinswaffen in Kinderhand falsche erzieherische Signale setzen können; als ob anscheinend richtige Schusswaffen im Kino oder Fernsehen anders auf die kindlichen Gemüter wirken. Manche wollen offensichtlich lieber das gefährliche Aussehen ächten und fragen dabei

Bei einem Vergleichsbeschuss zeigten sich für die Patrone 7,62 x 39 mm bei der AK-47 (unten) und bei der SKS nahezu identische Mündungsgeschwindigkeiten. Der Grund, weshalb die AK-47 in den zahlreichen Konflikten dieser Welt eine so große Verbreitung gefunden hat, liegt nicht in einer besonders grausamen Wirkung, sondern in ihrer Vielseitigkeit: Sie ist in allen Gefechtsarten und unter beinahe allen denkbaren Umständen einsetzbar.

nicht einmal, wer so etwas überhaupt besitzt und was damit getrieben wird. Den Bedrohten kümmert es übrigens wenig, ob die auf ihn gerichtete Waffe nur wie eine solche aussieht oder tatsächlich wie eine funktioniert. Zur näheren Prüfung ist in solchen Situationen keine Zeit. Wenn man sich am falschen Ende eines derartigen Geräts wiederfindet, hat man andere Sorgen.

Gegner von Schusswaffen demonstrieren das Verderben, das von ihnen ausgehen kann, gern anhand von Bildern. Bevorzugt wird an Wassermelonen in extremer Zeitlupe gezeigt, wie das Projektil die Frucht in Stücke platzen lässt. Das weckt Assoziationen. Die Melone ist etwa so groß wie ein menschlicher Kopf, wirkt auf den ersten Blick recht massiv, und im Gehirn des Zuschauers entstehen dann beim Zerplatzen die gewünschten Analogien. Perfekt für die Gruselshow zum Feierabend. Ob man mit einer Schreckschusspistole schießt, einen Speer wirft oder gleich eine Großkaliberwaffe abfeuert, die Melone platzt sehr eindrucksvoll. Über Schusswaffen sagt das wenig bis nichts.[21]

Bei solchen Demonstrationen handelt es sich um pure Effekthascherei. Realistischer wäre der Einsatz von Schweinehälften, von ballistischer Seife oder von Gelatine, wie es bei Behörden und wissenschaftlichen Instituten üblich ist – bloß, wo bleibt da der Bersteffekt? Wie gut sich der macht, kann jeder in der heimischen Küche selbst beobachten, wenn er eine Wassermelone aus nur geringer Höhe auf die Fliesen fallen lässt: Sie zerplatzt. Eine Melone ist eben kein Kopf. Glücklicherweise, möchte man sagen angesichts dessen, was Kinderschädel auf Spielplätzen zuweilen aushalten müssen. Mit den wirklichen Gefahren, die von nach dem Waffengesetz »freien« Spielzeugwaffen ausgehen können, kennen sich nur wenige aus; da fehlt es entschieden an Aufklärung durch Medien und Behörden. Eltern wissen meistens nicht besser Bescheid als die damit spielenden Kinder.

Anscheinswaffen und Messer

Was ist nicht alles über die Erbsenschusspistolen geschrieben, ausgestrahlt und diskutiert worden! Der gefährliche Anschein, so wurde argumentiert, könne zu tragischen Zwischenfällen wie dem folgenden führen: Im Jahr 2000 floh ein psychisch kranker Mann aus einer Pflegeeinrichtung in Ulm unter Mitnahme seines Lieblingsspielzeugs, eines Anscheinssturmgewehrs M16. Irgendwie muss diese nicht ganz unwichtige Information auf dem Weg zwischen den Betreuern des Patienten und der Polizei abhandengekommen sein. Als die Beamten den Mann schließlich in einem Waldstück stellten, fühlten sie sich von dessen Gefuchtel mit der Waffe bedroht und erschossen ihn. Der Mann war eben krank. Sonst dürfte jeder wissen, dass es Wahnsinn ist, eine Waffe auf einen Polizisten zu richten, ganz gleich ob es sich dabei um eine Anscheinswaffe, Wasserpistole oder Gaspistole handelt.

Doch selbst bei so geringen Mündungsenergien wie jener der genannten Erbsenschusspistolen kann es zu ernsthaften Verletzungen kommen. Mit der Waffe lassen sich ja nicht nur Erbsen verschießen, und schon die ABC-Schützen wissen dank Internet oft schon recht früh, wie das mit der Physik in der Praxis funktioniert. Die Energie des Geschosses sagt für sich herzlich wenig über die Verletzungswirkung aus, mindestens ebenso entscheidend ist die relative Querschnittsbelastung, also die Verteilung der Energie auf die Fläche des Geschosses. Vereinfacht gesagt: Je kleiner bei gleicher Energie der Geschossdurchmesser, desto höher der Durchschlag. Von den recht harmlosen Plastikerbsen in Kalibern zwischen 5,5 und 8 mm bis zum Austausch durch entsprechende Geschossalternativen ist es dann nur noch ein kleiner Schritt. Spritzenkanülen, Nadeln oder sogar speziell für solche Spielzeugwaffen im Ausland angebotene Geschosse können ebenso verschossen werden, und diese Projektile haben es tatsächlich in sich. Die Durchschlagsleistung liegt dann gleich um ein Vielfaches höher. Die Geschosse durchdringen nicht nur Pappe oder bringen Sektgläser zum Zerspringen – selbst Sperrholzplatten halten ihnen in aller Regel nicht stand. Tatsächlich tauchten derartige Geschosse vor einigen Jahren in Großbritannien so gehäuft bei Jugendlichen auf, dass sich die dortigen Polizeibehörden ernsthafte Sorgen um schwere Verletzungen machten und sogar Todesfälle befürchtet wurden.[22]

Ähnlicher Fehleinschätzung unterliegen Messer, die ein Großteil der Bevölkerung für grundsätzlich weit weniger gefährlich hält als Pistolen. Zugegeben, die Schusswaffe ist eine Distanzwaffe und entfaltet, wie der Begriff sagt, auch über größere Entfernungen Wirkung. Von Messern aber gehen keinesfalls geringere Gefahren aus. Im Gegenteil: Erfahrene Waffenträger haben in der Regel vor einem Messer weit mehr Respekt als vor einer Pistole. Ein Schuss wirkt nur ein Mal. Ist man verletzt, dann bleibt die Verletzung relativ konstant. Die Klinge aber, erst einmal in den Körper eingedrungen, richtet weit mehr Schaden an. Sie schneidet weiter, bei jeder Bewegung wird Gewebe geschädigt, können lebenswichtige Gefäße verletzt oder zerschnitten werden. Durch die unterschiedlichen Kraftverteilungen beim Stich und beim Herausziehen der Klinge entstehen die charakteristischen, schwalbenschwanzförmigen Verletzungsbilder. Mit einiger Berechtigung heißt es, dass im Prinzip bei zwei Stichen bereits drei Verletzungen vorliegen.

Für Hausfrau wie Hobbykoch liegt in der heimischen Küche tödliches Werkzeug stets griffbereit, und es ist wirklich nur schwer verständlich, wie sorglos solche Messer betrachtet werden. Sanitäter und Notärzte können ein Lied davon singen. Dabei geht es gar nicht so sehr um die Vielzahl der Körperverletzungs- oder gar Tötungsdelikte im Affekt, bei denen das superscharfe Messer aus der Werbung plötzlich im Körper des Lebensgefährten steckt. Die Gefahr ist viel alltäglicher. So haben Kinder meistens völlig freien Zugang zu solchen Waffen, spielen damit und bringen sich oder anderen gewollt oder ungewollt schwere Wunden bei. Oder die blitzenden spitzen Edelstahlklingen werden hastig beiseitegelegt und fallen den in der Küche Hantierenden nicht selten buchstäblich in den Fuß oder beim Bücken in den Rücken. Warum wird die Unsitte so selten thematisiert, Messer einfach offen abzulegen oder in einem praktischen Holzblock aufzubewahren, wo sie für jeden sofort greifbar sind? Messerunfälle gehören zu den häufigsten in Haus und Garten.

Messer sind nicht nur wichtige Küchengeräte oder Schnitz- und Schneidwerkzeuge, sondern eben auch Waffen. Spätestens seit den Anschlägen vom 11. September 2001 dürfte allen klar sein, was man mit einem scheinbar harmlosen Teppichmesser anrichten kann. Die Terroristen überwältigten damit die Besatzungen der Maschinen, die sie dann in die Türme des World Trade Centers und ins Pentagon steuerten. In den Händen von geübten Messerkämpfern sind spitze und scharfe Klingen Schusswaffen sogar deutlich überlegen. Schon seit Jahrzehnten schärfen die Ausbilder des FBI ihren Beamten ein, einem mit einem Messer angreifenden Täter bei einer Entfernung von weniger als sieben Metern – die sogenannte »21 feet rule« – sofort in den Kopf zu schießen. Sonst haben sie trotz Pistole kaum mehr eine Überlebenschance. Ähnliches konstatiert auch das *Polizeitrainer Magazin*: »Ein Training, das die Abwehr eines Messerangriffs mit Techniken der waffenlosen Selbstverteidigung an erster Stelle vermittelt, ist verantwortungslos.«[23] Nur Laien können der Ansicht sein, eine Schusswaffe gegen ein Messer sei unverhältnismäßig. Unzählige Menschen haben diesen Irrtum mit dem Leben bezahlt.

Nur ein Messer?

Wie gefährlich Messer tatsächlich selbst gegenüber Schusswaffen sein können, zeigt ein Fall aus Deutschland ziemlich eindrucksvoll:

Bis 9.16 Uhr am Morgen des 8. August 1989 treffen drei Funkstreifen mit je zwei Beamten an der Gaisburger Brücke in Stutt-

gart ein. Sie wollen einen Farbigen überprüfen, der für verdächtig gehalten wird, um 6.14 Uhr bei einer Fahrkartenkontrolle einen Mitarbeiter der Verkehrsbetriebe niedergeschlagen zu haben.
Ein Beamter steigt aus dem dritten Wagen aus und geht zu den vier Beamten, die sich bereits bei dem Verdächtigen befinden, der mit dem Rücken zum Geländer der Brücke steht. Der Schwarzafrikaner gibt sich wenig kooperativ, sodass zwei Beamten ihn jeweils links und rechts fassen und in Richtung eines ihrer Wagen abführen, der nur wenige Meter entfernt geparkt steht. Plötzlich reißt sich der Verdächtige los und rennt in Richtung Schleyerhalle, die Beamten eilen ihm nach und umkreisen ihn bereits nach wenigen Metern. In diesem Augenblick sticht der Mann in schneller Folge auf die Polizisten ein. Ein 27-jähriger Polizeiobermeister will ihn aufhalten, zieht seine Pistole und gibt noch zwei Schüsse ab, dann schleppt er sich mit einer tödlichen Lungenverletzung in Richtung VW-Bus. Sein ebenfalls 27 Jahre alter Kollege Q. stellt sich dem Täter in den Weg und zieht seine Waffe, doch zu einer Schussabgabe kommt er nicht mehr, er sinkt augenblicklich mit einem tödlichen Stich ins Herz zu Boden. Ein weiterer Beamter, 26 Jahre, erleidet einen Stich in den linken Unterbauch, der vierte Beamte einen in die Bauchmitte. Der fünfte kommt mit einer leichten Schnittverletzung an der rechten Schläfe davon. Einer der getöteten Polizeibeamten war noch in der Lage, drei Schuss auf den Angreifer abzugeben, einer davon trifft tödlich in das Herz des 46-Jährigen aus Liberia.
Die Bilanz: zwei tote Polizeibeamte, der Täter ebenfalls tot, zwei Schwerverletzte, ein Beamter leicht verletzt.

Die 2008 in Deutschland eingeführten Messerverbote deswegen als Erfolg zu feiern wäre allerdings überzogen. Für die Verletzungsbilder ist es nämlich nicht von Belang, ob sie von einem »Rambomesser« stammen oder von anderen Stichwerkzeugen. »Sissi«, die schöne österreichische Kaiserin Elisabeth, wurde 1898 von einem fanatisierten Anarchisten mit einer einfachen Feile getötet. Oskar Lafontaine hat das Attentat einer geistig verwirrten Frau mit einem einfachen Küchenmesser 1990 nur mit einer großen Portion Glück und dank der bewundernswerten Fähigkeiten seiner Ärzte überlebt. Und der Amoklauf eines 16-jährigen Schülers am Berliner Hauptbahnhof nach dessen Einweihung 2007 wurde lediglich mit einem Taschenmesser begangen; 28 Menschen erlitten Verletzungen, acht davon lebensgefährliche. Dass keine Todesopfer zu beklagen waren, lässt sich auch mehr auf Glück zurückführen als auf das Waffengesetz oder auf polizeiliche Maßnahmen.

Berliner Zustände

Die Wogen gehen bei Diskussionen über Schusswaffen oftmals so hoch, dass von logischer Argumentation meist auf beiden Seiten kaum noch die Rede sein kann. Je tiefer die Kontrahenten im Politikbetrieb stecken, desto eher wird aus dem Fenster geredet, heiße Luft produziert und auf Showeffekte gesetzt. Die Bühne der Hauptstadt eignet sich dafür besonders, und der Berliner Innensenator Ehrhard Körting (SPD) gehört klar zu den begabteren Darstellern. Seine Auftritte provozieren jedoch manche Frage: Während der Diskussionen über eine Verschärfung des Waffengesetzes zum Jahreswechsel 2007/2008 profilierte er sich im Namen des Landes Berlin mit extremen Forderungen nach Verboten von Messern. Besonders das Tra-

gen von Einhandmessern (mit einer Hand zu bedienen) hatte es dem Senator angetan. Durch immer wieder in der Lokalpresse aufgewärmte Straftaten mit derartigen Messern in der Berliner U-Bahn wurde dringender Handlungsbedarf herbeigeschrieben. Nach typisch deutschem Reflexmuster sollte ein Verbot die Lösung des Problems bringen.
Leider war Körting entgangen, dass anderes Vorgehen weit eher Erfolg versprochen hätte: Der Senat als Eigentümer der Berliner Verkehrsbetriebe hätte nur konsequent von seinem Hausrecht Gebrauch machen müssen, und das Problem hätte gar nicht erst die beklagten Dimensionen annehmen können. Noch 2007 gestatteten die Beförderungsbedingungen der Berliner Verkehrsbetriebe (BVG nach der früheren Bezeichnung Berliner Verkehrs AG) ausdrücklich das Mitführen solcher Waffen.[24]
Eine Änderung der Hausordnung macht natürlich längst nicht so viel her wie bundespolitische Forderungen nach gesetzlicher Neuregelung. Damit die auch wirklich zustande käme, setzte Körting auf Schocktherapie:
Zur Sitzung des Innenausschusses über besagte Neuregelung des Waffengesetzes schickte er seinen besten Mann, den leitenden Kriminaldirektor Oliver Tölle. Er führte bei der Anhörung im Januar 2008 den anwesenden Parlamentariern und Experten zur Unterstreichung der Berliner Forderung nach einem Verbot solcher Messer ein Video vor. Zu sehen war, wie zwei Türsteher im Eingangsbereich einer Diskothek in Niedersachsen von einem Mann mit einem Messer überfallartig angegriffen wurden. Bedeutungsschwer betonte der Kriminaldirektor bei der Darstellung dieses Zwischenfalls, dass beide Opfer den Angriff nicht überlebt hätten – das Verbot des Tragens gefähr-

licher Messer wurde in den neuen Paragrafen 42a des Waffengesetzes übernommen, entgegen den eindeutigen Warnungen von Experten, das Problem doch bitte schön aufseiten der Täter zu lösen.[25]
Bald darauf kam in einschlägigen Internetforen ein Rumoren auf, dass an dieser Sache etwas nicht so ganz stimmen könne. Eines der totgesagten Opfer nämlich hatte sich zu Wort gemeldet. Und wenig später konnte man sich das ganze von Tölle vorgeführte Video im Internet anschauen. Die Berliner Darstellung endete genau vor dem Punkt, an dem die Türsteher in Wirklichkeit ihren Angreifer verfolgen und überwältigen konnten und ihn der herbeigerufenen Polizei übergaben. Beide Türsteher waren bei dem Angriff zwar verletzt worden, doch ganz so dramatisch wie geschildert war die Sache dann doch nicht abgelaufen. Ob das Video tatsächlich am springenden Punkt zu Ende war? Kunst besteht ja nicht selten gerade im Weglassen.[26]

Lautstärkenregelung und Gehörschäden

Kommen wir zum Problem der Schalldämpfer: In Deutschland kennt man diese Instrumente nur aus Filmen über Serienkiller oder finstere Geheimagenten. Es gelten strenge Reglementierungen für den Verkauf und den Erwerb, und selbst Sportschützen und Jäger beziehen ihre Kenntnisse über Schalldämpfer zumeist nur aus Zeitschriften oder aus dem Fernsehen. Eigentlich, so die verbreitete Meinung, dienen solche Vorrichtungen nur zum Begehen von Straftaten, insbesondere von Tötungsdelikten. Dabei gibt es in der EU zahlreiche Beispiele dafür, dass Schalldämpfer als genau das behandelt werden, was sie sind: ein Gehörschutz. In Finnland etwa oder bis vor wenigen Jahren auch in Frankreich gab und gibt es, Stand 2007, dazu kaum Vorschriften. Das menschliche Gehör, und gehöre es auch einem »Waffennarren«, hielt man für wertvoller als den Schutz vor den angeblichen Gefahren, die mit Schalldämpfern verbunden sein könnten. Entsprechend frei konnte man in Frankreich und kann man immer noch in Finnland Schalldämpfer für sein Jagdgewehr oder eine Sportwaffe erwerben. Selbst in Großbritannien, wo man Waffen eher ablehnend gegenübersteht, sind sie problemlos erhältlich, teilweise sogar gesetzlich vorgeschrieben.

Das lag und liegt weniger an liberaler Waffenrechtspolitik als vielmehr an den Erfahrungen mit Schalldämpfern. Das leise, tödliche »Plopp« von damit gedämpften Waffen ist nämlich nichts weiter als eine effektvolle Erfindung der Hollywood-Tricktechniker. Schon der gewöhnliche Schuss in Film und Fernsehen ist um ein Vielfaches leiser als ein tatsächlicher mit einem guten Schalldämpfer. Daher regulieren die Tontechniker den Knall von schallgedämpften Waffen in Filmen zu einem mystischen Zischen herunter. Der echte Schuss mit einem Schalldämpfer würde die Zuschauer vermutlich mit schweren Gehörschäden aus dem Kinosaal treiben. Selbst hochwirksame Dämpfer reduzieren den Knall an der Mündung nur eingeschränkt. Man nimmt den Schuss nicht mehr unbedingt als solchen wahr; bei keiner Messung gelang es aber dem Autor, im Kaliber 9 mm Luger leiser als 100 Dezibel (dB) zu schießen. Und das liegt noch immer auf dem Niveau von kräftigem Türenzuschlagen direkt neben dem Ohr.

Der einzige Vorteil solcher Dämpfer: Der Mündungsknall sinkt auf ein erträgliches Maß unterhalb der Schmerzgrenze. Gehörschäden bei Jägern oder Sicherheitspersonal lassen sich so mindern und mithin auch die von uns allen zu tragenden Kosten für deren Be-

Eine Pistole Glock 17 mit zerlegtem Schalldämpfer SAI. Unten auf dem Bild deutlich zu erkennen die Lamellen, die eigentliche Technik des Schalldämpfers.

handlung. Den Knall des Geschosses, wenn es die Schallmauer durchbricht, kann man ohnehin nicht reduzieren. Und Revolver lassen sich, allen Legenden zum Trotz, technisch überhaupt nicht schalldämpfen; die aufgeschraubten Rohre bringen rein gar nichts, denn der Gasdruck entweicht seitlich. Doch simple Physik ist ohnehin nachrangig, wenn es um Angstbilder geht. Dass Anwohner von Schießständen durch den Lärm erheblich belästigt werden, dass Tiere ebenfalls darunter leiden müssen, kümmert die meisten weniger als die Furcht vor den Schalldämpfern, die nach landläufiger Ansicht vornehmlich von Killern oder brutalen Banden eingesetzt werden. In Finnland muss es wirklich furchtbar zugehen.

Man darf bei dieser Beurteilung von Schalldämpfern nicht vernachlässigen, dass viele Menschen Waffen durchaus aus beruflichen Gründen nutzen müssen und den Lärmbelastungen zwangsweise ausgesetzt sind. Und immerhin 30 Prozent der anerkannten

Berufserkrankungen entstehen durch Schäden am Gehör. Das Problem: Der Lärm wird nicht nur über die Ohren übertragen, sondern auch über die Knochen des Schädels, die sogenannte Knochenleitung. Die Schwingungen erreichen also selbst dann die feinen Nerven, wenn man sich die Gehörgänge mit Watte blockiert oder einen großen Gehörschutz trägt. Aus diesem Grund muss der Arbeitgeber bereits ab Lärmbelastungen von 85 dB einen Gehörschutz bereitstellen.

Ein Flugzeug erzeugt einen Druckpegel von zwischen 120 und 140 dB, beim Schießen kommen an der Immissionsquelle jedoch durchschnittliche Werte zwischen 130 und 170 dB zusammen – weit oberhalb dessen, was für einen Menschen als unbedenklich, geschweige denn erträglich angesehen werden kann. Nach der EU-Richtlinie EG 10/2003 ist es seit dem 15. Februar 2009 zwingend vorgeschrieben, Lärmquellen über 140 dB technisch am Entstehungsort zu mindern. Die gesundheitlichen Schädigungen dabei sind einerseits unmittelbare Traumata (»Knalltrauma«), langfristig aber der Verlust des Gehörs. Betroffen hiervon sind Hunderttausende, etwa Soldaten der Bundeswehr, Polizeibeamte oder auch Jäger. Selbst Freizeitschützen können, wenn der Antrag auf Erteilung einer Genehmigung für einen solchen Gehörschutz abgelehnt wurde, für die entstehenden Gehörschäden einen Anspruch auf Schadenersatz geltend machen. Hinzu kommt, dass gerade bei der neuen Munition für Polizeibehörden wesentlich höhere Gasdrücke und Geschossgeschwindigkeiten erreicht werden, die die auftretenden Lärmbelastungen zusätzlich verstärken. Augenblicklich sind daher bei zahlreichen Waffenherstellern Forschungsprojekte in Arbeit, um den Knall an der Lärmquelle, also der Laufmündung, zu reduzieren. Schalldämpfer könnten also in wenigen Jahren bereits serienmäßiger Standard werden.

Die Pump-Guns

Kommen wir zum nächsten Beispiel: Nach dem Amoklauf von Erfurt wurden Pump-Guns verboten. Diese Waffe ist charakterisiert durch das martialisch wirkende Laden über den typischen Vorderschaft. Der Täter Robert S. hatte eine solche Waffe auf dem Rücken getragen, jedoch laut Kommissionsbericht damit nicht einen einzigen Schuss abgegeben.[27] War man gerade dabei, das Verbot der Anscheinswaffen wegen offenkundiger Nutzlosigkeit aufzuheben, so wurde nach den medialen Aufschreien im Gefolge von Erfurt umgehend nach neuen Verboten gerufen: Jetzt sollten sie die Pump-Gun treffen.

Was genau ist eine Pump-Gun? Man nennt die durch Hollywood zu furchterregender Berühmtheit gelangte Waffe auch »Wichserflinte«, wegen der typischen Handbewegung beim Laden mit dem schaurigen »Ritsch-Ratsch«. Und nichts anderes ist sie auch: eben eine ungewöhnlich aussehende gewöhnliche Flinte. Also genau das, womit bei Olympia auf Tontauben geschossen wird oder auf die Jagd gegangen wird. Die Pump-Gun verschießt die gleichen Patronen; das meistgenutzte Kaliber ist 12/70. Einige dieser Schrotpatronen stecken in einem Magazinrohr unter dem Lauf und werden durch die beschriebene Handbewegung geladen.

Mehr Möglichkeiten der Tricktechnik

Der Grund, weshalb Vorderschaftrepetierflinten in Filmen eine so weite Verbreitung erfahren, liegt nicht in der Technik. Er ist tatsächlich viel banaler, wie der Filmwaffenausstatter Oliver Rasch aus Siegburg in einem Gespräch mit dem Autor im August 2009 erklärt: »Bei einer Pump-Flinte haben wir mehr Möglichkeiten der Tricktechnik. Bei Selbstladewaffen und bei

Pistolen oder Revolvern ist es immer ein technisches Problem, weil die Regisseure schließlich beeindruckendes Mündungsfeuer sehen wollen. Das geht aber nicht so problemlos, weil bei der Aufnahme eben nur eine bestimmte Anzahl Bilder pro Sekunde gedreht werden kann, also würde ein echtes Mündungsfeuer im Film fast gar nicht wahrnehmbar sein. Hier wird nachgeholfen, etwa mit Magnesium. Das nimmt in der Patronenhülse aber dann wieder sehr viel Platz und kann die Waffenfunktion beeinträchtigen. Bei der Pump-Gun ist das dann für uns recht einfach, denn die Funktion erfolgt ja über das Nachladen mit dem Vorderschaft. Deswegen haben solche Waffen dann natürlich das optimale Mündungsfeuer und können entsprechend in Szene gesetzt werden.«

In der Sachkundeausbildung lernt der berechtigte Benutzer von Flinten, dass die Geschosse nach der Faustformel »Schrotgröße mal hundert« fliegen. Bei 3-mm-Schrot also 300 Meter, bei 9-mm-Schrot 900 Meter weit usw. Zum Vergleich: Eine 9-mm-Kugel aus einer Polizeipistole kann noch auf Entfernungen von 2500 Metern einen Menschen umbringen. Die Pump-Gun ist also weit weniger schrecklich, sie sieht nur recht schrecklich aus und ist deswegen verboten. Dabei ist das mit dem Aussehen eine Sache der Definition. Nur mit Pistolengriff fallen diese Geräte unter das Verbot; mit längerem Schaft kann man sie legal erwerben, in vielen Ländern sogar ohne die bei uns erforderliche Erlaubnis. Man stuft dort Waffen zumeist nach ihrer Gefährlichkeit ein und nicht nach ihrem Aussehen. In der Waffenrepublik Deutschland nimmt der Gesetzgeber dagegen auch auf das ästhetische Empfinden Rücksicht – oder er schaut einfach zu viele schlechte Filme.

Wegen ihres gefährlichen Aussehens wurde die untere Waffe verboten, ihr Besitz stellt ein Verbrechen dar. Die obere Waffe verschießt die gleiche Patrone, gegen sie bestehen seitens des Gesetzgebers keine Bedenken.

Alle anderen Flinten mit genau den gleichen Abmessungen, gleichen Kalibern und gleicher Feuerfolge sind weiterhin erlaubt, ein Widersinn, der auch bei den Gesetzesänderungen 2008 und 2009 nicht beseitigt wurde. Stattdessen haben wir 2003 und 2008 erleben müssen, wie die so bedrohlich aussehenden Pump-Guns verboten wurden, sicherheitshalber gleich zwei Mal. Spätestens bei dem Verbot von etwas, das bereits verboten ist, hätte man aufhorchen und begreifen müssen, dass hier nur ein Beruhigungsmittel verabreicht wurde; es galt, die aufgeregte öffentliche Diskussion zu dämpfen. Nach den Richtlinien des Verbots wäre die Kanone von Schwarzenegger aus *Terminator 2* (Winchester 1887 in Kaliber 12/70) erlaubt, die aus Teil 3 dann verboten.

Es ist nämlich jetzt so: Selbstladeflinte mit 61cm Länge und Pistolengriff – erlaubt. Westernflinte mit 61cm Länge und Pistolengriff – erlaubt. Vorderschaftrepetierflinte mit 61cm Länge und Pistolengriff – Knast. Alle drei Waffen machen aber die gleichen Löcher. Und Autos lassen sich damit gewiss nicht zur Explosion bringen. Die Schrotgarbe öffnet sich auf zehn Meter ungefähr zu einer Größe von 25 x 25 cm. Nicht sonderlich spektakulär. Doch damit nicht genug: 2008 erweiterte der Gesetzgeber das Verbot. Seitdem gelten auch Vorderschaftrepetierflinten mit einer Länge von weniger als 95 cm als unzulässig, könnte man sie doch leicht unter einem Mantel verstecken. Kann man tatsächlich. Da passt aber noch weitaus mehr drunter, und es lassen sich natürlich auch jede Menge Waffen so verbergen, die nicht verboten wurden. Diese Logik erschließt sich beim besten Willen nicht. Aber auch die Folgen der Verschärfung brachten die Verantwortlichen nicht zur Besinnung: Der Absatz langer Flintenläufe stieg rasant, und die Fachhändler freuten sich über die Mehreinnahmen, zumal das Bundesinnenministerium beschloss, keine Ausnahmegenehmigungen für das zu erteilen, was eben noch völlig legal war.[28] So um die 200 Euro Schaden für jeden Besitzer einer solchen Waffe bedeutete dies in der Praxis. Außerdem ist in nächster Zeit mit einer Flut von Strafverfahren gegen Waffenbesitzer zu rechnen, die das Verbot bisher einfach nicht mitbekommen haben. Damit kann allerdings nicht eine einzige der nun plötzlich illegalen Waffen aus dem Verkehr gezogen werden, und Amokläufen lässt sich damit schon gar nicht vorbeugen.

Vermutlich wurde noch nie in Deutschland so viel an Waffen geschraubt wie am 1. April 2003, als diese Gesetzesänderung in Kraft trat. Um ganz ehrlich zu sein, der Autor schraubte ebenfalls: Pistolengriff von der Pumpe ab und Schaft dran, Holzverpackung vom Anscheinsgewehr ab und Plastikschaft dran. Es änderte sich die Verpackung, der Inhalt blieb der gleiche. Ganz so, als könnte man die Opferzahlen im Straßenverkehr senken durch ein Verbot von Rallyestreifen. Über so viel Ignoranz mag man den Kopf schütteln. Ernster zu nehmen sind die Folgen für Menschen, die aufgrund solchen Widersinns Hausdurchsuchungen über sich ergehen lassen müssen oder gar bestraft werden. Sie sind Opfer einer unerträglichen Hollywoodisierung der Waffendiskussion.

Das kampfmäßige Schießen

Zur nächsten Unbegreiflichkeit: Immer wieder werden uns Bilder des dynamischen Schießens nach den Maßgaben der International Practical Shooting Confederation (IPSC) gezeigt, wie es angeblich bei Spezialeinheiten von Polizei und Militär geübt wird. Dürfen Sportschützen so etwas? Obwohl diese Art des bewegten Schießens für die Taten von Erfurt oder Winnenden ohne jede Bedeutung war, wurden danach augenblicklich Verbotsforderungen laut. Und im Gefolge von Winnenden prüft man nun auf Beschluss der Landesregierung in Stuttgart überall in den Behörden von Bund und Ländern, ob dieses IPSC-Schießen unter Strafe gestellt werden soll. Schnelle Schussfolgen, das Rennen auf der Schießbahn zwischen den verschiedenen Positionen, rasante Magazinwechsel und das Schießen aus »Deckungen« heraus hinterlassen beim Betrachter einen sehr starken Eindruck und erinnern für das Laienauge eben sehr deutlich an Spezialeinheiten. Zumindest an die, die wir aus dem Fernsehen kennen.

Leider lassen sich Hirninhalte nicht löschen, sonst könnten wir die hochtraumatischen Erinnerungen der bei Amokläufen eingesetzten Beamten überschreiben. Und wir könnten dafür sorgen, dass die während einer Ausbildung in tatsächlichen Spezialeinheiten erworbenen Kenntnisse und Fähigkeiten nicht missbraucht werden. Wie gesagt: Diese Möglichkeit haben wir leider nicht. Kein Wunder also, dass gut ausgebildete, aber unterbezahlte Spezialkräfte oft auf der Gegenseite auftauchen, in den Dienst von Drogenbaronen treten oder sich von zwielichtigen Geschäftsleuten anheuern lassen. Sie arbeiten in Krisengebieten ebenso wie im Rotlichtgewerbe. Einen spektakulären Fall gab es 2008, als deutsche Polizeibeamte verschiedener Spezialeinheiten in Libyen auf eigene Rechnung Sicherheitskräfte ausbildeten – und damit für einen Skandal sorgten.[29]

Schlimm genug. Es wird aber auch wenig beachtet, dass die Bundeswehr vor wenigen Jahren ihre Schießausbildung sehr radikal umgestellt hat. Jetzt vermittelt sie genau die beschriebenen Fertigkeiten, die mit solchen Verbotsforderungen eigentlich aus der Gesellschaft herausgehalten werden sollten. Dank der Wehrpflicht lässt sich das Gelernte natürlich nicht unterm Hut, sprich: in den Kasernen halten. Und so kann jemand als Reservist bei einer Wehrübung genau das trainieren, was ihn danach als Zivilisten möglicherweise vor Gericht bringt, wenn er es in seinem Schützenverein übt.

Von solchen Paradoxien ist in den Medien in der Verbotsdebatte nicht die Rede. Ebenso wenig wird davon berichtet, dass kampfmäßige Ausbildungen längst, nämlich bereits seit den 1970er-Jahren, strikt reglementiert sind. Sie sind im Allgemeinen für Waffenbesitzer verboten, und nur sehr wenige Menschen, die eine Waffe tragen müssen, dürfen Derartiges trainieren.[30] Diese Tatsache passt kaum ins Konzept der Verbotsforderer. Und noch weniger das Folgende: Die verordneten Restriktionen haben die unerfreuliche Nebenwirkung, dass sich viele Waffennutzer in wichtigen Fragen der Unfallverhütung beim Umgang mit Schusswaffen nicht weiterbilden können. Offenbar nehmen die Versicherungsträger solche

Gesetze als unvermeidliche Schikanen der Behörden hin. Damit ist Deutschland der einzige Staat der Welt, der Kernaspekte einer effektiven Unfallverhütung verbietet. Denn um nichts anderes handelt es sich beim Verteidigungsschießen; knapp neunzig Prozent des Stoffes und der Trainingseinheiten drehen sich um Unfallvorbeugung.[31]

Ein bekannter international erfolgreicher Schütze, der dieses IPSC-Schießen betreibt, ist von Beruf Polizeibeamter – als Schießausbilder einer Spezialeinheit einer deutschen Landespolizei.[32] Er kennt beide Seiten also sehr gut. Missverständnisse können, so das Interview im November 2009, nur bei Nichtkennern aufkommen: »Sicherlich macht das einen starken Eindruck, wenn man zum ersten Mal diesen Sport sieht. Aber ähnlich ist das auch mit dem Biathlon. Beim IPSC kennt man vorher den genauen Ablauf; es wird höchster Wert auf die Sicherheit gelegt. Mit kampfmäßigem Schießen im vollen Sinn hat das nichts zu tun. Bei Spezialeinheiten geht es doch ganz anders zu, da kommen noch Taktik, Technik usw. dazu. Das ist vergleichbar mit Kampfsportarten einerseits und lautlosem Töten andererseits; das sind zwei völlig getrennte Dinge.« Es sei schon seltsam, dass die Behauptungen hinsichtlich eines Schießens »wie bei Spezialeinheiten« von Menschen stammen, die keine derartigen Erfahrungen vorweisen könnten. Die Grenzschutzgruppe (GSG) 9 soll bei einer Untersuchung im Auftrag des Innenministeriums zu ganz ähnlichen Ergebnissen gekommen sein. Und wenn IPSC wirklich ein solches kampfähnliches Schießen wäre, warum hat sich dann in den USA ein Zweig davon abgespalten? Unter explizitem Hinweis auf die fehlende Realitätsnähe dieses Sports wurde 1996 die International Defense Pistol Association (IDPA) gegründet.[33]

Dass Verbotsforderungen oft bloße bedingte Reflexe von Alarmisten sind, zeigte sich, als eine Diskussion darüber aufbrach, dass auch das Westernschießen untersagt werden müsste. Bei diesem Sport werden Schießübungen mit historischen Waffen in den aus Wildwestfilmen bekannten Szenen getätigt, also etwa vom Sattel eines Holzpferdes aus, aus dem Schaukelstuhl oder unter einer angedeuteten Saloontür hindurch. Die Kleidung ist entsprechend westerntypisch. Man kommt bei derartiger Ausstattung – oder genauer: Ausstaffierung – schon auf ein paar Tausender, bevor man mit dem Sport überhaupt anfangen kann. Eben »Western von Gestern«.[34]

Dass Amokläufer mit ihrer getreuen Mähre Jolly Jumper bei der städtischen Schule vorreiten und mit antiquierten Schwarzpulverwaffen losschießen, hat es bisher noch nicht gegeben. Und wenn es vorkäme, dann hätte auch ein Beamter im Polizeivollzugsdienst keine übermäßigen Probleme mit einem Gegenüber, das noch mit Schießprügeln des vorletzten Jahrhunderts um sich feuert. Ebenso wie Westernschießen könnte man Mittelalterfeste verbieten, weil Hellebarden zu gefährlich sind. Mit solchen Situationen würde wohl auch jede Freiwillige Feuerwehr fertig.

Trotz aller Forderungen nach einem Verbot des Westernschießens sind kaum jemals Bilder davon zu sehen gewesen. Das nimmt wenig wunder: Wer kann schon ernsthafte Bedrohungen unserer Gesellschaft und entsprechende Verbotsforderungen mit Bildern vertreten, bei denen es für die Betrachter nur eine Gefahr gibt: die des Totlachens. Und Westernschützen geht es ja selbst vornehmlich um Spaß.[35] Sie wollen sich beim Schießsport auch mal austoben und sich dabei gern auch zum Affen machen; solche Leute springen bei den Übungen auch schon mal halbnackt und Schaum spritzend aus einer Badewanne. Empörung über Waffenbesitz lässt sich mit solchen Bildern kaum schüren, weswegen hier meist auf optische Stützung der Verbotsforderungen verzichtet wird.

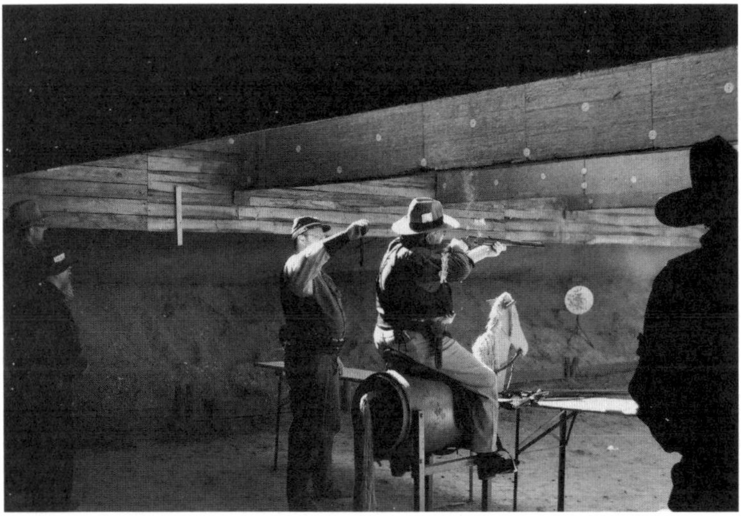

Auch durch mehrmaliges Hinschauen erschließt sich der Zusammenhang von Westernschießen und Amokläufen in Schulen nicht wirklich.

Die behördliche Medienshow

Auch die Behörden nutzen gern die Medien, um auf Erfolge von Ermittlern und Staatsanwälten aufmerksam zu machen und ihre aufopfernde Tätigkeit bildlich zu präsentieren. So wurden in Göttingen im Februar 2009 den Kameraleuten Schreckschusswaffen und Spielzeuggewehre gleich dutzendweise vorgeführt, als vermeintlich schwerer Schlag gegen den illegalen Waffenhandel.[36] Dabei handelte es sich aber fast ausnahmslos um frei zugängliche Geräte, und nur die Nichtkenner, die freilich stets die erdrückende Mehrheit der Zuschauer stellen, durchschauten das nicht sofort.

Und immer wieder gern werden auch Sammlungen konfiszierter Messer ausgebreitet: zum Beispiel am 8. September 2009 im niedersächsischen Sibbesse. Mehr als 300 gefährliche Waffen waren dort laut Pressemeldung der Polizei Hildesheim zu sehen.[37] Dass nur ganze drei davon waffenrechtlich bedenklich waren, davon erfuhren die Zuschauer nichts. Gewiss ist es zu begrüßen, wenn solche Waffen aus den falschen Händen geholt werden. Doch ob dazu derart übertrieben, ja gefälscht werden muss, als sei soeben die Welt vor dem Bösen gerettet worden, das darf füglich bezweifelt werden. Waffenschrott und Kinderspielzeug zur Abschreckung oder als Erfolgsmeldung – das ist Augenwischerei und kalkuliert bewusst mit dem Unwissen des Publikums. Und finden die Fahnder wirklich einmal echte Waffen, dann stellt sich nicht selten heraus, dass sie doch korrekt auf Erlaubnisdokumenten verzeichnet sind. Dann aber ist man natürlich nicht mehr auf Sendung.

»Scharfe Schusswaffen«

Aus der Pressemitteilung »Maschinenpistole sichergestellt« vom 3. Dezember 2009: »Die Hildesheimer Staatsanwaltschaft und die Polizeiinspektion Hildesheim ermitteln in einem Verfahren wegen Verwendens von Kennzeichen verfassungswidriger Organisationen gegen einen 33-jährigen Deutschen ... Der Mann konnte am 1. Dezember 2009 in seiner Wohnung angetroffen werden. Neben diversem Beweismaterial fanden die Durchsuchungsbeamten fünf Waffen. Es handelt sich um zwei Langwaffen (Gewehre) und zwei Kurzwaffen (Pistolen) sowie um eine Maschinenpistole UZI ... Die Maschinenpistole fällt unter die Vorschriften des Kriegswaffenkontrollgesetzes und durfte auf gar keinen Fall im Besitz des 33-Jährigen sein ...«

Ein beträchtlicher Erfolg, der hier dem staunenden Publikum vorgeführt wird. Tatsächlich handelte es sich bei keiner der abgebildeten Waffen um »scharfe« Schusswaffen, schon gar

Angeblich illegale Waffen, sichergestellt bei einer Hausdurchsuchung. Die Tragfähigkeit von polizeilichen Pressemitteilungen bewegt sich in Deutschland seit Jahren auf dem Niveau von Desinformation

nicht um Maschinenpistolen nach dem Kriegswaffenkontrollgesetz. Auf dem Pressefoto der Polizei eindeutig zu sehen sind zwei Luftgewehre, ein Modell des Herstellers Diana und ein Daisy 880, eine Schreckschusspistole ME 800 General und eine weitere Luftpistole, Marke »Billigheimer«. Alle diese Waffen sind für Menschen ab 18 Jahren erlaubnisfrei. Pikant: Die angebliche UZI ist ein Modellbausatz des japanischen Herstellers Marushin, leicht erkennbar an der miserablen Oberflächenbehandlung mit der abgeplatzten Farbe. Bei einer Sicherheitsüberprüfung hätte dies den Polizeibeamten eigentlich auffallen müssen, denn solche Modellwaffen haben gar keine Läufe. Schlichte Inkompetenz der Ermittler oder vorsätzliche Täuschung für die Medien? Zumindest der dritte dokumentierte

Fall nach diesem Muster, der sich in den vergangenen zwei Jahren bei dieser Polizeiinspektion ereignete. Auf Nachfrage verweigerte sie jegliche Stellungnahme und verwies nunmehr an die Staatsanwaltschaft.
Durchaus bemerkenswert: Der verantwortliche Polizeipräsident Hans Wargel wurde ob seiner Erfolge im Kampf gegen die Bewaffnung von Rechtsextremisten in Niedersachsen am 1. Januar 2010 neuer Präsident des niedersächsischen Landesamtes für Verfassungsschutz.

Nähme man die präsentierten »Waffenfunde« einmal selbst in die Hand, dieser Betrug flöge sofort auf: Das ungemein gefährlich aussehende Sturmgewehr nämlich hätte plötzlich das Gewicht von nur drei oder vier Tafeln Schokolade. Und bei angeblich sensationellen Munitionsfunden von »4000 Schuss« und mehr geht es nicht selten um schlichte Luftgewehrgeschosse, die bekannten »Diabolos« aus Blei oder kleine Bleikügelchen, mit denen auch auf dem Rummelplatz geschossen wird. Abgepackt in kleinen Dosen zu 100, 250 oder 1000 Stück, muss nur noch schnell addiert werden, und man kann den Pressevertretern einen »Volltreffer« präsentieren. Dabei unterliegt solche »Munition« nicht einmal dem Waffengesetz, und die Gesundheit geriete wohl nur dann in Gefahr, wenn man durch den Verzehr ganzer Packungen eine Bleivergiftung riskierte.

Das Aufbauschen von solchen »Erfolgen« könnte als Show durchgehen. Doch die Zahlen fließen in die Statistiken ein. Diese wiederum liefern die Grundlagen für rechtliche Maßnahmen und für Entscheidungen darüber, wie viele Planstellen und Finanzmittel den jeweiligen Abteilungen zugewiesen werden. Wollen wir als Gesellschaft etwas Wirkungsvolles gegen den Waffenmissbrauch unternehmen, dann machen uns die medialen Märchenstunden die dringend erforderliche sachliche Diskussion nur unnötig schwer, führen von den tatsächlichen Problemen weg und legen falsche Fährten. Über die Medien transportierte Vorurteile und pauschale Verbotsforderungen bauen ohne Not Frontstellungen auf und machen denjenigen Menschen nur zusätzlich unsinnige Arbeit, die Amokläufe verhindern sollen. Das gelänge ihnen weit effektiver, wenn sie sich auf ihre Kernaufgaben konzentrieren könnten und nicht aufgrund falscher Zahlen und Fragen dauernd mit überflüssigen Belastungen konfrontiert würden.[38] Auch behördlicherseits sollte daher mit echtem Material operiert werden, damit die präsentierten Lösungen auch zu den wirklichen Problemen passen. Die Medien bilden aufs Ganze gesehen die Waffenwirklichkeit nicht nur nicht ab, sondern verfehlen sie auch in einer Weise, die zu Aktionismus und Vergeudung von Ressourcen führt und Maßnahmen provoziert, die dem eigentlichen Ziel nicht dienen: der Eindämmung von Waffenmissbrauch.

3

Das Gewaltmonopol des Staates

Zu den Merkmalen des modernen Rechtsstaats gehört, dass seine Bürger auf Selbstjustiz verzichten und den Schutz ihrer Rechte an den Staat übertragen haben. Er kommt dieser Schutzfunktion durch Erlass von Gesetzen nach, deren Einhaltung er qua Verwaltung und Polizei überwacht und durchsetzt. Damit der Staat dies ungehindert leisten kann, verfügt er über ein Gewaltmonopol. Das heißt: Nur er selbst darf physische oder strukturelle Zwangsmaßnahmen ergreifen und seine Beamten dazu ermächtigen. Diese wiederum unterliegen natürlich ebenfalls dem Gesetz und können nur in dessen Rahmen tätig werden. Das Monopol gibt dem Staat mithin keinen Freibrief, es verpflichtet ihn vielmehr, die rechtliche und soziale Ordnung notfalls mit Gewalt zu sichern und insbesondere gegen Gewaltausübung durch andere einzuschreiten. In Ausnahmesituationen gesteht er dem Bürger freilich ein Notwehrrecht zu, nämlich dann, wenn staatlicher Schutz vorübergehend nicht zu erlangen und Gefahr im Verzug ist. Es leuchtet daher unmittelbar ein, dass ein Gewaltmonopol nicht automatisch ein Monopol auf Waffenbesitz begründen kann.

Verpflichtung zur Zivilcourage

Außerdem ist festzustellen, dass dieses Gewaltmonopol nicht direkt kodifiziert ist. Es gibt keinen Artikel im Grundgesetz oder irgendeinen Paragrafen, der dem Staat ein solches Monopol einräumt. Es lässt sich allerdings aus Grundgesetzartikel 20, Absatz 2, klar ableiten, nach dem alle Gewalt vom Volk ausgeht. Dieses wählt seine Vertreter, und diese wiederum berufen die Regierung als Spitze der vollziehenden Gewalt (Exekutive), die also demokratisch legitimiert ist und nach besagtem Artikel zusammen mit der gesetzgebenden (Legislative) und rechtsprechenden Gewalt (Judikative) die demokratische und soziale Ordnung (gleicher Artikel, Absatz 1) aufrechterhält. Nicht vom Volk legitimierte und in Wahlen regelmäßig zu bestätigende Gewalt ist folglich ausgeschlossen.

Mit gutem Grund haben die Väter und Mütter des Grundgesetzes, die 61 männlichen und 4 weiblichen Angehörigen des Parlamentarischen Rats 1948/49, den Artikel so vorsichtig angelegt und solide abgesichert. Sie wollten auf diese Weise der Gefahr vorbeugen, dass sich undemokratische Kräfte wie in der NS-Zeit des Staates und damit seines Gewaltmonopols bemächtigen und eine Diktatur errichten könnten, die dann im Namen des Staates Menschheitsverbrechen begeht. Als die Große Koalition 1968 zur Ablösung von noch gültigen Vorbehaltsrechten der Siegermächte durch deutsches Recht die Notstandsverfassung auf den Weg brachte, ergänzte sie daher den Artikel 20 durch einen vierten Abschnitt. Demnach steht allen Deutschen ein Recht zum – äußerstenfalls auch gewaltsamen – Widerstand gegen jeden zu, der es unternimmt, die verfassungsmäßige Ordnung der Bundesrepublik zu beseitigen. Dieser Widerstand ist allerdings nur dann rechtens, »wenn andere Abhilfe nicht möglich ist«.

Gewaltmonopol heißt also nicht, dass der Staat in Gestalt seiner Behörden und Beamten aufgrund einer Monopolstellung in gesetzlich verbriefte Rechte der Bürger willkürlich eingreifen darf. Gerade die im Grundgesetz garantierten Freiheitsrechte stehen nicht zu seiner Disposition, sondern binden ihn ihrerseits. Im Zusammenhang mit Waffen kommt das Gewaltmonopol mithin nur insoweit zum Tragen, als zu den Schutzaufgaben des Staates die Bewahrung der leiblichen und seelischen Unversehrtheit aller Staatsbürger gehört. Waffen können dieses Ziel gefährden, und Schutz davor soll das Waffenrecht bieten, das den Erwerb von Waffen, den Besitz und die Handhabung an bestimmte Voraussetzungen knüpft. Dazu können auch Waffenverbote gehören – einen Jagdbomber oder einen Kampfpanzer darf niemand privat kaufen, geschweige denn einsetzen, nicht einmal übungshalber. Ein generelles Waffenverbot jedoch wäre nach unserer Verfassung mindestens problematisch.

Es widerspräche nicht nur den Grundrechten auf Privateigentum und auf freie Entfaltung der Persönlichkeit, sondern stünde auch im Konflikt mit dem bereits oben erwähnten Notwehrrecht. Da der Staat nicht in jeder Lebenssituation für jeden Bürger Schutz zu bieten vermag, weil eben nicht ständig hinter jedem Einzelnen ein Polizist oder ein Richter stehen kann, sieht der Rechtsstaat Möglichkeiten zum Selbstschutz und zum helfenden Eingreifen für andere vor. Auch dies, die Ermutigung, ja sogar Verpflichtung zu Zivilcourage im sozialen Umfeld, wenn obrigkeitliche Hilfe nicht verfügbar ist, gehört zur Staatsgewalt, die in bestimmten übergesetzlichen Notfallsituationen auf den Bürger übergehen kann. Eine entsprechende Tat bleibt dann straflos: Wer sich oder andere nicht anders aus einem brennenden Laden befreien kann als durch das Einschlagen von Scheiben, der kann und darf nicht für den dabei verursachten Schaden belangt werden. Wer an einem heißen Tag sieht, wie ein Säugling im verschlossenen Auto leidet, der ist gehalten, das Kind aus dem Fahrzeug zu befreien, ungeachtet etwaiger Schäden. Zum Prinzip der staatlichen Gewalt gehört untrennbar auch die Verantwortung des einzelnen Bürgers. Nicht von ungefähr ist die unterlassene Hilfeleistung ein Straftatbestand.

Philosophische Forderung

Der Begriff eines Gewaltmonopols des Staates ist weniger eine Frage von Paragrafen als vielmehr ein sozialphilosophisches Postulat, geprägt im beginnenden 20. Jahrhundert. Der Soziologe Max Weber formulierte es damals unter dem Eindruck der Nachkriegswirren des Winters 1918/1919. Angesichts marodierender Freikorps und ausufernden Straßenterrors der unterschiedlichsten Gruppierungen sah er in einer Monopolisierung von Gewalt in staatlicher Hand ein Mittel zu Verringerung oder gar Beendigung der allgemeinen Friedlosigkeit. Unsere heutigen Verhältnisse stellen sich zwar völlig anders dar, doch die Erfahrungen mit der Unterminierung der Weimarer Republik durch radikale Kräfte ließen es auch nach dem Zweiten Weltkrieg geraten erscheinen, an diesem Monopol für die Bundesrepublik festzuhalten, allerdings strikt demokratisch eingehegt. Weber hatte dies in seiner Vortragsreihe »Politik als Beruf«[39] auch im Hinblick auf Versuche gewaltsamer Durchsetzung von Partikularinteressen gefordert, eine nach 1945 trotz der Anwesenheit der Siegermächte nicht von der Hand zu weisende Gefahr.

Das Monopol gibt dem Staat nicht mehr Rechte, sondern nimmt ihn in die Pflicht. Von der Legislative (Parlament) erlassene Gesetze regeln, welche Pflichten das im Einzelnen sind und wie der Staat sie wahrnehmen kann und soll. Wichtig in diesem Zusammenhang: Kein Vertreter staatlicher Gewalt hat mehr Rechte als der einzelne Bürger, handelt es sich doch auch bei ihm um einen Bürger. Er übernimmt im Auftrag des Staates lediglich zusätzliche Pflichten, für die er honoriert wird. Der zivilisatorische Fortschritt durch diese Delegierung der gesellschaftlichen Gewalt an den Staat ist unübersehbar gegenüber Kulturen, in denen Selbstjustiz, Blutrache oder Ehrenmorde anscheinend nicht zu kontrollieren sind.

Dieser Fortschritt gerät auch hierzulande wieder in Gefahr durch sogenannte Parallelgesellschaften von Zuwanderern aus anderen Kulturkreisen. Sie verweigern sich einer Integration gerade durch bewusstes Beibehalten mitgebrachter Rechtsvorstellungen und stellen damit das staatliche Gewaltmonopol neuerlich infrage. Allerdings nicht durch das Tatmittel Schusswaffe oder Messer, sondern durch Ablehnung der Normen des Gastlandes und der Kooperation mit den Behörden. Der Ehrenmord ist keine Frage von Waffengesetzen, sondern Folge einer gescheiterten Eingliederungspolitik. Denjenigen allerdings mit Waffengesetzen erreichen zu wollen, der ohnehin auf den Rechtsstaat pfeift, ist illusorisch. Weit wichtiger wäre es, auch diese Teile der Bevölkerung aktiv in das moderne Gemeinwesen einzubeziehen und die Vorteile gegenüber ihren überkommenen Rechtsvorstellungen zu demonstrieren – eine schwierige Aufgabe, gewiss, und in Zeiten knapper Kassen und sich abzeichnender Verteilungskämpfe doppelt schwer, aber auch doppelt wichtig.

Nicht nur den inneren Frieden kann das Gewaltmonopol stabilisieren, sondern auch das Selbstbewusstsein des demokratischen Staates. Sollte man jedenfalls annehmen. Doch wie ist es damit bestellt? Die Bestimmungen des Waffenrechts lassen eher auf Kleinmut schließen. Der liberale Rechtsstaat zeigt sich darin ängstlich und traut seinen Sportschützen und Jägern offenbar nicht recht über den Weg. Schon die Fahrt mit einem Sportgewehr zwischen Wohnung und Schießstand ist peinlich geregelt, so als könne die öffentliche Sicherheit und Ordnung dadurch beeinträchtigt werden. Der Transport von Jagd- oder Sportwaffen darf nur in verschlossenen Behältnissen erfolgen. Den mündigen Bürger hatte der Gesetzgeber bei der Ausarbeitung solcher Vorschriften anscheinend nicht vor Augen. Da war wohl eher die Missbrauchsfurcht federführend, und im Blickpunkt stand die Waffe und nicht die eigentliche Gefahr: der Nutzer. Dass entschlossene Täter, und die allein kommen für einen Missbrauch infrage, sich von Transportbestimmungen abschrecken lassen, dürfte eine eitle Hoffnung sein.

Ergebnis tiefsitzender Traumata

Diese staatliche Penibilität lässt sich nur historisch begreifen. Bei der nicht enden wollenden Waffendebatte geht es im Grunde nicht so sehr um gegenwärtige Gefährdung als vielmehr um tiefsitzende staatliche Traumata aus der Zeit des RAF-Terrors in den 1970er-/80er-Jahren. Die Bestimmungen sind geprägt von den Schüssen auf Generalbundesanwalt Siegfried Buback, von der Entführung des Arbeitgeberpräsidenten Hanns Martin Schleyer und der geglückten Befreiung der Lufthansa-Geiseln in Mogadischu. Diesen Ereignissen gingen viele ähnliche Taten voraus und weitere folgten.[40] Angesichts dieser Herausforderung nimmt es nicht wunder, dass die Bewaffnung der Verbrecher subjektiv als die eigentliche Gefahr wahrgenommen und der Zugang zu ihr primär problematisiert wurde. Das Waffengesetz von 1973 steht ausdrücklich unter der Begründung, dass damit ein Waffenmissbrauch durch Terroristen unterbunden werden sollte: »Erfordernisse der inneren Sicherheit und der Bekämpfung des Terrorismus machten ... eine zweite Abänderung des Waffengesetzes 1972 erforderlich.«[41]

Den Schritt aber, das Gewaltmonopol des Staates durch ein Monopol auf Waffenbesitz zu ergänzen, ging man dann klugerweise doch (noch) nicht. Abgesehen davon, dass er wohl auch verfassungsrechtlich nicht gangbar gewesen wäre, kam hier bremsend die Erkenntnis hinzu, dass man mit solcher Reaktion den Tätern in die Hände gespielt hätte, indem ihnen ein Stück unserer Freiheit geopfert worden wäre. Davor warnten viele, etwa bereits 1973 Bundespräsident Gustav Heinemann, der das Gesetz durch seine Unterschrift in Kraft setzte. Er stellte damals in seiner nüchtern-knappen Art fest: »Ein Staat ist immer nur so frei wie seine Waffengesetze.« Die Notwendigkeit gesetzlicher Regulierung gegenüber den Erfordernissen der Toleranz in einer freiheitlichen Gesellschaft verlangt ständige, wohlüberlegte und vor allem verantwortungsvolle Güterabwägung. Panik jedenfalls ist dabei der schlechteste Ratgeber.

Das staatliche Gewaltmonopol bedeutet eine Einschränkung der individuellen Freiheitsrechte der Bürger mit ihrer Zustimmung. Die Bedingungen der Entstehung des Monopols haben gezeigt, dass es dem Faustrecht und der Fehde eindeutig vorzuziehen ist bei der Wahrung höherrangiger Bürgerrechte. Natürlich hat Hardy Schober, Vorsitzender des Aktionsbündnisses Amoklauf Winnenden, uneingeschränkt recht, wenn er das Grundrecht auf Leben und körperliche Unversehrtheit höher wertet als die Freiheit des Einzelnen zur Ausübung des Schießsports.[42] Nur müssen in diese Gleichung dann auch noch andere Aspekte einfließen, die ihrerseits der Diskussion bedürfen: Der Schießsport bringt Leib und Leben von Bürgern nicht in konkrete Gefahren. Diese entstehen erst aus dem Missbrauch der dazu verwendeten Waffen. Eine Einschränkung der Freiheit zum Betreiben des sportlichen Schießens ist also nicht zwingend geboten, und es besteht kein Anlass, diese Freiheit gegen die genannten Grundrechte abzuwägen. Nur weil jemand überfahren werden kann, muss noch nicht die aktive Teilnahme am Straßenverkehr beschnitten werden. Dieser ist vielmehr – wie der Umgang mit Waffen – so zu regeln, dass die Risiken möglichst minimiert werden. Und hier gibt es Alternativen, die zunächst ausgeschöpft werden sollten, denn auch die Wahl des gegenüber dem Bürger mildesten Mittels, der Grundsatz der Verhältnismäßigkeit, ist nach unserem Grundgesetz eine der Säulen unseres Rechtsstaates.

Recht seltsames Demokratieverständnis

Gesetze regeln nicht nur die Rechte und Pflichten des Einzelnen, aus ihnen folgen auch die Pflichten des Staates. Im Fall des Amoklaufs von Winnenden ist der Staat den ihm übertragenen Pflichten nicht oder doch nicht im erforderlichen Umfang nachgekommen. Schon vor dem Amoklauf nämlich hatte das Land Baden-Württemberg den Bund ersucht, den Vollzug des Waffengesetzes zu übernehmen und das dafür notwendige juristische Rüstzeug zu schaffen. Hier interessiert nicht, ob dies rechtlich überhaupt zulässig wäre: Wichtig ist vielmehr der Zeitpunkt, zu dem der Landesregierung in Stuttgart klar geworden war, dass es seine Verantwortung zum Waffenrechtsvollzug nicht mehr erfüllen konnte. Dem Innenministerium waren die Defizite erkennbar über den Kopf gewachsen, wie der Hilferuf belegt. Der Minister hielt es aber nicht für nötig, das Problem öffentlich zu machen. Und er sparte sich auch eine fällige Parlamentsdebatte darüber, wie ein Vollzug auf Landesebene wieder möglich gemacht werden könnte. Statt zusätzliches Personal und mehr Geldmittel zu fordern, schob man das Thema auf ein Gleis, wo es schon wegen der rechtlichen Probleme auf Jahre geparkt bleiben würde.

Das geschah ein volles Jahr vor dem Amoklauf von Winnenden. Die Schwierigkeiten aber existierten schon weit länger. Für die zuständige Behörde im Rems-Murr-Kreis bestand nachweislich seit 1993 die Pflicht, die sichere Aufbewahrung von Waffen zu kontrollieren, das Waffengesetz zu vollziehen und konkrete Nachweise zu verlangen.

Anderthalb Jahrzehnte lang türmten sich die unerledigten Vorgänge auf den Amtsschreibtischen. Dann erst suchte man den genannten Ausweg über den Bund, wohl wissend, dass bei solchem Vorgehen lange nichts geschehen konnte. Winnenden war die tragische Folge einer nicht oder doch viel zu spät und in falscher Form eingestandenen Überforderung der staatlichen Stellen.

Wenn nun also ausgerechnet das Land Baden-Württemberg im Juli 2009 neue, natürlich schärfere gesetzliche Regelungen, also die weitere Beschneidung von Freiheitsrechten verlangt, dann erscheint das vor dem Hintergrund dieses Versagens wie Hohn.[43] Beim Bürger anzusetzen, damit Staatshandeln erleichtert oder überhaupt erst wieder möglich wird, offenbart ein seltsames Demokratieverständnis. Mit einer immer wieder erforderlichen Anpassung von Gesetzen an die gesellschaftlichen Erfordernisse der Zeit hat das nichts zu tun. Ein Minister, der falsches Management und Misswirtschaft in seiner Behörde damit zu bemänteln sucht, dass er die Spielräume des Bürgers weiter einengt, disqualifiziert sich politisch selbst.

Dass staatliche Gewalt zunehmend schwächelt, liegt gewiss nicht an den ihr angeblich entgegenstehenden bürgerlichen Freiheiten. Die Defizite rühren von verfehlter Personalpolitik und von Unterfinanzierung her. Zu wenig Geld, zu wenige Mitarbeiter. Kann der Staat seine Pflichten nicht mehr in ausreichendem Maße erfüllen, dann hat er das dem Souverän, also dem Volk, mitzuteilen und ist gehalten, geeignete Änderungen herbeizuführen. Die Beschneidung bürgerlicher Freiheiten eignet sich dazu am allerwenigsten, weil solche Einschränkungen immer die Gefahr mit sich bringen, die soziale und demokratische Ordnung des Gemeinwesens zu beschädigen. Vollzugsdefizite sind nur durch Setzen entsprechender Prioritäten und vor allem Ehrlichkeit gegenüber den eigenen Wählern zu beheben.

Der Bürger am Abzug

Die Forderung nach weniger Waffen in Bürgerhand lässt sich also nicht mit der Gefahr begründen, die sie darstellen können, wenn sie in falsche Hände geraten. Die Anzahl mindert dieses Risiko nicht, denn zwei Waffen – mehr kann ein Amokläufer nicht gleichzeitig bedienen – genügen. Und auch Munitionsbeschränkungen helfen nicht gegen zu allem entschlossene Täter, die an die verwendbaren kleinen Mengen ohne Mühe herankommen – mit 4000 Schuss Munition wird keiner losziehen, denn zur Bewältigung des Gewichts müsste er gleich mehrere Sherpas engagieren: 4000 Patronen 9 mm Luger, das sind immerhin etwa 480 Kilogramm Reingewicht! Die Zahl der Waffen und die Mengen an Munition werden nur deswegen so emsig diskutiert, weil die Mittel für eine konsequente Erfüllung der staatlichen Pflichten fehlen:

Als in Bremen seitens der Partei Die Linke festgestellt wurde, dass etwa 7400 Vorgänge nach dem Waffengesetz unbearbeitet bleiben mussten,[44] reagierte die Behörde reflexartig mit der Forderung nach einer Reduzierung der Zahl der Waffen. Eine andere Lösung fiel Innensenator Ulrich Mäurer am 24. März 2009 in seinem Positionspapier zum Waffenrecht nicht ein. Er wusste nur zu gut, dass die eigentlich logische Forderung, nämlich die nach deutlich mehr Personal, zwecklos war. Das Geld dafür war schlicht nicht vorhanden und angesichts der Kassenlage auch nicht aufzutreiben. Blieb der Trick mit der Verminderung der Fallzahl durch Verbote, also Freiheitseinbußen, formschön verpackt unter dem Gesichtspunkt der inneren Sicherheit. Das hilfsweise bemühte Argument, Bürger verfügten über Waffen mit höherer Energie als Polizeibeamte, kann da in keiner Weise überzeugen. Die meisten Bürger haben auch schnellere Autos als die Bremer Polizei, sie haben bessere Computer und solidere Bekleidung, für gewöhnlich ernähren sie sich auch deutlich gesünder als Beamte im Schichtdienst. Dass die Polizei dem Bürger überlegen sein soll, kann nicht mehr sein als der fromme Wunsch eines Senators, der in einem ausweglosen Dilemma steckt. Ohnehin sind solche Sichtweisen mehr als bedenklich, immerhin verlangt die Strafprozessordnung auch eine rechtliche »Waffengleichheit« zwischen Anklage und Verteidigung. Aus praxisbezogener Perspektive sind diese Äußerungen auch inhaltlich nicht unbedingt tragfähig. Es hat den Anschein, als wäre der Herr Senator nicht umfassend darüber unterrichtet, was sich überhaupt für Waffen in den Beständen der ihm unterstellten Polizeibehörden befinden. Dazu gehören auch Granatpistolen im Kaliber 40 x 46 mm, Maschinengewehre G8 und noch allerlei andere Dinge, die weit gefährlicher sind als alles, was sich in diesem Bundesland in Bürgerhänden finden lässt. Fazit: Die Argumentation klingt gut, liegt aber neben der Sache.

Der Fairness halber sei angeführt, dass in Bremen 2009 immerhin zwei neue Planstellen geschaffen wurden, doch sollte man dabei auch berücksichtigen, dass diese Beamten nach der letzten Waffenrechtsänderung nun auch wesentlich mehr Arbeit zu erledigen haben. Geändert hat sich damit also erkennbar nichts.

Ein Staat, der aus Sorge um die innere Sicherheit versuchen wollte, die allgemeinen Lebensrisiken komplett auszuschalten, brächte seine Bürger genau um die Lebensqualität, die aus dem kostbaren Gut der Freiheit erwächst. Oder mit Bundespräsident Köhler gesagt: »Und wenn der Staat alle Verantwortung für die Menschen übernähme, dann führte das letztlich zu unfreien Gesellschaften.«[45] Viel fehlt nicht dazu angesichts der immer feinmaschigeren Überwachung aller Bürger aus Furcht vor etwaigen Terrorakten, von Lauschangriffen über Videobeobachtung bis hin zur Speicherung von Daten. Da operiert die Politik an der Grenze der Verfassungswidrigkeit. Freiheit birgt Risiken. Diese durch ein Weniger an Freiheit bekämpfen zu wollen, ähnelt dem Versuch der Gesellschaft, sich à la Münchhausen am eigenen Schopf aus dem Sumpf zu ziehen.

Und doch eifert man beim Waffenrecht dem Lügenbaron nach. Man fordert keinen wirkungsvolleren Vollzug bestehender Gesetze ein, man bemüht sich nicht, ihre Wirksamkeit voll auszuloten, sondern verlangt die Abschaffung von ohnedies schon stark eingeschränkten Rechten. Dabei wäre der erste Weg eine weitaus schnellere und effizientere Lösung, weil er ohne Gesetzgebungsverfahren auskommt und keine langen Diskussionen erfordert. Hier reichen knallharte Führungsentscheidungen der Verantwortlichen. Ist ein Sachbearbeiter bei der Waffenrechtsbehörde mit dem Gesetzesvollzug überfordert, bringt es nichts, ihm neue Gesetzestexte vorzulegen; er braucht mehr Möglichkeiten. Er ist der Repräsentant des Staates und Beauftragter im Sinn seines Gewaltmonopols, er hat die Entscheidungen über die waffenrechtlichen Erlaubnisse zu treffen. Ihm und seinen Kollegen müssen die Mittel an die Hand gegeben werden, die Gesetze unnachgiebig zu vollziehen. Es stellt sich daher die Kernfrage, ob künftigen Amoktaten wie denen von Winnenden oder Erfurt nicht wirkungsvoller vorzubeugen wäre durch scharfe Handhabung der geltenden Gesetze als dadurch, diese neu zu definieren.

Führen wir wirklich die richtige Diskussion?

Natürlich stirbt ein Mensch, schießt man ihm mit einer Großkaliberpistole in den Kopf. Er stirbt aber genauso beim Treffer aus einer Kleinkaliberpistole, einer Schrotflinte oder einem Biathlongewehr. Die staatliche Fixierung auf »besonders gefährliche Waffen« vermittelt nur den irrigen Eindruck, als gäbe es »ungefährlichere« Waffen und man sei nach einem Kopftreffer durch ein Kleinkaliberprojektil weniger tot. Schon hier ist erkennbar, dass die Differenzierung nach Kalibern und bestimmten Waffentypen sozusagen eine voreingestellte Entschuldigung für das künftige Scheitern der Gesetzesvorschriften ist. Statt alle Waffen gleichermaßen ins Visier zu nehmen, wird nach solchen gesucht, die angeblich bei Amokläufen »gefährlicher« und deshalb stärker zu reglementieren sind. Die Alibifunktion ist offensichtlich.

Wenn schon kein Gesetzesvollzug für alle Waffen mehr leistbar ist, dann soll wenigstens bei Großkaliberwaffen eine verstärkte Kontrollfunktion erhalten bleiben. Sei es nun durch bestimmte Sicherungssysteme oder durch Kontrollen in Privathaushalten. Woran es wirklich mangelt, ist die klare und eindeutige Formulierung eines konkreten Auftrags und der hierfür überhaupt notwendigen Zielsetzungen.

Als im Oktober 2009 bekannt wurde, dass der Rhein-Neckar-Kreis in Baden-Württemberg fünf Waffenkontrolleure auf 400-Euro-Basis als geringfügig Beschäftigte suchte, wurde dies lediglich am Rande wahrgenommen. Die Gewerkschaft der Polizei protestierte zu Recht[46], doch die Frage, wie denn sonst ein Gesetzesvollzug möglich sein soll, blieb unbeantwortet. Inzwischen wurden diese Stellen trotz zahlreicher Proteste besetzt, inzwischen längst pensionierte Polizeibeamte sollen da unterstützen, wo der Personalmangel den Gesetzesvollzug unmöglich machte. Können die Sachbearbeiter diesen Vollzug nicht leisten und gibt es auch kein zusätzliches Personal, dann erodiert das Gewaltmonopol des Staates unweigerlich, und die Situation entgleitet rechtsstaatlicher Kontrolle. Schuld daran sind nicht zu liberale Gesetze, nicht der Druck der imaginären Waffenlobby oder eine zunehmende Zahl waffenbegeisterter Verrückter, sondern schlicht und einfach das Versagen des Staates, der seinen Pflichten nicht nachkommt, weil er die Mittel dazu nicht bereitstellt oder für andere Aufgaben verplant. Es bestehen mithin im Prinzip noch immer dieselben Lücken, die den Amoklauf von Winnenden überhaupt erst ermöglicht haben.

Bitte mich nicht misszuverstehen: Das staatliche Gewaltmonopol ist kennzeichnend für eine zivilisierte Gesellschaft. Sie muss dann aber auch die Möglichkeiten schaffen, die den Staat in den Stand setzen, gegen Gewalt von Dritten vorzugehen. Nicht um Waffen geht es da, sondern um ihren missbräuchlichen Einsatz. Soweit er durch Gesetze eingedämmt werden soll, hat der Staat die Pflicht, deren Durchsetzung notfalls zu erzwingen. Daran fehlt es augenblicklich massiv, quer durch die bewaffnete Republik.

Die kritischen Stimmen zur Waffensituation in Deutschland sind zweifelsfrei berechtigt. Dem Trend zur Volksbewaffnung muss entgegengetreten werden, gerade unter den Gesichtspunkten einer Verhinderung des Missbrauchs gefährlicher Waffen. Dabei aber ausgerechnet ebendiese Waffen aufs Korn zu nehmen und in ihnen eine Gefährdung des Gewaltmonopols erkennen zu wollen, ist nicht zielführend. Nur Menschen können es gefährden, und Menschen mit Waffen in besonderer Weise. Ihnen gegenüber ist Misstrauen sicher angebracht, Kontrolle aber ist besser, genauer: Sie ist ohne Alternative. Dabei empfehlen sich Gewinnerstrategien, die dafür sorgen, dass Waffenbesitzer in die Ausübung dieser staatlichen Kontrollgewalt einbezogen werden. Sie sind schon aus Liebe zu und aus Sorge um ihren Sport besonders daran interessiert, dass Waffen nicht in falsche Hände geraten und diese den Schießsport nicht in Verruf bringen. Mit den Sportschützen gemeinsam ließe sich ein deutliches Mehr an Sicherheit schaffen und die Gefahr eindämmen, die mit Waffenbesitz notwendig einhergeht. Die Nachweispflicht einer sicheren Aufbewahrung gegenüber den Waffenrechtsbehörden, wie in Paragraf 36 des Waffengesetzes seit 25. Juli 2009 neu geregelt, ist hierzu ein erster ernsthafter Schritt, das Gegeneinander durch Regelung von Mitwirkungspflichten zu ersetzen.[47]

»Verbrecher aus verlorener Ehre«

Ein Gewaltmonopol, das nicht die Eigenverantwortung des Bürgers einbezieht, orientiert sich an obrigkeitsstaatlichen Modellen, deren Überwindung unsere freiheitliche Grundordnung ausmacht. An die Stelle gemeinsamer Anstrengungen treten Weisungen, Verordnungen, Befehle (»die da oben und wir kleinen Leute«). Auf diese Weise muss beim waffenbesitzenden Bürger das Gefühl entstehen, er werde als Gefahr für den Rechtsstaat eingestuft, eine Gefahr, die es zu kontrollieren und gegebenenfalls zu beseitigen gilt. Das motiviert kaum zur eifrigen Einhaltung der Vorschriften, sondern treibt die Betroffenen eher in den Schmollwinkel und höhlt das Gesetz aus, denn aus solcher Haltung entsteht Verweigerung. Der Besitzer wird so frei nach Schiller zum »Verbrecher aus verlorener Ehre«, einer Ehre, die ihm der Staat genommen hat. Die Effizienz beim Waffenrechtsvollzug wird erst wieder steigen, wenn es gelingt, möglichst viele Waffenbesitzer mit ins rechtsstaatliche Boot zu holen. Zu erreichen ist das jedenfalls nicht durch Kontrollen, bei denen eine Horde bewaffneter Beamter mit grimmigen Gesichtern frühmorgens in das Haus eines betroffenen Bürgers flutet. Höfliches Fragen und freundliches Bitten um Aufklärung unklarer Sachverhalte leisten deutlich mehr. Sie nehmen den Bürger mit.

Nur so werden sich Waffenbesitzer im Wortsinn angesprochen fühlen und sich gewiss nicht dem Appell verschließen, gemeinsam mit den Behörden dafür zu sorgen, dass seelisch kranke Angehörige nicht an Schusswaffen oder Munition gelangen können. Die Abfrage ganzer Haushalts- und Familiensituationen, wie sie inzwischen in Waffenrechtsdiskussionen vorgetragen werden, erreicht beim Bemühen um die Verhinderung von Waffenmissbrauch oft weniger als das einfache Gespräch, das Vermitteln von Einsicht. So lässt sich ein kooperatives Beziehungsgeflecht zwischen Waffenbesitzern und Sachbearbeitern aufbauen.[48] Stellt sich im vertrauensvollen Gespräch heraus, dass der Sohn wegen Depressionen in Behandlung ist, sodass ein ernst zu nehmendes Risiko vorliegt, können gemeinsam Vorkehrungen besprochen und getroffen werden. Entscheidend ist der Faktor Mensch, ist der geschulte und sensibilisierte Sachbearbeiter.

Und da stellt sich natürlich gleich wieder die Frage nach der personellen Ausstattung der Ämter und mithin nach den Kosten. In einer so existenziellen Frage dürfen das im Rechtsstaat keine Probleme sein, denn nur mit hinreichendem Personalbestand bleibt er handlungsfähig. Wobei nicht nur die Anzahl der Mitarbeiter, sondern vor allem auch ihre Qualifikation gemeint ist, die sie zu den angemahnten Gesprächen befähigt. Mangelt es dann trotzdem an Einsicht und Mitwirkung des oder der Betroffenen, lässt sich immer noch intervenieren. Priorität aber muss der kommunikative Umgang haben. Wir leiden in einer Zeit der Entsolidarisierung ohnedies darunter, dass die Menschen immer weniger miteinander reden und sich fürs Zuhören nicht die nötige Muße nehmen. Hier kann ein behördliches Vorbild auch gesellschaftlich positiv wirken, und sei es nur in einem verhältnismäßig kleinen Bereich.

Beim Thema Waffen ist das Zu- und Hinhören besonders wichtig, damit etwaige Risiken beizeiten erkannt werden. Außerdem gewinnen die Verantwortlichen mit intensivem Eingehen auf ihre Klientel kompetente Ansprechpartner, die auch wegen ihrer Nichtamtlichkeit und privaten Stellung stabilisierenden Einfluss auf weitere Waffenbesitzer haben können. Ein Sportschütze, der in einer Lebenskrise, etwa nach Verlust des Arbeitsplatzes, im Gespräch Zuwendung erfährt, wird sich ernst genommen fühlen und nicht zu Kurzschlusshandlungen neigen. Staatsgewalt im Waffenrechtsvollzug, das bedeutet nicht nur das Beherrschen der einschlägigen Paragrafen. Der Sachbearbeiter braucht ebenso Fingerspitzengefühl für Situationen und Personen. Er muss sein Gegenüber richtig einschätzen können und charakterliche oder situative Risiken durchschauen. Nur dann vermag er angemessen zu reagieren und gegebenenfalls entsprechend vorzubeugen. Sozialkompetenz ist hier weit wichtiger als der korrekte Umgang mit dem Verwaltungsrecht – das ist lediglich die Rechtsgrundlage.

Genau da aber hapert es bei den etwa 570 Waffenrechtsbehörden in Deutschland. Es gibt zu wenig Mitarbeiter, und die vorhandenen sind in der Mehrzahl nicht ausreichend geschult. Jedes Bundesland verfährt nach eigenem Gutdünken und beantwortet die Frage anders, wie denn ein effektiver Waffenrechtsvollzug auszusehen habe.

Einheitliche Personalauswahl, Anforderungsprofile, Qualifikationen, Ausbildungswege, Arbeitsplatzbeschreibungen und Weiterbildungsmaßnahmen – all das gibt es nicht. Von der Aushilfe über die Halbtagsstelle bis hin zum Volljuristen reicht die Personalpalette. Vielleicht sehen gerade deswegen viele Beamte im privaten Waffenbesitz ein hochbrisantes Problem, weil sie sehr genau wissen, wie schlecht es um den Gesetzesvollzug steht und wie leicht die Lage bei weiterem Schlendrian gänzlich außer Kontrolle geraten kann. Das Gewaltmonopol des Staates muss genau deswegen durchsetzbar bleiben, sonst verkommt es unweigerlich zu einem Papiertiger.

4

Misstrauen ist gut, Kontrolle besser

Der Staat tritt uns am sichtbarsten in Gestalt von Regierung und Behörden (Exekutive) gegenüber. Sie stellen die eigentliche Macht dar, doch sie sind keineswegs allmächtig. Ihr Handeln unterliegt den Gesetzen, die vom Parlament (vom Bundestag und in vielen Fällen auch vom Bundesrat, der Länderkammer) verabschiedet werden. Diese bilden die Legislative. Verstöße gegen ihre Gesetze, auch wenn sie von der Exekutive begangen werden, ahndet die dritte Gewalt, nämlich die rechtsprechende oder Judikative, deren Urteile wiederum von der vollziehenden Gewalt buchstäblich exekutiert werden müssen. Alle drei Gewalten sind, jedenfalls im Prinzip, strikt voneinander getrennt (das Prinzip der Gewaltenteilung) und kontrollieren einander gegenseitig. Da aber Regierungsmitglieder fast immer auch Abgeordnete sind und da von diesen wiederum viele aus Judikative und Exekutive kommen, sind die Gewalten auf vielfältige Weise vernetzt und beeinflussen einander. Hinzu kommt, dass viele Gesetze auf Initiative der Regierung zustande kommen, die sich gewöhnlich auf die Mehrheit der Abgeordneten stützen kann.

Es ist also nicht so, dass die Parlamente Gesetze produzieren ohne Blick auf ihre Umsetzbarkeit. Und die Gerichte bedenken bei der Rechtsprechung durchaus auch die Vollziehbarkeit ihrer Urteile. Und doch bringt die Trennung der Gewalten, so eminent wichtig sie in der Demokratie ist, Reibungsverluste mit sich. Das Wünschenswerte ist eben nicht unbedingt mit dem Praktikablen deckungsgleich. Und obwohl oder manchmal auch weil an der Gesetzgebung Heere von Beamten und Experten mitwirken, von den Interessenvertretern nicht zu reden, kommen oft weit und schwer auslegbare Paragrafen und kaum zu handhabende Anweisungen dabei heraus. Dann ergeben sich Probleme, die eine Novellierung, Ergänzung oder Neufassung erfordern, was nicht selten auch daran liegt, dass sich die Umstände geändert haben. Beides gilt für das empfindliche Waffengesetz in besonderer Weise. Zahllose Änderungen sind daran vorgenommen worden, immer wieder wurde es angepasst und neugefasst – wirklich funktioniert hat es bisher in keiner Version.

Die Anfänge des Waffenrechts in Deutschland

Bis in die eher unruhigen »Goldenen Zwanzigerjahre« des 20. Jahrhunderts waren besondere Gesetze über Waffenbesitz noch weitgehend unbekannt. Zwar hatte es bei der Vereinheitlichung der Strafgesetze in den 70er-Jahren des 19. Jahrhunderts eine Vielzahl von Strafverschärfungen gegeben für Delikte, die mit Waffen verübt wurden; auch heute noch finden sie sich im Strafgesetzbuch. Doch besondere Regelungen waren die Ausnahme – wie übrigens auch Straftaten mit solchen Waffen.[49] Gewisse Ansätze hatte es bereits seit 1851 gegeben, doch die bezogen sich eher auf ein Verbot von besonders heimtückischen Waffen wie Stockdegen oder dergleichen. Schießkugelschreiber, wie wir sie heute kennen, fielen nicht darunter, denn der Kugelschreiber harrte noch seiner Erfindung. Die einzigen sonst noch relevanten Bestimmungen bezogen sich auf die Herstellung und den Handel mit Schusswaffen, hatten also für die Endbenutzer keine sonderliche Bedeutung.

In dieser Zeit war Waffenbesitz etwas Selbstverständliches, besonders im ländlichen Bereich gehörte die Jagd zum Alltag, Schützenvereine verstanden sich als Kulturträger, und der Herr von Welt trug eine Taschenpistole bei sich. In feinen Klubs wurde des Abends zuweilen zur Unterhaltung mit »Zimmerpistolen« geschossen, und die Nutzer des gerade erfundenen Drahtesels legten sich »Radfahrerrevolver« zu, damit sie sich der Hunde erwehren konnten, die eine ausgeprägte Vorliebe für die Beinkleider von Radlern entwickelten. Beinahe jeder Reserveoffizier hatte seine eigene Pistole daheim, die Gärtner bekämpften die gefiederten Mitesser in den Obstbäumen mit der Flinte, und viele Dorfbewohner schossen sich den Festtagsbraten in Wald oder Feld – mit, aber gern auch ohne Erlaubnis.

Diese »gute alte Zeit« war schlagartig vorbei mit den Schüssen aus einer damals ultramodernen belgischen FN (Fabrique Nationale) Pistole, die den österreichischen Thronfolger Franz Ferdinand und seine Frau Sophie am 28. Juni 1914 in Sarajevo tödlich trafen und letztlich den Ersten Weltkrieg auslösten. In den folgenden vier Jahren, in denen der Tod reiche Ernte auf den Schlachtfeldern hielt, war privater Waffenbesitz ein eher untergeordnetes Übel, das keiner Diskussion bedurfte. Im Gegenteil: In dieser Zeit des sich dramatisch verschärfenden Mangels sind viele Menschen nur deswegen nicht verhungert, weil sie sich ihr Essen mit dem Gewehr im Wald besorgen konnten.

Als dann eine wachsende Zahl von Matrosen in Kiel Ende Oktober/Anfang November 1918 nicht damit einverstanden war, dass die militärische Führung sie bei absehbarer Niederlage noch in letzter Minute in einer aussichtslosen Seeschlacht opfern wollte, kam es zur Meuterei; ihre Armeewaffen leisteten den Aufständischen dabei gute Dienste. Dann überschlugen sich die Ereignisse: Die Republik wurde ausgerufen, der Kaiser dankte ab, Deutschland kapitulierte, und seine Soldaten kehrten zu Hunderttausenden von den Fronten zurück. Sie brachten ihre Waffen mit und machten in vielen Fällen auch Gebrauch davon, weil die Not sie trieb oder weil Konflikte zwischen den diversen halbmilitärischen Gruppierungen eskalierten und schließlich gewaltsam ausgetragen wurden. Die allgemeinen Unruhen mündeten in bürgerkriegsähnliche Zustände. Waffen verbreiteten sich aber auch dadurch, dass viele Veteranen ihre Gewehre und Pistolen verkauften; der Hunger war ein emsiger Händler. Die amtierende Reichsregierung unter Friedrich Ebert sah sich gezwungen, in aller Eile mit Vorschriften gegen die Waffenflut vorzugehen, und versuchte, das Chaos wenigstens notdürftig zu kanalisieren. Am 14. Dezember 1918 erging die Anordnung, dass unverzüglich alle Waffen und Gerätschaften aus Armeebeständen abzuliefern seien; der weitere Besitz wurde unter strenge Strafen gestellt.

Diese Verordnung des Rates der Volksbeauftragten (Bezeichnung der Reichsregierung nach der Kapitulation) »über die Zurückführung von Militärwaffen in den Besitz des Reiches« blieb fast ohne Resonanz. Das lag am schon damals bestehenden und durch den Krieg verschärften Vollzugsdefizit – welcher Polizist oder Gendarm, wie man seinerzeit sagte, erklärt schon gerne darbenden Veteranen, sie sollten ihm ihre Gewehre aushändigen? Andererseits stand man vor dem Problem, dass niemand recht wusste, wie diese Regelung und von wem genau sie umgesetzt werden sollte. Deswegen wurde bereits am 30. Januar 1919 eine neuerliche Verordnung über Waffenbesitz erlassen: Nun war jeglicher privater Waffenbesitz verboten und die Ablieferung der Waffen Pflicht, wenn die Besitzer keinen Jagd- oder Waffenschein vorweisen konnten. Aus den bekannten Gründen erzielte man auch damit wenig Wirkung. Daher wurden schon kurze Zeit später die Siegermächte aktiv und vereinbarten auf der Konferenz von Spa im Juli 1920, vom Deutschen Reich die sofortige Ablieferung aller Waffen zu verlangen. Daraufhin musste die Reichsführung am 7. August 1920 ein »Gesetz über die Entwaffnung der Bevölkerung« erlassen, das 17 Paragrafen umfasste und schwere Strafen für Verweigerer vorsah.

Versagen bereits in der Weimarer Republik

Auch dafür freilich galt, dass Gesetze nur so viel wert sind wie die Möglichkeiten, sie um- und durchzusetzen, also ihre Einhaltung konsequent zu kontrollieren und im negativen Fall Strafen zu verhängen. Zu diesem Zweck wurde ein Reichskommissar bestellt, dem alle Waffen zu übergeben waren. Militärwaffen, Pistolen und wesentliche Teile – alles wurde detailliert aufgezählt. An den Unruhen änderte sich allerdings wenig; die Umsetzung scheiterte schon an den zu geringen Mitteln zur Kontrolle. Als in den nächsten Jahren die politischen Attentate eher noch zunahmen und als am 21. August 1921 der ehemalige Finanzminister Matthias Erzberger und am 24. Juni 1922 Reichsaußenminister Walther Rathenau Opfer von Schusswaffenanschlägen geworden waren, reagierte die Regierung einen Monat später mit dem sogenannten Republikschutzgesetz. Ein besonderer »Staatsgerichtshof« bei den Reichsgerichten erhielt die Zuständigkeit dafür, und allen, die auch nur von einem geheimen Waffenlager wussten, drohten schwere Strafen. Personen, die solche Lager unterhielten oder als Mitglieder von geheimen oder staatsfeindlichen Organisationen Waffen besaßen, mussten erst recht mit empfindlichen Sanktionen rechnen.

Wie gut, genauer: wie schlecht das funktionierte, zeigte der gescheiterte Hitlerputsch vom 9. November 1923, bei dem 21 Personen zu Tode kamen.[50] Der im April 1924 zu fünf Jahren Festungshaft verurteilte Adolf Hitler nutzte die wenigen Monate in seiner komfortablen Zelle in Landsberg, um sein Buch *Mein Kampf* zu diktieren. Und als er bereits im Dezember 1924 wieder auf freien Fuß kam, hatte er im Handumdrehen erneut eine Pistole, mit der sich 1931 seine Nichte Angela (»Geli«) Raubal in seiner Wohnung am Münchener Prinzregentenplatz erschießen sollte. 1927 wurde schließlich ein noch strengeres Gesetz über übrig gebliebenes Kriegsgerät erlassen. Alles, was ein größeres Kaliber als 8 mm hatte, durfte fortan auch nicht mehr hergestellt werden. Viel erreichte man allerdings auch damit nicht.

Deswegen kam man dann im folgenden Jahr auf die Idee, ein einheitliches Reichsgesetz über Schusswaffen und Munition zu erlassen. Das Totalverbot wurde dabei aufgehoben und durch besondere Zugangsvoraussetzungen ersetzt, also durch Genehmigungen für den Erwerb von Waffen und Munition. Die »Zuverlässigkeit« als Rechtsbegriff tauchte hier erstmals auf; ein kompliziertes Erlaubnisverfahren war vorgesehen. Auch das waffenrechtliche »Bedürfnis« wurde in diesem Zusammenhang definiert, wenn auch zunächst nur für Personen, die ihre Waffe mit sich herumtragen wollten. Tatsächliche Wirkung erzielte jedoch auch dieses Gesetz nicht. Gesundes Misstrauen stand hinter seinen Paragrafen, doch ohne Kontrolle erreicht man damit wenig. Straßenkämpfe und Saalschlachten blieben an der Tagesordnung, und Schusswaffen spielten dabei eine zunehmende Rolle. Die »radikalen Elemente« von Rechts und Links lieferten sich regelrechte Gefechte; der bleihaltige »Wilde

Westen« kann verglichen damit als friedfertige Idylle gelten. 1931 wurde eine weitere Verordnung des Reichspräsidenten »zum Schutze des inneren Friedens« erforderlich, in der am 8. Dezember das »Bedürfnis« auf alle Arten des Waffenbesitzes ausgedehnt wurde. Geholfen hat sie nicht, wie der Altonaer Blutsonntag am 17. Juli 1932 (bei einem Werbemarsch der SA kam es zu Krawallen) mit 18 Toten besonders deutlich zeigen sollte.

Als im Frühjahr 1933 die Nationalsozialisten ans Ruder kamen, änderte sich die Waffenrechtspolitik. Kurz gesagt: Das Waffengesetz wurde tragfähiger, weil sich die politische Lage »stabilisiert« hatte oder, anders herum formuliert: weil nun die gefährlichsten »Elemente« selber an den staatlichen Schalthebeln saßen. Politische Gegner, »Asoziale«, »Arbeitsscheue« und andere »belastete« Personen verschwanden ohne Gerichtsurteil in Konzentrationslagern, Minderheiten wurden unterdrückt, und Waffen haben durfte nur noch der »rassisch unbedenkliche« und »vertrauenswürdige Volksgenosse«; seit 1935 war die Ausstellung von Waffenscheinen für Juden reichsweit untersagt. Am 12. April 1938 wurde das Reichswaffengesetz erlassen. Und das hatte es in sich: So sollte etwa ein »Landfahrer-Paragraf« den Zugang zu Waffen für »Zigeuner« unmöglich machen – die Bestimmung blieb unbegreiflicherweise bis 2003 in Kraft. »... Denn Voraussetzung für jede Lockerung des geltenden Waffenrechts muss es sein, dass die Polizeibehörden in der Lage bleiben, den Erwerb und den Besitz von Schusswaffen durch unzuverlässige, besonders auch durch staatsfeindliche Elemente rücksichtslos zu verhindern«, hieß es in der amtlichen Begründung des Gesetzes.

Wie das Gesetz aber im Zusammenhang mit der Judenverfolgung und der Militarisierung, ja Verrohung der deutschen Gesellschaft zu sehen ist, dazu gibt es unterschiedliche Interpretationen je nach politischem oder waffenrechtlichem Standpunkt.

Das Waffenrecht in der Nazidiktatur

Ein Grund, warum es der Nichtraucherschutz in Deutschland besonders schwer hatte, liegt darin, dass Adolf Hitler ein militanter Nichtraucher war und nur mit Rücksicht auf die Moral der Truppe im Krieg Rauchverbote erst nach dem »Endsieg« verhängen wollte. Was der Völkermörder so wenig schätzte wie das Rauchen, das kann – im absurden Umkehrschluss – nur gut sein. Eine von der Hitler-Regierung verfügte Reglementierung des Waffenbesitzes muss also mit derselben Folgerichtigkeit des Teufels sein. Anhänger dieser Sicht findet man in großer Zahl unter US-Waffenrechtsaktivisten, die es nicht kümmert, dass das Gesetz gegenüber früheren Fassungen durchaus auch Lockerungen vorsah. Ja, sie versteigen sich so weit, dass sie in der angeblichen »Entwaffnung« der Bevölkerung einen weiteren Schritt zu ihrer Unterdrückung und letztlich zur kollektiven Freiheitsberaubung sehen. Der Krieg und die mit ihm verbundenen Verbrechen gegen die Menschlichkeit seien so planmäßig vorbereitet worden. Ein wenig erinnert solche Rabulistik an die »Historiker«, die ohne zureichende Beweise auch noch den Reichstagsbrand vom 27. Februar 1933 unbedingt dem übervollen Nazischuldkonto zuschlagen wollen, sozusagen als »Mutter aller Untaten«. Ähnlich verhält es sich mit dem Waffengesetz: Als es erlassen wurde, war das deutsche Volk längst zur Geisel des Diktators geworden – und das mit breiter Zustimmung.

Das »Dritte Reich« hatte eine enorme Regelungswut entwickelt – nicht zuletzt zur Tarnung, indem es Unrecht rechtsförmig verbrämte. Im Ernstfall hinderte kein Gesetz und kein Vertrag das Regime daran, national oder international mit unerhörter Brutalität gegen angebliche oder tatsächliche Feinde vorzugehen. Gesetze waren in solchen Fällen das Papier nicht wert, auf dem sie standen. Vor allem die Judengesetzgebung bewies das aufs Tragischste. Womit wir bei dem Punkt sind, der uns Deutschen die sachliche Auseinandersetzung mit der skizzierten Position so schwer macht. Nicht nur die mächtige, von der NRA angeführte amerikanische Waffenlobby vertritt sie, sondern gerade die Vereinigung der jüdischen Waffenbesitzer in den USA, die »Jews for the Preservation of Firearms Ownership« (JPFO), hat sie sich zu eigen gemacht. Die Mitglieder als Nachkommen der Hauptopfer Hitlers empfinden Restriktionen beim Waffenbesitz als erneute Wehrlosmachung, die an das entsetzliche Schicksal ihrer Glaubensgenossen erinnert.

Das erschwert nachhaltig die Diskussion. Man läuft ständig Gefahr, in extremistische Schubladen abgelegt zu werden, je nach Standpunkt des Diskussionspartners. Lehnt dieser beispielsweise Waffenbesitz als Ausdruck rechtsextremer Gesinnung ab, gerät man als Befürworter umgehend in ebendiese rechte Ecke, und die Diskussion bleibt in unfruchtbaren gegenseitigen Anwürfen stecken. Eine heikle Situation, die viele deswegen mit gutem Grund scheuen. Trifft man umgekehrt auf einen glühenden Befürworter freien privaten Waffenbesitzes und wagt auch nur vorsichtige Kritik daran, handelt man sich bittere Vorwürfe dahingehend ein, dass man es am nötigen Patriotismus fehlen lasse oder ein verkappter Nazi, wo nicht gar Kommunist sei.

Auf dem »Reichsparteitag Großdeutschlands« in Nürnberg 1938 soll Hitler sinngemäß gesagt haben, Deutschland habe als erste zivilisierte Nation der Welt ein Registrierungsgesetz für Schusswaffen erlassen; andere Länder würden sich daran in Zukunft ein Beispiel nehmen. Das lässt sich nicht belegen, es existiert keine einzige zuverlässige Quelle für ein solches Zitat, und es lässt sich auch nicht ansatzweise aus den Reden Hitlers ableiten, weder direkt noch indirekt. Dass er das Reichswaffengesetz ausfertigte, sagt nur etwas darüber, dass er im Zuge der Erfassung und Mobilisierung der gesamten Bevölkerung eine umfassende Kontrolle der Gesellschaft anstrebte. In diese Richtung zielten schon von Anfang an die Bemühungen der NS-Behörden, die vor allem die jüdischen Bürger ins Visier nahmen und jeder auch noch so haltlosen Denunziation gegen sie nachgingen. Der US-Historiker und Rechtsanwalt Stephen Halbrook berichtet etwa von einer Anzeige gegen Nobelpreisträger Albert Einstein, von dem Nachbarn behaupteten, er lagere in seinem Haus in Caputh bei Berlin Schusswaffen und Munition. In Abwesenheit Einsteins, der sich im Ausland aufhielt und danach auch bis zu seinem Tod 1955 dort blieb, wurde sein Haus im Frühjahr 1933 von der Polizei durchsucht. Das Gefährlichste, was sich fand, war ein Brotmesser.[51]

Die Entwaffnung gerade der jüdischen Bürger brachte die nationalsozialistische Führung schon bald nach der Machtübernahme in Gang. Bereits am 4. April 1933 fand in Berlin eine große Razzia im jüdischen Scheunenviertel durch Polizei und SA als Hilfspolizei statt; gezielt wurde nach Waffen gesucht. Wenige Tage später, am 21. April, verfügte der Polizeipräsident von Breslau, dass Juden ihre Waffentragscheine oder Schützenbewilligungen unverzüglich den Polizeibehörden zu übergeben hatten. Und in den ersten Entwürfen für ein Reichswaffengesetz hieß es eindeutig: »Der Reichsminister des Innern hält den Zeitpunkt für eine Neuregelung des gesamten Waffenrechts erst dann für gegeben, wenn die Durchdringung des deutschen Volkes mit dem nationalsozialistischen Gedankengut so weit fortgeschritten ist, dass bewaffnete Ausschreitungen volks- und staatsfeindlicher Elemente in nennenswertem Umfange nicht mehr zu erwarten sind.« Mit »volksfeindlichen Elementen« waren immer in erster Linie Juden gemeint.

Als das Gesetz 1938 in Kraft trat, ließ der Text daran keinen Zweifel: »Juden ... ist der Erwerb, der Besitz und das Führen von Schusswaffen und Munition sowie von Hieb- oder Stoßwaffen verboten. Sie haben die in ihrem Besitz befindlichen Waffen und Munition unverzüglich der Ortspolizeibehörde abzuliefern.« Entschädigungslos, versteht sich. Das Gesetz fand dagegen auf die paramilitärischen Verbände und auf die Funktionäre der NSDAP keine Anwendung. Die Partei konnte das Recht zum Führen einer Waffe sogar ausdrücklich verleihen. Nur hinsichtlich gewisser Personenkreise bedeutete das Gesetz mithin eine »Entwaffnung«; die in den Augen der Partei »zuverlässigen« Bürger erhielten ihre Erlaubnisse dagegen ohne Schwierigkeiten.

Gewaltorgie nach Schusswaffenattentat in Paris

Am 7. November 1938 betrat der 17-jährige Herschel Grynszpan die deutsche Botschaft in Paris. Der jüdische Jugendliche aus Hannover wollte den deutschen Geschäftsträger erschießen. Aus Rache für die Zwangsabschiebung seiner Familie ins Herkunftsland Polen. Opfer aber wurde dann der Beamte, der ihn nach seinem Begehr fragte, Botschaftssekretär Ernst vom Rath. Grynszpan verletzte ihn mit mehreren Schüssen schwer. Als Reaktion auf das Attentat kam es in Deutschland zu zahlreichen Razzien; gezielt wurden jüdische Wohngegenden nach Waffen durchsucht. Allein in Berlin stellte die Polizei nach eigenen Angaben 20 000 Schuss Munition und 1702 Schusswaffen sicher, alle spätestens seit dem Reichswaffengesetz illegal.

Als dann vom Rath seinen schweren Verletzungen zwei Tage darauf erlag, ließ die Führung der NSDAP ihre Braunhemden von der Kette, die überall in Deutschland gegen Juden, Synagogen und jüdische Einrichtungen brennend und plündernd vorgingen; viele

Juden kamen zu Tode, wurden gequält und in Konzentrationslager eingewiesen; die fälligen Versicherungsleistungen für den unübersehbaren Sachschaden kassierte das Reich zusätzlich zu einer »Buße« von einer Milliarde Reichsmark, die den Juden auferlegt wurde. Dass hinter der »spontanen Volkswut« der Nazistaat selbst steckte und dass dies den Menschen auch klar war, macht die Bezeichnung deutlich, die sich für die Gewaltorgie einbürgerte: »Reichskristallnacht«.

Wie richtig diese Sicht war, lässt sich beispielhaft an den Vorgängen bei der SA-Gruppe Nordmark zeigen. Deren Führer Mayer-Quade bot dem Gauleiter von Schleswig-Holstein, Hinrich Lohse, am Abend des 9. November für die geplanten antijüdischen Ausschreitungen unaufgefordert die Mitwirkung seiner SA-Gruppe an und befahl seinem Stabsführer in Kiel, seine Leute umgehend in Aktion treten zu lassen, die um fünf in der Frühe beendet zu sein habe. Der Untergebene begriff sofort, worum es ging, nämlich »die Synagogen im Gruppengebiet mit Männern in Zivil zu vernichten, desgleichen die Läden der reichsdeutschen Juden zu zerstören«.[52] Auch der Befehl des Stabsführers der SA-Gruppe Nordsee hat sich erhalten: »Alle Juden sind sofort zu entwaffnen. Im Falle von Widerstand sind sie sofort zu erschießen.«[53]

Am nächsten Tag erschien folgende Meldung auf unmittelbare Weisung des Reichsführers SS und Chefs der deutschen Polizei Heinrich Himmler: »Personen, die nach den Nürnberger Gesetzen als Juden gelten, ist jeglicher Waffenbesitz verboten. Zuwiderhandelnde werden in Konzentrationslager überführt und auf die Dauer von 20 Jahren in Schutzhaft genommen.« Am 11. November wurde schließlich vom Innenminister Frick eine Verordnung verkündet, die Juden nochmals jeglichen Besitz von Waffen aller Art untersagte.

Die *Neue Zürcher Zeitung* berichtete am 13. November 1938: »Seit gestern Nacht werden in Berlin und auch in anderen deutschen Städten Verhaftungen von Juden durch die Gestapo vorgenommen. Es handelt sich meist um angesehene Persönlichkeiten der Judenschaft. Der Reichspropagandaminister stellte in seinem Presseempfang die Verhaftungen in Abrede, auf eine spätere Anfrage wurde jedoch mitgeteilt, es handele sich bei den Verhaftungen um Maßnahmen im Zusammenhang mit dem Erlass Himmlers, dass Juden keine Waffen besitzen dürfen. Es wird erklärt, die Juden hätten Waffen zurückgehalten, obwohl ihnen durch den letzten Erlass des Chefs der deutschen Polizei eine Strafe von zwanzig Jahren Schutzhaft angedroht wird.«

Die Waffenfrage spielte bei der Ächtung und Entrechtung der deutschen Juden und bei den Vorgängen in der Reichskristallnacht also eine recht große, aber normalerweise wenig beachtete Rolle. Natürlich lieferten Gesetze und Verordnungen immer nur Vorwände, und auch ohne sie hätte sich Hitler in seiner letztlich auf Vernichtung zielenden antisemitischen Politik keinen Moment aufhalten lassen. Es ist aber durchaus nachzuvollziehen, dass für viele Juden gerade die damalige waffenrechtliche Ausgrenzung zu einem lastenden Trauma hat werden können und ihnen ihre seinerzeitige Wehrlosigkeit bis heute besonders schmerzhaft fühlbar macht. In den amerikanischen und auch in den hiesigen Waffendebatten sollte man sich dessen bewusst sein, weil man sonst womöglich selbst in die Emotionalisierungsfalle tappt.

Weniger sorgfältiger Abwägung bedarf es da schon beim Blick auf die bereits erwähnten wirtschaftlichen Interessen der Waffenhersteller, die im Gesetz von 1938 ausdrücklich hervorgehoben sind. Aufgrund der hohen Importzahlen von Kurzwaffen, Folge früherer Beschränkungen, sah sich das Reich gezwungen zu reagieren, sollte die heimische Industrie nicht benachteiligt werden. Die Zunahme der Einfuhren um etwa tausend Prozent seit 1928 schuf wirtschafts- wie sicherheitspolitische Probleme. Und gerade Überlegungen in diese Richtungen waren es, die mit in das neue Waffengesetz einflossen. Langwaffen, also Gewehre und Flinten, wurden dabei ebenso völlig von den rechtlichen Restriktionen befreit wie deren Munition. Die Altersgrenze für den Erwerb von Waffen wurde von 20 auf 18 Jahre gesenkt. Für Staatsbedienstete, Jäger und Parteimitglieder sah das Gesetz zahlreiche Erleichterungen vor. Entsprechend verschärft wurden allerdings die Bestimmungen zur Zuverlässigkeit, was nicht nur charakterlich, sondern vor allem auch politisch gemeint war.

Erleichterungen für die Bevölkerung

Es wurden also tatsächlich Lockerungen eingeführt, die den deutschen Herstellern nun bessere Möglichkeiten eines Absatzes ihrer Produkte boten. Die Vereinfachung der Regelungen erlaubte zudem einen erleichterten Vollzug des Gesetzes. Von einer allgemeinen »Wehrhaftmachung« oder einer »Volksbewaffnung« durch dieses Gesetz, wie häufig zu hören, kann jedoch kaum die Rede sein. Die eigentliche Militarisierung fand auf anderen gesellschaftlichen Ebenen statt. Zwar konnte nun jeder »zuverlässige« Volksgenosse im Prinzip Waffen besitzen, hierbei handelte es sich jedoch um Waffen, die nur schwer zu verbergen waren und die ohnehin bei den zahlreichen paramilitärischen Verbänden zur Verfügung standen. Selbst bei der Hitlerjugend (HJ), in der die 14- bis 18-jährigen Jungen organisiert waren, gab es in großer Zahl kleinkalibrige Versionen des Standardkarabiners 98k für Schießübungen.

Dafür eine Zahl: Die Auftragsmenge für ebendiesen Karabiner belief sich am 1. April 1939 auf insgesamt 1 372 538 Stück, für eine wirkliche »Volksbewaffnung« bestanden also weder die Kapazitäten noch wirtschaftliche Notwendigkeiten.[54] Im Gegenteil: Angesichts eines solchen Produktionsdrucks hätte jede zivil verkaufte Waffe eine zusätzliche Belastung der ohnehin stets zu knappen Ressourcen bedeutet. Das Regime war verbrecherisch, dumm war es nicht. Bei Lockerungen von waffenrechtlichen Vorschriften ging es eher darum, den Interessen der Bevölkerung entgegenzukommen und die in der Diktatur ohnehin nicht als Gefahr für die innere Sicherheit betrachteten Waffentypen nicht unnötig Kräfte binden zu lassen. Die Liberalisierung sparte Personal bei den Behörden und den Gerichten und mithin Kosten. Angesichts der Kriegsvorbereitungen ein nicht unwesentlicher Gesichtspunkt.

Der Sparaspekt galt natürlich auch nach dem Krieg, als alle Mittel für den Wiederaufbau gebraucht wurden, und er spielte auch späterhin eine Rolle. Nicht von ungefähr blieben die Bestimmungen des Reichswaffengesetzes für die genannten Langwaffen noch bis 1973 in Geltung und wurden auch danach nicht so erheblich wie beispielsweise für Pistolen eingeschränkt. Daran hat sich bis heute wenig geändert, denn deliktisch treten Repetiergewehre und Flinten selten in Erscheinung. Es besteht bei ihnen kein allzu dringlicher Handlungsbedarf. Solche Geräte sind bei einem Bankraub oder Amoklauf eher hinderlich; sie sind ja auch für Sport und Jagd gedacht. Diese liberalen Reste im deutschen Waffengesetz, das als eines der strengsten der Welt gilt, werden kommende Historiker wohl kaum je als Ansätze zu einer »Wehrhaftmachung« des Volkes bei zunehmendem militärischen Engagement Deutschlands im Ausland interpretieren wollen. Dass solche Sichtweisen dann ausgerechnet in waffenrechtlichen Entwürfen des Bundesministeriums des Innern niedergeschrieben wurden, zeugt nicht unbedingt vom dort vorhandenen Sachverstand.[55]

Festzuhalten ist hier aber klar: Das Reichswaffengesetz von 1938 legte den Grund für alle folgenden Umarbeitungen, Ergänzungen und Novellierungen. An den Denkmustern und Strukturen halten die juristischen Fachleute im Prinzip fest. Und auch die Überlegungen der Hitlerpartei anlässlich der Reichstagsdebatten zum Waffenrecht von 1928 sind aktuell geblieben: »So wenig Waffen wie möglich ins Volk.« Ironie der Geschichte dabei: Gerade dieser Partei und dem Zweiten Weltkrieg verdanken wir zu einem nicht geringen Teil die heutige Waffenschwemme.

Neuanfang nach 1945

Nach der bedingungslosen Kapitulation Deutschlands im Mai 1945 und dem Übergang der Gesetzgebung (Legislative) auf den Alliierten Kontrollrat stand die völlige Entwaffnung der deutschen Bevölkerung erneut zur Debatte. Zwar hatte man die Militärwaffen der Wehrmacht sofort eingesammelt, vordringlich war jedoch die Umsetzung einer völligen Volksentwaffnung. Auf Waffenbesitz stand die Todesstrafe; sie konnte auch schon bei bloßem Verdacht verhängt und vollstreckt werden. Selbst die zivile deutsche Polizei durfte keine Waffen tragen, zunächst gab es nur seltene Ausnahmegenehmigungen für Schlagstöcke, und auch die wurden von den Siegermächten strikt kontrolliert.[56]

Dennoch behielten natürlich viele Heimkehrer ihre Waffen. Gerade die hohe Strafandrohung und die nur geringen behördlichen Möglichkeiten, dem gesetzlichen Misstrauen mit entsprechenden Kontrollen Nachdruck zu verleihen, führten dazu, dass Waffen massenweise entsorgt wurden. Kleine Teiche in Dorfnähe sind noch heute voll davon. Kistenweise wurden dort Waffen und Munition versenkt, und so mancher Freizeittaucher wundert sich, was alles aus jenen Tagen darin zu finden ist. Viele Soldaten vergruben ihre Waffen, deponierten sie in Verstecken oder nahmen sie einfach mit nach Hause oder behielten sie sogar »am Mann«. In den Nachkriegswirren ohne funktionierende Polizei, ohne effektive Zivilverwaltung und Kontrollinstanzen, ohne ordentliche Auflösung der Einheiten war eine brisante Situation entstanden. Von Anzahl und Typ der Waffen her stellte sie sich weitaus gefährlicher dar als nach dem Ersten Weltkrieg.

Nicht von ungefähr tauchen noch heute immer wieder solche Waffen auf. Jedes Jahr werden Dutzende von Maschinenpistolen MP 40, Sturmgewehren 44 und Maschinengewehren MG 42 (»Hitler-Säge«) bei Hausdurchsuchungen sichergestellt. Immer wieder müssen Polizisten die Ergebnisse der seinerzeit lückenhaften Überwachung ausbaden. Und noch heute können diese Waffen töten. Vernünftig behandelt, sind sie praktisch ewig haltbar. Flugabwehrkanonen, Geschütze und Panzer wurden ebenso in Scheunen unter Stroh oder in Erdhügeln versteckt wie Jagdflugzeuge und sogar Exemplare der sogenannten Vergeltungswaffen. Den Bauern blieb gar nichts anderes übrig als das Beiseiteschaffen. In der sowjetischen Besatzungszone (SBZ) wären sie auch bei Meldung der Waffen sofort in Lager gekommen und mit hoher Wahrscheinlichkeit verhungert. In »Trizonesien«, Sammelbegriff für die Zonen der drei Westmächte, wären ihnen hohe Haftstrafen sicher gewesen. Also packten sie einfach Tarnmaterial auf die Hinterlassenschaften des Krieges und hielten eisern dicht.

Angesichts der großen Mengen von auf dem Schwarzmarkt gegen Lebensmittel getauschten Handfeuerwaffen und angesichts marodierender Banden konnte der bereits angesprochene Kontrollratsbefehl Nr. 2 über die Auflösung aller Naziorganisationen und die Konfiszierung ihres gesamten Besitzes, also auch der Waffen, nur begrenzt Wirkung erzielen. Erst am 30. März 1950, kurz nach Gründung der Bundesrepublik, wurde er aufgehoben und durch einen neuen ersetzt, der zwar weiterhin privaten Waffenbesitz unter Strafe stellte, für Bundesgrenzschutz und Polizeibehörden jedoch Ausnahmen erlaubte und eine leihweise Überlassung von Waffen durch die Siegermächte vorsah. Schon am 10. Juni 1950 wurden diese Bestimmung erneut gelockert und der Privatbesitz von Waffen und Munition unter bestimmten Auflagen wieder zugelassen. Langwaffen mit nicht mehr als fünf Patronen im Magazin bis Kaliber 8 mm und Flinten bis Kaliber 12 wurden als Sportwaffen freigegeben. Auch der Besitz von Kurzwaffen wurde wieder ermöglicht für Hoheitsträger, mit Schutzaufgaben betraute oder gefährdete Personen.[57]

Erst im Januar 1951 trat dann das Reichswaffengesetz von 1938 wieder in Kraft, zunächst nur in Teilen, nach Abschluss des Deutschlandvertrags vom 26. Mai 1952 mit den drei Westalliierten dann vollständig (ohne die antijüdischen Passagen). Auf der einen Seite hatte man damit eine vorerst brauchbare Lösung gefunden, andererseits wurde gerade sie zum Ursprung der heute den Vollzug des Waffengesetzes prägenden Probleme. Die Übertragung der Umsetzung in die Zuständigkeit der Länder schuf ein heilloses Durcheinander, zumal das Waffenrecht selbst weiterhin Bundesangelegenheit blieb. Für den Vollzug interpretierte jedes Bundesland das Gesetz nach eigenen Vorstellungen. So entwickelten sich die unterschiedlichsten Bestimmungen, und manchmal widersprachen sich diese derart, dass man sich schon durch bloßes Überschreiten einer Landesgrenze auf der Jagd strafbar machen konnte.

Ohnehin ließen die Rechtsvorschriften in dieser Phase der bundesrepublikanischen Anfänge viele Spielräume. So konnten Jäger unter bestimmten Bedingungen gleich mehrere Dutzend Pistolen kaufen und diese im Bekanntenkreis ohne Probleme weiterveräußern. Hinzu kamen unüberschaubare Mengen von Repetiergewehren und handlichen Selbstladebüchsen im Kaliber .22 l.r. Namhafte Versandhäuser hatten in ihren Katalogen gleich mehrere dieser Waffen im Angebot, und selbst im Tabakladen um die Ecke gab es sie zu kaufen. Sorgen bereitete das kaum jemandem. Im Gegenteil, es wurde damals als selbstverständlich betrachtet. Natürlich kam es wegen der großen Zahl an Schusswaffen, wie auch schon nach dem Ersten Weltkrieg, zu einer wachsenden Zahl von Selbstmorden und Totschlagstaten im Affekt. Doch um die persönliche Sicherheit war es nach Meinung der überwiegenden Mehrheit der Deutschen kaum jemals besser bestellt. Nur äußerst selten las man Meldungen darüber, dass Polizisten von der Waffe hatten Gebrauch machen müssen. Kam es in Einzelfällen doch vor, war die Aufregung groß; seitenlange Berichte mussten dann geschrieben werden.

Änderungen durch Terroristen erzwungen

Das änderte sich jedoch gründlich zu Beginn der 1970er-Jahre, als Aktivisten der Studentenbewegung in den Terror abdrifteten. Sie meinten, mit Waffengewalt das umstürzen zu können, was sie als »Schweinesystem« bezeichneten. Überall witterten sie »Faschisierungstendenzen« und Unterdrückung, denen sie den »Krieg« erklärten. Dahinter stand ein Initiierungsereignis: der tödliche Schuss von Polizeiobermeister (und Stasi-Spitzel, wie man seit Neuestem weiß) Karl-Heinz Kurras am 2. Juni 1967 in Westberlin auf den Studenten Benno Ohnesorg. Da hatten Staat und »Establishment« nach Meinung der Terroristen der ersten Generation um Andreas Baader, Ulrike Meinhof und Gudrun Ensslin ihr wahres Gesicht gezeigt: Eine Fratze schaute heraus. Die anschließende Gewaltdiskussion war sehr schnell in tatsächlichen Gewaltaktivismus, in Terror, Brandstiftungen und Morde im Namen einer nebulösen »Revolution«, umgeschlagen. Die Waffen für ihre Raubüberfälle und Attentate beschafften sich die Terroristen aus kriminellen, internationalen und sogar behördlichen Quellen. Der bisher so zivile westdeutsche Staat, wohlgenährt und gewärmt von einem satten Wirtschaftswunder, sah sich aus behäbigen Träumen gerissen und vor die Notwendigkeit gestellt, drastisch schärfere waffenrechtliche Regelungen zu treffen.

Die Waffen der RAF

Laut Peter-Jürgen Boock, ehemaliger RAF-Terrorist, war es ohnehin sinnlos, auf deren Attentate mit schärferen waffenrechtlichen Regulierungen für Normalbürger zu reagieren. »Wir haben uns die Waffen anders beschafft, zuerst die HK-Gewehre, später auch Kalaschnikows, die finnische Kopie ›Valmet‹. In der Schweiz gab es die frei zu kaufen, da machte das Gesetz in Deutschland überhaupt keinen Sinn. Die Gewehre schossen zwar nur halbautomatisch, aber für uns war das ohnehin besser, wir lehnten Dauerfeuer meistens ab, da waren die Magazine zu schnell leer und man traf nichts«, so Boock in einem Interview mit dem Autor im Januar 2010. Bemerkenswert auch die Meinung des früheren Terroristen zu Waffengesetzen im Allgemeinen: »Wenn ich so in meiner Nachbarschaft schaue, da will ich auch nicht, dass sich jeder einfach so eine Waffe kaufen

Die Tatwaffe des Attentats auf Siegfried Buback. Am Waffengesetz vorbei in der Schweiz gekauft.

kann. Aber im Prinzip, wenn ich eine Automatik will, dann hab ich die innerhalb eines Tages, da muss also etwas passieren. Das muss dann aber besser überlegt sein als bisher.«[58]

Damit reagierte der Staat zwar auch auf eine allgemein zu beobachtende Zunahme von Straftaten unter Verwendung von Schusswaffen, doch in erster Linie ging es um die Bekämpfung politischer Gewalttäter. Die Verschärfungen sollten den Zugang zu Waffen erschweren, und die 1973 verabschiedeten neuen Bestimmungen waren ausdrücklich als Maßnahmen gegen den Terrorismus gedacht. Doch gerade als Instrument dagegen erwiesen sie sich als wenig wirksam; die politisch motivierte Gewalt eskalierte weiter bis hin zum »Deutschen Herbst« 1977. Die neuen Spezialeinheiten bei den Polizeien von Bund und Ländern, die radikal gestrafften Organisationsstrukturen in den Behörden und die personellen Verstärkungen griffen erst mit langer Verzögerung und in keiner Weise zureichend. Außerdem waren kleinere Erfolge eher raffinierteren Fahndungsmethoden mithilfe von moderner Elektronik zu verdanken als besseren gesetzlichen Grundlagen im Waffenrecht.

Nüchtern betrachtet, erscheinen diese Regelungen des Jahres 1973 als sinnvoller Schritt in die richtige Richtung. Doch sie wurden sogleich wieder verwässert durch Zusätze und Sonderregelungen, die keinerlei praktischen Sinn erfüllten. So entstand das bis 2003 gültige Verbot von »Anscheinswaffen«, das bereits besprochen wurde. Außerdem kam es zu einer Kontingentierung von Regelbedürfnissen, und eine allgemeine Meldepflicht wurde eingeführt, damit sich die Verbreitung von Kurzwaffen einengen ließ. Der bemerkenswerteste Schritt jedoch war die Meldeamnestie für Altbesitzer: Wer illegal eine Waffe hatte, für die es bislang keiner Erlaubnis bedurfte, konnte diese nun auf eine Waffenbesitzkarte eintragen lassen und durfte sie behalten. Rechtes Zutrauen gegenüber dieser Möglichkeit fassten die Betroffenen zunächst nicht, weil die Geltung der Waffenbesitzkarten ja auf nur fünf Jahre beschränkt war. Sie mussten also befürchten, dass sie nach Ablauf dieser Zeit enteignet würden. Erst als 1976 nachgebessert wurde und diese Befristung entfiel, entschlossen sich Waffenbesitzer in großer Zahl zur Anmeldung: Über drei Millionen Waffen wurden so legalisiert. Zum Vergleich: Bei der Amnestie 2003 erhielten Besitzer illegaler Waffen nur die Möglichkeit, diese straf-, allerdings auch entschädigungsfrei abzugeben. Davon machten nur einige Tausend Menschen Gebrauch. Wer teures Geld für eine illegale Waffe bezahlt hat, der wird sie in der Regel weiterhin verstecken und hoffen, nicht erwischt zu werden. Und selbst die hohe Zahl von abgegebenen Waffen nach der Amnestie 2009 erscheint nüchtern betrachtet als Fehlschlag: Insgesamt wurden bundesweit weniger als 150 000 illegale Waffen abgegeben. So ist der Mensch eben: »Heiliger Sankt Florian, verschon mein Haus, zünd andre an.«

Auch das Gesetz von 1973 siedelte die Zuständigkeit für die Um- und Durchsetzung bei den Ländern an, von den Rechtsdefinitionen bis hin zur Ausstellung der Waffenbesitzkarten. Aufs Ganze gesehen, war das neue Waffengesetz weitaus komplizierter als das vorige. Bis ins letzte Detail wurde geregelt, wie Waffen und deren Teile zu behandeln waren. Der Kontrollwahn und der Irrglaube, mit diesem Gesetz der sich sprunghaft entwickelnden Gewaltkriminalität Einhalt gebieten zu können, entstanden in diesen Tagen und wirken bis heute fort. Die Blutbäder von 1977 belegten, dass die noch in den Einleitungen des Gesetzes ausgedrückte Hoffnung gescheitert war, dem Terrorismus damit das Handwerk erschweren, ja womöglich sogar legen zu können. Seitdem verzichtete der Gesetzgeber darauf, die Terrorbekämpfung zu erwähnen. Und selbst heute, in den Zeiten des »Krieges gegen den Terror«, fehlt im Gesetz ein solcher Bezug.

Tatsächlich bestehen die gleichen Lücken, mit deren Hilfe sich die RAF zu großen Teilen ausstattete, bis heute fort: Auf europaweit einheitliche Regelungen und Definitionen hat man sich bislang nicht einigen können. Das Einzige, was diesbezüglich geschaffen wurde, ist eine Öffnung der Grenzen durch das Schengener Abkommen. Das bedeutet, dass Kriminelle im Ausland nach wie vor problemlos Waffen kaufen können, weil die Regelungen zu unterschiedlich gehandhabt werden. Was aber bringt ein deutsches Waffengesetz überhaupt, wenn die hier erlaubnispflichtigen Waffen in anderen Ländern erlaubnisfrei über die Ladentheke gehen, beispielsweise Kleinkaliberwaffen der Kategorie 7 in Frankreich?

In den Ländern wurde die Ausstellung waffenrechtlicher Genehmigungen recht unterschiedlich geregelt. Zumeist waren es die Kreisordnungs- oder Polizeibehörden, die sich um die Schusswaffen zu kümmern hatten. Mit ziemlich chaotischen Folgen: Es wurden Sachbearbeiter dafür zuständig, die gewöhnlich auch Angelscheine auszustellen und Jagdangelegenheiten zu regeln hatten. Nicht ganz unlogisch, Jäger brauchen ja auch Gewehre. Dass aber die diversen Behörden miteinander sprachen oder sich gar absprachen und gemeinsame Statistiken führten, darauf kam man damals nicht einmal. Wird heute immer wieder geklagt, es gebe keinen Überblick über die Zahl der legalen Waffenbesitzer, hier können wir uns dafür bedanken. Die überlasteten Behörden schotteten sich ab und schufen damit bis heute nicht geschlossene Informationslücken.

Eigenartigerweise aber schien sich selbst 2002 bei den Diskussionen über eine Verschärfung des Waffenrechts als Folge des Amoklaufs von Erfurt niemand besonders für ein Waffenregister zu interessieren, schon gar nicht für ein landesweites. Seit inzwischen drei Dutzend Jahren werkelten die verschiedenen Ämter nach Gutdünken; Koordination Fehlanzeige. Ja, es wurden nicht einmal Versuche dazu unternommen. In der Praxis saßen dann mehr oder weniger mäßig ausgebildete Sachbearbeiter am Schreibtisch, beurteilten Waffenbesitzkarten nach Gewohnheitsrecht, verteilten die begehrten Stempel oder hielten sie zurück, wie es ihnen gerade ihre Weltsicht oder Tagesform eingab. Da wurden dann in manchen Fällen selbst Jagdmesser oder Zielfernrohre gebührenpflichtig eingetragen. Ärgerlicher, weil sehr viel kostspieliger für den Staat waren (und sind häufig noch) die ständigen Rechtsstreitigkeiten zwischen Waffenbesitzern oder Antragstellern mit den zuständigen Behörden, denen der genaue Gesetzestext kaum noch bewusst war und ist.

Bedenkliche Rechtsauslegungen

Ein Beispiel hierfür kennt der Autor aus eigener Erfahrung: Bevor die Verantwortlichkeit 2002 zur Polizei Hamburg wechselte, waren in der Hansestadt die Bezirksämter für den Vollzug des Waffengesetzes zuständig. Deren Rechtsauslegungen waren, um es freundlich zu formulieren, derart bedenklich, dass stellenweise eine Nähe zum Waffengesetz nur noch erahnt werden konnte. Kein Wunder also, dass zwischen 1973 und 2003 in diesem Durcheinander etwa 1500 Waffen spurlos verschwunden sind.[59] Im Ordnungsamt Fuhlsbüttel war beispielsweise eine Halbtagskraft für waffenrechtliche Erlaubnisse zuständig, die bis 2002 eher nach Sympathie zu entscheiden schien. So wurden Einzellader-Langwaffen für Sportschützen auch schon mal auf »grüne« Waffenbesitzkarten eingetragen, zu entsprechend höheren Gebühren versteht sich. Über handwerkliche Fehler darf man sich bei einem solchen Gesetzesvollzug also nicht wundern.

Inzwischen wurde der Vollzug des Waffengesetzes glücklicherweise an Beamte übertragen, die deutlich mehr von der Materie verstehen. Mit der Dienststelle Zentrale Waffenangelegenheiten der Polizei Hamburg wurde ein bundesweit vorbildliches Kompetenzzentrum geschaffen. Überwiegend sind es Polizeibeamte, die hier über Erlaubnisse und Definitionen zu entscheiden haben, regelmäßige Aus- und Fortbildungen zum Thema Waffensachkunde sind dort selbstverständlich. Bemerkenswert vor allem, dass der Leiter der Dienststelle, Niels Heinrich, selbst Waffensachverständiger ist und im Laufe der Zeit so zu einem zentralen Ansprechpartner auch für die Behörden anderer Bundesländer wurde. Einerseits brachte dies eine im bundesweiten Vergleich besonders strenge Rechtsauslegung mit sich, andererseits lassen sich die sonst häufigen Missverständnisse und Probleme vermeiden beziehungsweise wird damit die Anwendung des Gesetzes vereinfacht.

Am Stichtag der Einführung des Gesetzes traten mehrere Vorschriften parallel in Kraft, die den Umgang mit Waffen und Munition regelten. Für Maschinenpistolen aus dem letzten Krieg konnte man sich eine Besitzkarte für Kriegswaffen beim Wirtschaftsministerium holen. Gleichzeitig waren solche Waffen aber nach dem Waffengesetz verbotene Gegenstände und bedurften einer Ausnahmegenehmigung des BKA in Wiesbaden. Es dauerte mehr als zehn Jahre, bis diese Gemengelage endlich juristisch gelöst werden konnte. Die Regelungen waren freilich nicht sonderlich praktikabel. Die Polizeibehörden verfolgten die Anscheinswaffen wie der Teufel die arme Seele; kaum hatte ein Gewehr einen Pistolengriff oder sah einem modernen Militärkarabiner auch nur entfernt ähnlich, setzte es Hausdurchsuchungen und gepfefferte Strafen. Zu allem Übel änderten die Länder ständig und kurzfristig ihre Rechtsauffassungen. Selbst das Aussehen von Waffen-Einzelteilen wurde in verboten und erlaubt eingestuft. Es gab Razzien wegen Kinderspielzeug und Kontrollen von unbrauchbar gemachten Waffen, die zusammengeschraubt als Anscheinswaffen verboten, zerlegt aber erlaubt waren. Bei erlaubnispflichtigen Waffen wurde es noch verworrener: Eine Kalaschnikow, komplett in Holz verpackt, war erlaubt, sah man aber auch nur den charakteristischen Sicherungshebel, dann drohten Freiheitsstrafen.[60] Ganze Heerscharen von Ermittlern wurden eingesetzt für solche Problemchen, während voll funktionsfähige Maschinenpistolen auf dem Schwarzmarkt zu Schleuderpreisen erhältlich waren.

Das weltweit wohl strengste Waffengesetz wurde so ausgestaltet, dass es sich dann gleichzeitig auch als eines der am schwersten vollziehbaren erwies. Sachbearbeiter wie Gerichte gerieten an den Rand ihrer intellektuellen Leistungsfähigkeit, nicht selten auch darüber hinaus. Als man das nicht mehr ignorieren konnte, griff man zu immer neuen Korrekturen, die das eigentliche Übel aber nicht behoben, sondern das Durcheinander nur erhöhten: Verordnung um Verordnung folgte, und bald schon blickte niemand mehr durch. Für Kenner musste das irgendwann in eine Katastrophe münden.

Der damals 18-jährige Robert S. marschierte laut Kommissionsbericht bei der Waffenrechtsbehörde in Erfurt ins Büro und beantragte als Sportschütze eine Pistole 9 mm und eine Vorderschaftrepetierflinte im Kaliber 12/76. Im Schießbuch hatte er den Nachweis dafür, auch Großkaliber geschossen zu haben. Doch die Vereinsbescheinigung zeigte ausdrücklich, dass dies bei seinem Verein, dem PSV Domblick, gar nicht möglich war und nur Kleinkaliberschießen stattfand.[61] Ohne weitere Nachfrage wurde diese Vereinsbescheinigung anerkannt, obwohl es dazu einer weitaus intensiveren Prüfung nach der »negativen Vereinsfreiheit« bedurft hätte. Die Erwerbsberechtigung wurde erteilt, und Robert S. bekam eine grüne Waffenbesitzkarte.

Die »negative Vereinsfreiheit«

Die »negative Vereinsfreiheit« leitet sich aus Artikel 9 des Grundgesetzes ab, gehört also zu den Grundrechten. Das allen Deutschen zustehende Recht, Vereine und Gesellschaften zu

bilden, gibt jedem Bürger auch die Freiheit, sich gegen Vereine oder Gesellschaften zu entscheiden.
Das bedeutet, dass die Wahrnehmung eines gesetzlichen Rechts nicht abhängig gemacht werden darf von der Mitgliedschaft in einem Verein oder einer Gesellschaft. Somit muss man nicht Mitglied in einem Schützenverein sein, um als Sportschütze anerkannt zu werden und waffenrechtliche Erlaubnisse beantragen zu können. Gegenüber einer Waffenrechtsbehörde muss dann aber nachgewiesen werden, dass man regelmäßig und erfolgreich ein Jahr lang innerhalb sportlich genehmigter Disziplinen geschossen hat, etwa durch entsprechende Bestätigungen von Schießaufsichten oder des Standbetreibers. Damit ist auch klar, dass Schützenvereine nicht die Bedeutung bei der Erlangung von Waffenbesitzkarten haben können, die ihnen häufig attestiert wird.

Die Erwerbsberechtigung galt zugleich für die besagte Flinte, die in seinem Verein gar nicht geschossen wurde; angeblich wollte »Steini«, wie er in seiner früheren Schule genannt wurde, Tontauben schießen. Hätte der Sachbearbeiter dies auch nur ein einziges Mal selbst getan, wäre ihm aufgefallen, dass hier etwas ganz und gar nicht stimmte: Vorgeschrieben fürs Tontaubenschießen war das Kaliber 12/70, die 12/76 hatte eine zu lange Hülse für diese Disziplin.[62] Außerdem waren solche Flinten dort ohnehin nicht gern gesehen, Tontauben holt man mit anderen Flinten vom Himmel. Und dennoch erteilte der Sachbearbeiter die Erlaubnis.[63] Wie schon erwähnt, rief die Firma Frankonia in Erfurt beim Kauf ausdrücklich wegen dieses Fehlers bei der Behörde an und erkundigte sich, ob die Sache ihre Richtigkeit habe; sie erhielt grünes Licht für den Verkauf. Das Kaliber wurde nachträglich für den Munitionserwerb auf 12/70 begrenzt, und für den Sachbearbeiter war das Problem gelöst.[64]

Robert S. meldete weder den Kauf der Flinte noch den der späteren Tatwaffe Glock 17 bei der Behörde an. Er hatte die Waffe von einem anderen Schützen erworben, und der frühere Besitzer hatte diese ordnungsgemäß abgemeldet. Doch den Kauf und die notwendige Eintragung mit Seriennummer, Typbezeichnung und Kaufdatum teilte der spätere Amokläufer der Behörde nicht mit. Dabei war für beide Vorgänge ein und derselbe Sachbearbeiter zuständig. Hier hätte die Möglichkeit, ja die Notwendigkeit bestanden, nachzuhaken und Robert S. zu kontrollieren. Das Unterlassen der Anmeldung wäre zwar nur als eine Ordnungswidrigkeit einzustufen gewesen. Bei richtiger Anwendung des Gesetzes jedoch hätte das Töten im folgenden April womöglich noch verhindert werden können. Selbst die Untersuchungskommission zum Amoklauf gestand in der Folge ein, dass hier durch die zuständige Waffenrechtsbehörde fachliche Fehler gemacht worden waren.[65]

Wie im Eingangskapitel geschildert, kam es zur Katastrophe ausgerechnet an dem Tag, als der Bundestag sich endlich an eine Novellierung des offenbar wenig praktikablen Gesetzes machte. Der Schock der Nachrichten aus Erfurt aber konterkarierte umgehend alle Bemühungen um eine besonnene Korrektur. Die Politiker überboten sich in Forderungen nach einer »Verschärfung« des Gesetzes; auf der Strecke blieb erneut die Praktikabilität. Dass neue, noch peniblere Vorschriften das Vollzugsdefizit nur vergrößern würden, wollten die Verantwortlichen nicht sehen oder es kümmerte sie nicht. Im Ergebnis gebar die »Verschärfung« eine drastische Überregulierung, die mit denselben unterfinanzierten Behörden und demselben überlasteten Personal umgesetzt werden muss – bislang jedenfalls.

Waffenrechtlicher Widersinn

Erreicht werden sollte mit dem Gesetz die nachhaltige Erschwerung von Taten wie in Erfurt. Dazu ist es allerdings viel zu kompliziert angelegt. Von den in der Einleitung versprochenen Erleichterungen und von der angestrebten Entbürokratisierung der im Gesetz festgelegten Verfahren ist jedenfalls ebenso wenig zu bemerken wie von der versprochenen größeren Plastizität. Ein schon vorher überflüssig verwickeltes Gesetz wurde durch eines ersetzt, das zu noch viel chaotischeren Zuständen führen musste. Die schon zuvor bedenklich klaffenden Kontrolllücken nahmen derartige Dimensionen an, dass von einem Gesetzesvollzug im eigentlichen Sinn keine Rede mehr sein konnte.[66]

Auf der einen Seite steht der reine Gesetzestext, der fein säuberlich die unterschiedlichen Rechtsgebiete auflistet und nun erstmals das Beschussrecht abtrennt, womit man den betroffenen Behörden die Arbeit erleichtern wollte. Andererseits gab man ihnen keinerlei Bedienungsanleitung an die Hand. Die Verwaltungsvorschrift zum Waffengesetz (WaffVwV) existiert bis heute nicht. Dem Sachbearbeiter am unteren Ende der juristischen Hierarchie fehlt damit das Handwerkszeug, mit dessen Hilfe er das Gesetz erst Realität werden lassen kann. Die Entwürfe dazu wurden von den Bundesländern im Bundesrat immer wieder verworfen. Man konnte sich nicht einigen, denn jeder brachte andere Vorstellungen ein, wollte unbedingt die eigene Handschrift im Text wiederfinden. Bis 2006 passierte nichts, und in der Praxis orientierte man sich bei den Behörden einfach am unvollkommenen, aber eingeübten alten

Waffengesetz. Die dafür geschaffenen Durchführungsbestimmungen waren zwar ebenfalls mit den vorhandenen Mitteln kaum umzusetzen, doch es gab sie wenigstens. Als man sich im Bundesrat 2006 endlich einigte, war die baldige erneute Änderung des Waffengesetzes aufgrund der Fünfjahresfrist schon absehbar (diese war Ergebnis der Regelungen zu Erbwaffensicherungen im damaligen Paragraf 20 des Waffengesetzes). Die endlich gefundene für alle akzeptable Vorlage wurde gar nicht mehr verabschiedet, weil im Gesetz vorgesehene Fristen eine Novellierung spätestens 2008 zwingend erforderlich machten. Wenigstens nutzten die Länder den Entwurf dann in Eigenregie als Anhalt.

Bis zu einer Verwaltungsvorschrift also brachte man es nicht, aber immerhin zu einer Verordnung, die den wenigstens noch für Fachkundige halbwegs verständlichen Gesetzestext konkretisieren sollte, die Verwirrung aber vollends auf die Spitze trieb. Da wurde genau geregelt, was nun sportlich sein sollte und wie Lauflängen von Sportwaffen bemessen sein müssen. Es wurden Schießdisziplinen definiert, und was danach aus dem Raster fiel, verwirrte selbst die Betroffenen. Nun sind beispielsweise Selbstladegewehre mit bis zu zehn Patronen im Magazin sportlich, wenn diese bei einem Aussehen von Kriegswaffen eine Mindestlauflänge von 42 cm haben, die Hülsenlänge mehr als 40 mm beträgt und das Magazin nicht hinter dem Abzug liegt. Allerdings gilt dies nur für vollautomatische Kriegswaffen im Sinne des Gesetzes. Wurde so etwas vor September 1945 bei einer Armee eingeführt, dann gilt das nicht.[67] Alles verstanden? Nein? Macht nichts. Das verstehen selbst die betroffenen Sportschützen häufig nicht mehr. Noch weniger verstehen sie indes, dass es deswegen dann Hausdurchsuchungen geben kann und Ermittlungsverfahren eingeleitet werden. Nicht selten zudem von Ermittlern, die den Sachverhalt auch nicht so ganz verstanden haben. Oder man wird vom Schießstand verwiesen, obwohl man doch meint, sich genau an den Vorschriftstext gehalten zu haben. Der Betreiber interpretiert die Sätze eben anders. Dann kommt es womöglich sogar zum Ausschluss aus dem Verein, und man muss seine Waffen abgeben, weil ja kein »Bedürfnis« mehr bescheinigt wird.

Wie absurd die waffenrechtlichen Regulierungen in der Praxis ausfallen, zeigt auch der Jugendjagdschein. Jugendliche ab 16 Jahren dürfen die Ausbildung zum Jäger absolvieren und nach Bestehen der entsprechenden Prüfungen dann auch an der Jagd teilnehmen. Sie dürfen allerdings selbst noch keine Waffen besitzen. Die für die Jagd notwendigen Waffen müssen sie sich ausleihen. Das Problem daran ist nur, dass sie nach der Waffenrechtsänderung von 2009 nun nicht mehr am Übungsschießen teilnehmen dürfen, denn hier wurde die Altersgrenze angehoben. Sie dürfen also die Prüfung machen und auf der Pirsch ein Tier erlegen, das Waffengesetz verbietet ihnen allerdings ausdrücklich, auf dem Schießstand zu überprüfen, wohin das Jagdgewehr dann eigentlich schießt.

Richtig konfus wurde es beispielsweise auch bei Munitionsgurten für Maschinengewehre: Die Vollmantelgeschosse unterlagen dem Waffengesetz und damit dem Zuständigkeitsbereich der Länder; die im gleichen Gurt vorhandene Leuchtspurmunition fiel, weil verboten, in den Aufgabenbereich des BKA, und für die Hartkerngeschosse war das Wirtschaftsministerium zuständig. Und dann gab es da ja noch die Zündhütchen – für sie war die Bundesanstalt für Materialprüfung verantwortlich. Man kann sich vorstellen, welches Chaos entstand, wenn ein Lkw vollbeladen mit solcher Ware für den Export die Grenze passieren wollte.

Mit dem Vollzug heillos überfordert

Durch eine parlamentarische Anfrage im September 2008 kam in Bremen ans Licht, dass dort die nach dem Waffengesetz zu prüfenden Vorgänge auf 7400 unbearbeitete Fälle angewachsen waren.[68] Zu ihrer und zur Bewältigung des laufenden Geschäfts standen 3,5 Sachbearbeiter zur Verfügung. Dass der Berg des Unerledigten bei so wenigen Leuten immer weiter wachsen musste, wurde den Verantwortlichen endlich klar, und sie bewilligten zwei weitere Stellen, die sogar besetzt werden konnten. Als habe man dadurch nun hinreichend Luft, erfand man umgehend neue Arbeit. Wie in Hamburg wurden Waffenverbotszonen in der Stadt eingeführt, was den Arbeitsaufwand laut einer Pressemitteilung des Senators für Inneres und Sport am 9. Dezember 2008 deutlich steigerte. Und vom 25. Juli 2009 an kamen dann noch die Kontrollbesuche bei Waffenbesitzern dazu.[69]

Hinzu kamen weitere Verschärfungen: beispielsweise die Waffenbesitzkartenpflicht für LEP-Waffen, so genannt, weil sie Luftdruckenergiepatronen verschießen. LEP sind zum großen Teil zu Luftpistolen umgebaute ehemals erlaubnispflichtige Schusswaffen. Diese Pistolen waren bis dato frei erwerbbar vom vollendeten 18. Lebensjahr an. Immer wieder aber unternahmen verantwortungslose Tüftler den Rückbau solcher Waffen zu scharfem Gerät. Als das BKA feststellte, dass sich diese Fälle häuften[70], verfügte man für LEP nachträglich eine Waffenbesitzkartenpflicht. Die LEP mussten eingetragen werden und dabei alle Voraussetzungen mitbringen, wie sie auch für Sportpistolen oder Jagdwaffen vorgeschrieben sind. Allerdings galt dies nur für ehemals echte Schusswaffen. LEP, die von Anfang an als solche gebaut worden waren, blieben weiterhin frei. Nun haben sich also Sachbearbeiter wieder mit schwierigen Definitionsfragen herumzuschlagen, müssen die Waffen begutachten und dann entscheiden, was in eine Waffenbesitzkarte gehört und was nicht. In den 1980er-Jahren war das bei Schreckschusswaffen noch recht unkompliziert gehandhabt worden, obwohl sich einige Modelle ebenfalls sehr leicht zu scharfen Waffen umbauen ließen. Wo das erkannt worden war, entzog man einfach die Bauartzulassung. Das klappte eigentlich ganz gut und zeigt, dass nicht immer alles Regulierung bis ins Letzte verlangt. Schon gar nicht, wenn geknausert werden muss und es mithin empfindlich an Personal mangelt.

Dieses ist ja schon jetzt mit dem Vollzug heillos überfordert. »Im Prinzip müssen wir alles gleichzeitig machen: Kontrollen bei den Fachhändlern und Waffenbesitzern nach der Aufbewahrung, Sichtung der Waffenhandelsbücher, Bearbeitung der Anträge, Entzug von Erlaubnissen und, und, und. Wir können da nur hinterherhinken und nur nach Dringlichkeiten entscheiden«, verrät ein Sachbearbeiter, der nicht genannt werden möchte. Es nimmt angesichts solcher Zustände kaum wunder, dass sich inzwischen viele in einen Dienst nach Vorschrift flüchten – die innere Kündigung, wo es doch um die innere Sicherheit gehen sollte. Wolfgang Dicke von der Gewerkschaft der Polizei klagt in einem Interview mit dem ZDF über die zu hohe Belastung und stellt fest, dass die Personaldecke nicht nur viel zu dünn ist, sondern dass es oft auch mit der Kompetenz der Sachbearbeiter nicht weit her ist.[71] Die Bandbreite reiche von absoluten Laien bis zu ausgewiesenen Experten. Dahinter steckt auch ein gesellschaftliches Problem: Die weitverbreiteten Berührungsängste beim Thema Schusswaffen führen dazu, dass praktische Erfahrungen bei den Sachbearbeitern immer seltener werden. Dabei sind es gerade die waffentechnischen Begriffe, auf denen das Gesetz aufbaut.

Wer nicht zwischen Kartuschen und Patronenmunition unterscheiden kann, wer nicht Läufe und Patronenlager auseinanderzuhalten vermag – wie soll der die entsprechenden Bestimmungen umsetzen? Was etwa ist eine »Buntline«, ein Westernrevolver mit extrem langem Lauf? Rein formal wäre das eine Langwaffe. Aber Revolver sind doch Kurzwaffen? Wie trägt man wo eine »Buntline« in was für eine Waffenbesitzkarte ein? Muss so etwas gesondert beantragt werden oder reicht der Eintrag in die Sportschützen-Waffenbesitzkarte? Selbst einem bemühten Beamten wird in solchen Fällen der Kopf rauchen, es sei denn, er verfügt über jahrelange Erfahrungen und versteht etwas von der Materie. Dass andernfalls unweigerlich Fehler auftreten, liegt in der Natur der Sache. Und was ist mit den Beteiligten? Geht es da um Tatbestands- oder Verbotsirrtum?[72] Landen solche Fälle vor Gericht? Und wenn ja, wer kommt für die Kosten auf?

Vermeidbare Reibungsverluste

Wer darin Randprobleme sieht, bedenke: Das dafür eingesetzte Personal und die dadurch gebundenen Mittel, die ohnedies immer zu knapp bemessen sind, fehlen an anderer Stelle. Schmerzlich vermisst werden sie vor allem beim Kampf gegen die wachsende Verbreitung von Schusswaffen in kriminellen Kreisen. Nebenthemen absorbieren wertvolle Kräfte und führen so zu einer gefährlichen Schwächung der staatlichen Überwachung. Ihre Überforderung ermutigt geradezu zum Missbrauch. Die Bilanz ist verheerend:

Es gelang nicht, die Waffen nach Ende des Ersten Weltkriegs einzusammeln; nach Ende des Zweiten Weltkriegs schlug das genauso fehl, und auch der Schock angesichts des Terrorismus der 1970er-Jahre brachte keine Besserung: Die bis dahin gehandelten Waffen blieben auch nach der Neufassung des Waffengesetzes von 1973 weiter zu einem Großteil unkontrolliert in Privathand. Ebenso versickerten die nach Auflösung der DDR in Umlauf geratenen Waffen der Volksarmee, der Grenztruppen, der Volkspolizei, der Betriebskampfgruppen und anderer paramilitärischer Verbände. Das setzte sich fort mit den Waffen, die während der Bürgerkriege im zerfallenden Jugoslawien nach Deutschland verschoben wurden. Immer feinere waffenrechtliche Bestimmungen vermochten das alles immer weniger zu be-, geschweige denn verhindern. Geblieben ist uns unter dem Strich ein in sich widersprüchliches, spitzfindiges Gesetz, das kaum noch jemand versteht und schon gar nicht mehr konsequent anzuwenden in der Lage ist.

Warum, werden an dieser Stelle manche fragen, verbietet man nicht einfach alle Waffen? Das wäre in der Tat die einfachste Lösung. Doch dann türmen sich sogleich neue Fragen auf: Was ist eine Waffe? Wie weit soll die Definition reichen? Wer könnte sie leisten? Und schließlich die schwierigste Frage: Wer sollte das Totalverbot vollziehen? Die gleichen Leute, die jetzt schon mit teilweisen Verboten heillos überfordert sind? Das einzig realistische Ergebnis wäre eine völlige Verschiebung der Strukturen in die Illegalität und eine gleichzeitige Entrechtung der Betroffenen, die sich eigentlich doch an die Gesetze halten. Das erschreckende Vollzugsdefizit ließe eine so drastische Maßnahme mit Sicherheit noch gründlicher scheitern als die bisherigen Eindämmbemühungen.

Diesen Bemühungen verdanken wir die Regulierungen und Überregulierungen, die in den vergangenen Jahrzehnten dieses Defizit hervorgebracht haben und bedrohlich anwachsen ließen. Das Personal, das den Vater des 17-jährigen Amokläufers Tim K. in Winnenden hätte kontrollieren können, ja entsprechend der in seiner Waffenbesitzkarte erteilten Auflage sogar hätte überprüfen müssen, war nicht etwa zu faul dazu, sondern von anderem absorbiert. Dabei hätte es auf der Grundlage des ohnehin seit 2003 geltenden Rechts Nachschau halten sollen, wie denn die spätere Tatwaffe verwahrt wurde und ob Unbefugte an diese gelangen konnten. Die Tat war keineswegs unabwendbar. Sie wurde erst dadurch möglich, dass die Sachbearbeiter vor lauter überflüssigen Bestimmungen nicht zu ihrer Hauptaufgabe kamen, ja diese nicht einmal als solche zu erkennen vermochten. Sie hatten sich mit Luftdruckumbauten auf Waffenbesitzkarten, mit Lauflängen von Sportwaffen und mit Bedürfnisprüfungen zu beschäftigen und erkannten nicht die gefährliche Kontrolllücke. Das ist keine Theorie, das ist eine traurige Tatsache.

Nicht einmal die Katastrophe brachte das überfällige Umdenken in Gang: Das belegt die Kleine Anfrage des Bundestagsabgeordneten Hartfried Wolff und einiger Kollegen an die Bundesregierung im Oktober 2007.[73] Wolff kommt aus dem Rems-Murr-Kreis, in dem Winnenden liegt, wo Tim K. fünfzehn Menschen und anschließend sich selbst erschoss. Konkret fragten die Abgeordneten die Regierung, ob »eine umfassende (wissenschaftliche) Evaluierung des derzeit gültigen Waffenrechts und insbesondere der durch die Novellierung von 2003 geänderten oder eingeführten Vorschriften des Waffenrechts« stattgefunden habe. Die regierungsamtliche Antwort vom 29. Oktober 2007 durch das Bundesministerium des Innern fiel eindeutig aus: »Eine Evaluierung der Waffenrechtsnovelle aus dem Jahr 2003 durch die Wissenschaft erscheint aus Sicht der Bundesregierung nicht notwendig.«[74]

Im Rahmen ihrer Antwort auf die gleiche Anfrage nannte die Bundesregierung bestürzende Zahlen, die das wachsende Vollzugsdefizit grell beleuchten: Wurden 2002 noch in 1492 Fällen Schusswaffen sichergestellt, sank diese Zahl kontinuierlich über 1205 Fälle im Jahr 2005 auf schließlich nur noch ganze 1003 Fälle für 2006. Dies ist insoweit bemerkenswert, als im gleichen Zeitraum die Gesamtzahl der Straftaten nach dem Waffengesetz massiv gestiegen ist. Ausweislich der Fallzahlen des BKA für das »Lagebild Schusswaffenkriminalität« werden erschreckende Dimensionen erkennbar.[75] Obwohl die Zahl der Waffen kontinuierlich steigt, sinkt die Zahl der Erfolge beim Kampf gegen diese Inflation deutlich. Inzwischen sind rund zehn Millionen Waffen legal in Privatbesitz, nach offizieller Schätzung liegt die Anzahl der illegalen Schusswaffen beim Zwei- bis Dreifachen. Keine Notwendigkeit für eine wissenschaftlich fundierte Untersuchung? Das grenzt nicht nur in den Augen von Experten an Vogel-Strauß-Politik. Auch Katrin Altpeter (SPD-Landtagsabgeordnete in Baden Württemberg) und Hermann Scheer (SPD-Bundestagsabgeordneter) erkannten das, als sie in einer gemeinsamen Pressemitteilung am Tag des Amoklaufs feststellten: »Mit dem heutigen Tag (ist) das geltende Waffenrecht gescheitert.«[76] Fachleuten war das schon bewusst, bevor es überhaupt verabschiedet worden war.

Bundesländer ratlos

Was die Übertragung der Umsetzung des Waffengesetzes an die Bundesländer angerichtet hat, lehrt ein Blick in deren Praxis: Das Innenministerium Rheinland-Pfalz stellt im März 2009 fest, dass »bei den 36 Waffenbehörden 487 409 genehmigungspflichtige Schusswaffen registriert« seien.[77] »Diese verteilen sich auf insgesamt 132 193 Personen.« Zudem wird ausgeführt, dass die Mitarbeiter der Waffenbehörden bei den zuständigen Kreisverwaltungen und kreisfreien Stadtverwaltungen, je nach Aufgabenzuschnitt, Beamte des mittleren und gehobenen Verwaltungsdienstes sowie vergleichbare Angestellte seien. Sie stellen nicht nur Waffenbesitzkarten aus, sondern auch Jagdscheine, Angelscheine und Gewerbeanmeldungen. Für eine sorgfältige Umsetzung des Waffengesetzes reicht es vorn und hinten nicht.

In den 47 Kreispolizeibehörden in Nordrhein-Westfalen werden die Sachbearbeiter laut Innenministerium nach dem »dort vorliegenden Bedarf« eingesetzt.[78] Die gute Nachricht: Die in den Waffendienststellen arbeitenden Mitarbeiter seien sowohl in Waffenrecht als auch in Waffentechnik ausgebildet und hätten die Möglichkeit, zentral angebotene Seminare zur Fortbildung zu nutzen.

Ganz anders in Mecklenburg-Vorpommern. Dort lag die Zahl der Sachbearbeiter zwischen 2005 und 2008 konstant bei 18, während sich die Zahl der in Privatbesitz befindlichen Schusswaffen um knapp 4000 erhöhte. Zur beruflichen Qualifikation der Mitarbeiter in den kommunalen Waffenbehörden habe das Innenministerium keine Erkenntnisse, Personalentscheidungen seien Angelegenheit der Gemeinden.[79]

Bremen kennen wir bereits als äußerst eigenwillig. Auch in der Handhabung des Waffengesetzes wird das Bundesland diesem Ruf gerecht: »Eine spezielle Ausbildung wird in der Stadt Bremen nicht durchgeführt, da die Mitarbeiterinnen und Mitarbeiter die rechtlichen Vorgaben umsetzen müssen. In Bremerhaven wird ein zweitägiger Sachkundelehrgang durchgeführt.« Genial, oder? Einer Ausbildung bedarf es nicht, da nur der Gesetzestext umgesetzt werden müsse. Dass diesen kaum noch jemand versteht, scheint der Innenbehörde entgangen zu sein. Macht aber nichts, in Bremerhaven gibt es ja einen Lehrgang. Ob an dieser Kürzestschulung (immerhin halb so lang wie der Sachkundenachweis für Sportschützen!) allerdings überhaupt jemals ein Sachbearbeiter teilgenommen hat, wird seitens der Innenbehörde des Landes nicht verraten.[80]

Ungeschminkt bringt Rainer Wendt, Bundesvorsitzender der Deutschen Polizeigewerkschaft, das in einem Interview mit dem ZDF auf den Punkt: »Im Klartext bedeutet dies, die Stadt Bremen kommt ihrer Verantwortung nach dem Waffengesetz überhaupt nicht nach. Das ist leider nicht nur in Bremen der Fall, sondern auch in anderen Bundesländern. Von einer vernünftigen Kontrolle der gesetzlichen Bestimmungen kann also in Deutschland überhaupt keine Rede sein.«[81]

Und eine weitere Stimme: »Ich verzweifele manchmal an dieser Art Föderalismus. Überall die gleichen Standards hätten wir nur, wenn sich die Innenminister auf Verwaltungsvorschriften verständigen könnten. Jetzt haben wir stattdessen die Situation, dass nicht nur in jedem Bundesland anders kontrolliert wird, sondern dass die Aufgaben auch häufig an die Kommunen übertragen wurden, dort von den Ordnungsämtern wahrgenommen oder eben nicht wahrgenommen werden. Es fehlt das Personal.« So klagte Silke Stokar von Neuform, bis Oktober 2009 die innenpolitische Sprecherin der Bundestagsfraktion von Bündnis 90/ Die Grünen.[82] Und sie weiß, wovon sie redet, denn sie arbeitete jahrelang in dem für Waffenrecht zuständigen Arbeitskreis III.

Ein Grund für die desolate Lage liegt auch in der Föderalismusreform von 2006. Sie hat die Zuständigkeit für das Waffenrecht beim Bund belassen, aber auch dafür gesorgt, dass die Umsetzung des 2008 novellierten Gesetzes weiterhin den Ländern obliegt. Baden-Württembergs Innenministerium erhebt im März 2009 schwere Vorwürfe: »Der Bund hat deshalb die Herausgabe einer Allgemeinen Verwaltungsvorschrift zum Waffengesetz aufgegeben ... Dem Wunsch der Länder an den Bund, wegen der besonderen Bedeutung des Waffenrechts von dieser Ausnahmemöglichkeit (gemeint ist Artikel 84, Absatz 1, Satz 5 des Grundgesetzes, der eine

Regelung ohne Abweichungsmöglichkeit für die Länder in Ausnahmefällen regelt, Anm. d. Verf.) Gebrauch zu machen, ist der Bund nicht nachgekommen.«[83] Im Klartext heißt das nichts anderes, als dass das Land Baden-Württemberg bereits vor dem Amoklauf von Winnenden kapituliert hatte und eingestand, dass das Gesetz mit seinen Mitteln nicht mehr vollziehbar war.

Die nach dem Blutbad wieder aufgeflammte Diskussion über Gesetzesverschärfungen verliert sich in genau den Details, die schon zuvor zu den massiven Defiziten geführt haben. Eine effektive Kontrolle von legalen und schon gar von illegalen Schusswaffen in Deutschland kommt so nicht voran. Das eigentliche Ziel, den Missbrauch von Waffen einzudämmen oder gar abzustellen, wird auf diese Weise nicht zu erreichen sein. Auch vernünftig klingende Forderungen nach einem zentralen Waffenregister helfen in diesem Punkt nicht weiter, denn ein solches Register dient nicht der Verhinderung von Missbrauch, sondern erfüllt nur EU-Auflagen, die eine bessere Rückverfolgung von Waffen verlangen. Es erleichtert zudem die Ermittlungen von Polizeibehörden und ist damit eine wertvolle Fahndungshilfe nach Straftaten. Zur Prävention taugt es nicht, und dazu ist es, so Niels Heinrich, auch nicht gedacht.[84]

Unverständlich selbst für Polizeibeamte

Kurzer Abstecher von den Schusswaffen zum Messer. Man sollte annehmen, dass sich bei diesem Gerät des täglichen Bedarfs einfachere Regelungen haben finden lassen als bei Pistolen oder Gewehren. Schön wär's. Paragraf 42a des Waffengesetzes, der die Messerfrage beantworten soll, lässt mehr offen, als er klärt: Was soll man unter einem verschlossenen Behältnis verstehen, in dem allein

Einhandmesser oder Messer mit feststehenden Klingen von mehr als zwölf Zentimeter Länge transportiert werden dürfen? Reichen Schachteln oder müssen es Hartfaserkoffer sein? Was ist ein »allgemein anerkannter Zweck«, zu dem das Führen eines Messers erlaubt ist? So groß sind die Interpretationsspielräume, dass sich überforderte Polizisten über das Internetportal *Abgeordnetenwatch* an die Parlamentarier wandten, die dieses Gesetz geschaffen haben. Die Beamten hofften, so an Auskünfte zu kommen, die sie anschließend in einschlägigen Polizeiforen verbreiten und damit den Kollegen den Vollzug erleichtern könnten.

Doch das Ergebnis fiel höchst ernüchternd aus: Nicht ein einziger der befragten Bundestagsabgeordneten vermochte bündig zu antworten. Bunt wurden die unterschiedlichen Begriffe selbst von Volljuristen durcheinandergewürfelt. In den meisten Fällen kamen ausweichende Antworten. Der »allgemein anerkannte Zweck« wurde stets auf Berufsausübung oder Sport bezogen. Obstschälen oder Schnitzen wären demnach untersagt, sofern nicht von Berufs wegen ausgeübt. Den fragenden Beamten war dies keine wirkliche Hilfe. Sie mussten ihr Vorhaben begraben.

Wie finster-verdächtig auch immer ein überprüfter Messerträger dreinschauen mag: Seine »Bewaffnung« ist nach dem derzeit geltenden Gesetzestext völlig in Ordnung, wenn er einen plausiblen Grund dafür angeben kann. Straftaten lassen sich durch solche Überprüfungen mithin kaum vereiteln, denn ein solcher Grund fällt wohl noch dem Fantasielosesten ein, und andere Stichwerkzeuge sind zudem vom Verbot in keiner Weise betroffen.

Ähnlich verworren ist die Lage bei den sogenannten Softairwaffen. Dabei handelt es sich um Spielzeuge, die Munition mittels Federdruck oder durch Treibgase beschleunigen. Unter das Waffengesetz fallen sie nach zweierlei Gesichtspunkten: Da sie oft regulären Schusswaffen täuschend ähnlich nachgestaltet sind, unterliegen sie zum einen den Restriktionen für Anscheinswaffen. Zum anderen werden sie nach der Geschossenergie eingestuft. Beträgt diese weniger als 7,5 Joule, sind nur gewisse Kennzeichnungen erforderlich und es gilt eine Altersgrenze von 18 Jahren; außerdem dürfen sie ohne Waffenschein nur in privatem Gelände mit Einwilligung des Grundeigners verwendet werden. Für alle Softairwaffen mit höherer Energie gelten die üblichen Bestimmungen des Waffengesetzes. Mit einer Energie bis 0,5 Joule gelten sie allerdings als Kinderspielzeug und unterliegen nur den Beschränkungen nach Paragraf 42a des Waffengesetzes, sie dürfen also nicht in der Öffentlichkeit geführt werden.

Kein Wunder, dass die Vollzugsbehörden für dieses »Spielzeug« recht unterschiedliche Interpretationen entwickelt haben. Der Begriff »Anschein« ist ebenso dehnbar, wie die Waffe hinsichtlich der Geschossenergie manipulierbar. Bei Grenzübertritten nach Deutschland jedenfalls werden regelmäßig Softairwaffen beschlagnahmt, manchmal in großen Mengen. Unter dem Suchbegriff »Softair« findet sich auf der Homepage der Bundeszollverwaltung nur eine einzige Mitteilung des Hauptzollamtes Singen vom 29. Oktober 2007 über 144 sichergestellte Erbsenschusswaffen. »Die weiteren Ermittlungen dauern an.«[85] Vielleicht wäre es angebrachter, die Verbraucher vor solchen unbeabsichtigten Verstößen gegen das Waffengesetz und vor einer unerlaubten Einfuhr zu warnen. Doch Hinweise auf die speziellen waffenrechtlichen Bestimmungen für Reisende finden sich dort nicht, nur allgemein gehaltene Bezüge auf das Waffengesetz. Dass hierunter eben auch die im Ausland häufig als Spielzeug angebotenen Softairwaffen fallen, wird nicht mitgeteilt, geschweige denn erklärt.

Das Waffenrecht ist gescheitert

Die Dakota-Indianer kennen ein Sprichwort: »Wenn du merkst, dass du ein totes Pferd reitest, steig ab!« In Deutschland sind wir da weiter. Wir erhöhen einfach die Qualitätsstandards für den Beritt toter Pferde. Deswegen wird neuerdings emsig darüber diskutiert, ob nicht eine Lagerung von Waffen und Munition in den Schützenvereinen zur Eindämmung der Schusswaffenkriminalität beitragen könnte. Das ist allerdings keine neue Überlegung, wie ein Blick in die Geschichte des Waffenrechts der DDR zeigt.

Die rote Diktatur machte sich eine Grundüberlegung der braunen Vorgänger zu eigen: »Entwaffnung der politischen Gegner!« hieß die Devise. Unabhängige Schützenvereine gab es nicht, auch keinen privaten Waffenbesitz, es sei denn in den Händen von wenigen Spitzengenossen der SED. Und selbst die Jägerschaft bekam Waffen erst nach intensivsten Prüfungen, und wenn, dann zumeist nur Schrotflinten. Für den Kugelschuss musste man das Wild eben mit dicken Bleibatzen aus der Flinte erlegen. Das war zwar nicht unbedingt waidgerecht, aber es beruhigte die Nerven der Partei. Waffen gab es nur für Angehörige der »staatlichen Organe«, also der NVA, der Volkspolizei oder auch der Stasi. Hinzu kamen Waffen bei den Grenztruppen und bei den Betriebskampfgruppen, also ebenfalls nicht in Privathand.

Berlin und die Waffen

Nach Kriegsende betrachteten die Westalliierten die Stadt als entmilitarisiert, faktisch konnten aber zeitweise bis zu 25 000 Polizisten mobilisiert und im Notfall als eine Art Behelfsarmee eingesetzt werden. Junge Männer aus Berlin wurden nicht zum Wehrdienst eingezogen, weswegen Berlin sich bis 1990 einer zunehmenden Beliebtheit bei Kriegsdienstverweigerern erfreute und nicht selten Jugendliche gezielt nach Berlin zogen, um der unangenehmen Dienstpflicht zu entgehen.[86] Durch den Befehl Nr. 2 der alliierten Kommandantur war bis 1990 faktisch jeglicher Waffenbesitz bei Todesstrafe verboten, auch Nazidevotionalien und Messer wurden von dieser Regelung umfasst. Dennoch konnten sich Bürger in komplizierten Genehmigungsverfahren nach zahlreichen behördlichen Überprüfungen Erlaubnisse ausstellen lassen. Diese berechtigten allerdings nicht zum uneingeschränkten privaten Waffenbesitz, sondern waren im Grunde eine Zugangsvoraussetzung für den kontrollierten Umgang mit Waffen unter strenger Aufsicht der Siegermächte. So entstanden Schützenvereine, die ihre Waffen jedoch nur auf den Schießstätten der Alliierten einlagern durften. Gleiches galt für die Jägerschaft. Waffen konnten regulär in Fachgeschäften erworben werden, sie durften jedoch nicht in den eigenen vier Wänden aufbewahrt werden. Es gab aber auch Ausnahmen, etwa für Leistungsschützen, vor allem aber auch für die Reise in die westlichen Bundesländer; die Ahndung der Vergehen führte teilweise zu Absonderlichkeiten: Flohmarkthändler fanden sich für alte Fahrtenmesser vor Gericht wieder, gleichzeitig aber waren historische Waffen – die wiederum in der restlichen Bundesrepublik erlaubnispflichtig waren – frei zu kaufen, etwa Revolver aus der Zeit des Wilden Westens oder Repetiergewehre, die bereits während des Zweiten Weltkriegs als veraltet angesehen wurden.[87] Zu der unübersichtlichen Rechtslage in Westberlin gehört auch ein Antrag der SPD-Fraktion, jedem Bürger einen Waffenschein auszustellen. Weil sich ab 1953 die Übergriffe von sowjetischen und DDR-Geheimdiensten häuften, bei denen Westbürger in die DDR verschleppt wurden, um sie dort dann zu langen Haftstrafen oder zum Tode zu verurteilen. Da Polizei und Westalliierte nicht in der Lage waren, jeden Bürger hiervor zu schützen, sollten die Bürger eigenverantwortlich dazu fähig werden.

Andererseits wurde auf die Erziehung an der Waffe größter Wert gelegt, und das Schießen lernten die Kinder bereits in der Schule und bei den Thälmann-Pionieren mit Luftgewehren, ältere Jugendliche in der FDJ auch mit Kleinkaliber. Sportwaffen waren bei den Schießständen der »Gesellschaft für Sport und Technik« (GST) streng unter Verschluss. Diebstähle waren relativ selten. Und genau daher stammt die »neue« Idee, die Waffen in den Vereinen zu lagern. Nun ist nicht gleich jede Idee, die auf Muster in der DDR zurückgreift, eo ipso schlecht, doch haben wir es hier allenfalls mit einer halben zu tun, denn damit erfasst man vielleicht einen gewissen Teil der legalen Waffen, die illegal verbreiteten lassen sich so natürlich nicht arretieren. Das war schon in der DDR nicht anders, wo aus Beständen der sowjetischen Streitkräfte ebenso Waffen verschwanden wie aus denen der DDR-Sicherheitsorgane. Hinzu kamen wie in der BRD die Erbstücke des Krieges: Maschinengewehre, Pistolen und Karabiner fanden sich praktisch an jeder Ecke, und die heute in den neuen Bundesländern in großen Mengen auftauchenden Maschinenpistolen vom sowjetischen Typ PPsch 41 wurden sicherlich nicht erst nach dem Fall der Mauer importiert. Wenn in der DDR weniger Waffenmissbrauch aufgetreten sein sollte, dann nicht aus Mangel an Schusswaffen, sondern eher wegen der Mangelwirtschaft, die sich auch bei der Munition bemerkbar machte.

Zurück in die Gegenwart und zum Vollzugsdefizit: Wie weit sich inzwischen die gesetzgeberischen Überlegungen von den Realitäten entfernt haben, sollen die nächsten Kapitel über den Bestand und die Struktur der illegalen Volksbewaffnung zeigen.

5

Die andere Seite

Der seit 2001 amtierende Berliner Innensenator Ehrhart Körting stellte am 12. Dezember 2007 in einem Schreiben an Rainer Wendt, den Vorsitzenden der Deutschen Polizeigewerkschaft, fest, seit Jahren würden nur etwa vier Prozent der Straftaten mit legalen Schusswaffen verübt. Und das bei zehn Millionen legalen Waffen gegenüber zwanzig bis dreißig Millionen illegalen. Ein Missverhältnis, das zu denken gibt. Wie aber stellt sich die Situation tatsächlich dar, welche konkrete Bedeutung haben die Zahlen für unsere Gesellschaft?

Zunächst ist der verkürzende Begriff »illegale Waffe« genauer zu betrachten: Schusswaffen und Munition an sich sind für bestimmte Zwecke produzierte Waren. Erst durch die Personen, die sie besitzen, gewinnen die juristischen Kategorien »legal« und »illegal« Relevanz. Im Prinzip kann jede Waffe in Deutschland legal sein, von Sportpistolen über Sammlerwaffen bis hin zu »verbotenen Gegenständen« oder gar Panzern; es braucht lediglich die erforderlichen Genehmigungen für ihren Besitz und ihre Nutzung. Die Gesetze ermöglichen ausdrücklich einen personenabhängigen Zugang zu solchen Objekten, und der Gesetzgeber hat sich dabei durchaus etwas gedacht. Insofern sollte man zur Vereinfachung der Diskussion Waffen, die in Besitz von hierzu nicht Berechtigten sind, oder Waffen, die nicht angemeldet sind, unter den Leitbegriff »illegal« zusammenfassen.

Von daher ist der Blick darauf zu richten, wie die Zahl illegaler Waffen zustande kommt und wer die Menschen sind, die solche Waffen haben. Geht man von den offiziellen Schätzungen aus, etwa des Innenausschusses des Bundestags, dann finden sich die circa sieben bis zehn Millionen legalen Waffen in den Händen von über dreieinhalb Millionen Bürgern.[88] Übertragen auf die Zahl illegaler Schusswaffen hieße das, dass etwa sieben bis zehn Millionen Menschen unerlaubt über Waffen verfügen. Dass hier dringender Handlungsbedarf besteht, ist unbestreitbar. Erreicht ein Gesetz nur etwa ein Viertel oder maximal ein Drittel der betroffenen Bürger, dann stimmt an diesem und an seiner Umsetzung vieles ganz und gar nicht. Umso wichtiger also, sich diese Lage näher anzuschauen und die erforderlichen Konsequenzen auf rechtspolitischer Ebene zu ziehen. Sonst rückt man ohne Not fünfzehn bis zwanzig Prozent der mündigen und vor allem wahlberechtigten Bürger, eben die Gesamtheit der Waffenbesitzer, in eine halbkriminelle Grauzone.[89] Sie sind in ihrer erdrückenden Mehrheit sicher keine Zuhälter, Neonazis oder Terroristen; es sind ganz durchschnittliche Menschen, in deren Hände Waffen auf die eine oder andere Weise gelangt sind.

Die Verteilung der Waffen

Insgesamt finden sich zwischen dreißig und vierzig Millionen Waffen in der Bevölkerung der Bundesrepublik. Hinzu kommen unzählige »freie« Waffen, wie beispielsweise Messer, Schlagstöcke oder Schreckschusswaffen. Dieses Arsenal ist nach den Angaben der Behörden wie folgt verteilt[90]:

legal	**illegal**	**erlaubnisfrei**	**Quelle**
10 Mio.	20 Mio.	15 Mio.	BMI
7,2 Mio.			Bundestagsdrucksache 14/7758
7,2 Mio.			BMI-Arbeitsgruppe 2001
10 Mio.	20 Mio.	15 Mio.	Polizeiliche Kriminalstatistik (PKS)/Gewerkschaft der Polizei (GdP)

Die 7,2 bis 10 Millionen legalen Waffen verteilen sich auf folgende Personenkreise:

Gesamt	**Sportschützen**	**Jäger**	**Sammler**	**Sonstige (z. B. Erben)**	**Quelle**
3,6 Mio.	2 Mio.	400 000	300 000	900 000	Niederbacher, 2004
2,3 Mio.	600 000	350 000		> 1 Mio.	Brenneke, 2005
2,3 Mio.					BMI, 2001
	1 495 676				Deutscher Schützenbund (DSB), 2005
		341 903			Deutscher Jagdschutz Verband (DJV), 2004/2005

Wundersame juristische Waffenvermehrung

Zu verstehen ist die Lage nur mit Blick auf die Waffenrechtssituation der vergangenen Jahrzehnte. Bis 1973 konnten viele Waffen frei gehandelt werden und verbreiteten sich entsprechend. Sie lösten sich natürlich nicht in Luft auf, als neue Waffengesetze und Meldepflichten eingeführt wurden.[91] Die unglaublich hohe Zahl von Waffen ist also weniger Ergebnis illegaler Herstellung oder schwunghaften Waffenschmuggels. Die Schusswaffen gab es seit eh und je, sie sind Ergebnis verfehlter Waffenrechtspolitik vergangener Zeiten. Bei zunehmenden Restriktionen in den Waffengesetzen der letzten Jahre nahm dann wegen immer engerer Definitionen natürlich auch die Zahl illegaler Schusswaffen zu. Immer mehr von dem, was früher frei gehandelt wurde, fiel nun unter das Verdikt des Gesetzes. Nur sehr selten tauchen also wirklich moderne Waffen bei Hausdurchsuchungen auf, werden bei Kontrollen sichergestellt oder als Beweismittel vor Gerichten vorgelegt.

Übertrüge man die Kennung von Oldtimern im Straßenverkehr auf illegale Waffen – die meisten bekämen ein historisches Kennzeichen. Der Taschenrevolver oder die Taschenpistole, noch bis weit in die 1920er-Jahre beim Sonntagsausflug mit der Familie eine Normalität, sind zumeist ohne jede Kontrolle erworben worden. Und im Lauf der Verbreitung des Fahrrads entstand im 19. Jahrhundert sogar ein eigener Fertigungs- und Handelszweig für den »Velodog«, einen kleinen Revolver zur Abwehr von Hunden, die in den Pedaltretern natürliche Feinde witterten und sie entsprechend attackierten. Die fortschreitende Industrialisierung ermöglichte erstmals eine Serienfertigung zu Preisen, die sich auch Normalverdiener der Arbeiterklasse und bürgerliche Geringverdiener leisten konnten.[92]

Für eine große Zahl dieser Taschenwaffen ist weiterhin problemlos Munition erhältlich, und natürlich lassen sich mit solchem Ge-

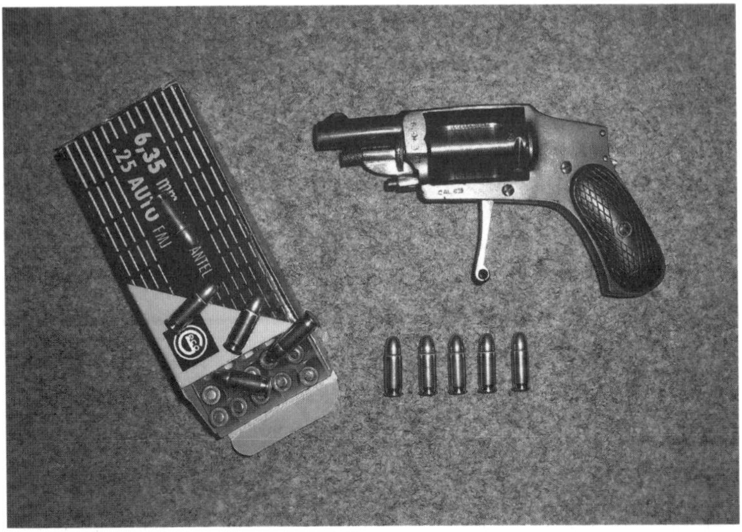

Ein typischer Taschenrevolver mit Klappabzug aus der Zeit um 1910, auch heute noch voll funktionsfähig.

rät immer noch Menschen ins Jenseits befördern. In ihrer Wirksamkeit unterscheiden sich derartige historische Waffen daher nicht von modernen Taschenpistolen im gleichen Kaliber.[93] Sie fallen deswegen unter die gleichen Strafvorschriften im Waffenrecht wie etwa Großkaliberpistolen.

Ob historisch oder nicht: Stets sollte es in erster Linie darum gehen, wer mit einer Waffe umgeht. Ob ein potenzieller Gewalttäter im einschlägigen Milieu oder ein historisch interessierter Sammler, dazwischen liegen Welten. Andere Menschen gehen mit der Waffe gar nicht um, sondern hüten sie nur als Familienerbstück im großväterlichen Bauernschrank. Dass genau diese Unterscheidungen beim Umsetzen der gesetzlichen Bestimmungen kaum eine Rolle spielen, ist eines der Kernprobleme beim Waffengesetz. Den Behörden geht es fast immer lediglich um das Potenzial der Waffe selbst.

Und so wird die 90-jährige Dame, die eine solche Waffe noch von ihrem Vater vermacht bekam, genauso belangt wie der möglicherweise gefährliche Kleinkriminelle.[94] Die Sozialisation, das gesellschaftliche Umfeld oder die zu vermutende Rechtstreue des Waffenbesitzers gelten allenfalls als nachrangig. Gewiss, ein »Verstoß gegen das Waffengesetz« wird am Ende von Gerichten im Fall der Omi sicherlich als minderschwerer Fall angesehen. Die Scherereien und das Stigma durch die Anklage belasten sie aber erheblich mehr als den Finsterling.

Für so manchen illegalen Waffenbesitzer steht die familiäre Bindung zum Erbstück im Vordergrund. Warum das vielleicht schon seit mehreren Generationen weitergegebene Gerät den Erben plötzlich zum Straftäter machen soll, verstehen nur die wenigsten, zumal viele, wenn nicht sogar die meisten von ihnen, damit nie einen Schuss abgegeben haben oder auch nur abgeben wollen. Dass im Gesetz kein Unterschied gemacht wird zwischen Pistolen oder Revolvern in den Händen von Menschen mit problematischem Leumund und Waffen, die aus Erbschaften stammen oder vielleicht nur als dekorative Geschenke gedacht waren, überfordert den Biedersinn vieler Besitzer. Wer mit einer solchen Waffe aufgewachsen ist und diese von einem geliebten und geachteten Menschen erhalten hat, der wird sich nur schwerlich von ihr trennen. Zu innig sind die Bilder im Kopf: Wie familiäre Vorbilder diese Waffe am Küchentisch putzten oder wie sie damit im Wald oder im Verein schossen, während der Steppke sie andächtig bewunderte. Hier greifen Appelle zur freiwilligen Abgabe ebenso wenig wie Angebote zu straffreier Vernichtung. So weit geht die Untertänigkeit – glücklicherweise – selten, dass sie stärker wäre als Familiensinn; da setzen viele lieber auf die nicht unrealistische Hoffnung, nicht erwischt zu werden.

Schüsse auf den Studentenführer

Die Illegalisierung nahm noch erstaunlichere Formen an: Als etwa 1973 für Schreckschusswaffen eine Kennzeichnungspflicht eingeführt wurde,[95] verwandelten sich über Nacht die »Gaspistolen« früherer Jahrzehnte in illegale Waffen, wenn sie diese Kennzeichnung nicht trugen. Rechtlich stehen solche Pistölchen scharfen Waffen gleich; es braucht für sie eine Waffenbesitzkarte. Dabei entstand die Modewelle der Tränengaspistolen aus der Überlegung heraus, nicht tödliche Taschenwaffen anbieten zu können. Sie sollten seit Beginn des 20. Jahrhunderts eine zivilisierte Option zu bewaffneter Selbstverteidigung darstellen (etwa die Pistole August Schüler, Modell Lacrimae – lateinisch für »Träne« –, die in einem Katalog von 1939 angeboten wurde). Und es gelang tatsächlich, mit ihnen die Verbreitung potenziell tödlicher Taschenwaffen in der Bevölkerung abzulösen. Im Fieber der Terrorzeit aber wurden sie 1973 vom gleichen Strafrahmen erfasst wie wirkliche Pistolen. Nicht wegen ihrer Wirkung oder Gefährlichkeit, nein, einzig wegen eines fehlenden Stempels auf der Waffe. Auch hierbei hatte sich der Gesetzgeber natürlich etwas gedacht.

Er zog die Konsequenz aus der Tatsache, dass die Schüsse auf den Studentenführer Rudi Dutschke am Gründonnerstag (11. April) 1968 aus einem umgebauten Schreckschussrevolver stammten. Er war in Heimarbeit zum Verfeuern echter Projektile umgearbeitet worden. Mit der gesetzlichen Einbeziehung wollte man den Handel mit Waffen eindämmen, die später wieder scharf gemacht werden konnten. Die Frage, ob dies bei allen Typen möglich ist und ob es überhaupt in nennenswertem Umfang geschah oder ob auch nur eine solche Absicht bestanden hat, ist unerheblich – all dies fällt unter die Rubrik »Verstoß Waffengesetz«.[96] Wer sich also in den 1960er-Jahren eine solche Pistole beschafft und diese auf irgendeinem Dachboden abgelegt hatte, der konnte sich seit 1973 stolz oder besorgt, je nach Temperament, als Besitzer einer illegalen Waffe fühlen, wenn er denn von dem Ding überhaupt noch etwas wusste.

Neue Hintergründe zum Dutschke-Attentat

Im Dezember 2009 wurden neue Hintergründe zum Attentat auf Rudi Dutschke bekannt: Der Schütze Josef Bachmann war keineswegs der verwirrte Einzeltäter, wie jahrzehntelang behauptet, sondern im niedersächsischen Peine eingebunden in die dortige Neonazi-Szene. Aus dem Umfeld dieser Gruppierung heraus hatte es zahlreiche Angriffe gegen die innerdeutsche Grenze gegeben – so wurden beispielsweise Selbstschussanlagen demontiert –, bei denen auch Waffen verwendet worden waren. Weder der DDR-Staatssicherheit war dies entgangen noch dem westdeutschen Verfassungsschutz. Kein Wunder: Einer der Neonazis arbeitete als V-Mann gleich für beide Geheimdienste.

Die Tatwaffe hatte Bachmann von einem seiner Kameraden aus der Szene erworben. Bei der Vernehmung ärgerte er sich sogar darüber, keine bessere Waffe gekauft zu haben: »Ich hätte eine Maschinenpistole kaufen können. Wenn ich das Geld dazu gehabt hätte, hätte ich Dutschke zersägt.« Unverständlich, dass diese doch sehr eindeutigen Spuren zu einer bewaffneten Gruppe nicht weiter von der Polizei verfolgt wurden. Die sogenannte »Braunschweiger Gruppe« machte sich später einen Namen mit Sprengstoffanschlägen, und sogar ein Attentat auf Walter Ulbricht hatte sie zeitweise geplant. Das alles unter den Augen der Peiner Polizei. Der ebenfalls dort ansässige frühere

NPD-Mann Wolfgang Sachse hatte mit Bachmann das Schießen geübt und soll ihm Waffen und Munition verkauft haben. Gegenüber dem *Spiegel* gab Sachse zu, dass an den Schießübungen auch Polizeibeamte teilgenommen hätten: »Unter den Polizisten gab es viele, die einfach Spaß am Ballern hatten.« In jeder Hinsicht sei die Neonazi-Gruppe von der Polizei gedeckt worden.[97]

Doch nicht nur solche allenfalls nach mühsamem Umbau gefährlichen Waffen bekam jeder bis zur Einführung bundeseinheitlicher Waffengesetze fast umstandslos. Auch Kleinkaliberwaffen waren bis 1973 nicht selten sogar im Kiosk um die Ecke zu haben, ob als einfaches Repetiergewehr oder als halbautomatische Schusswaffe. Damit sollten die Terroristen der frühen 1970er Jahre ihr blutiges Handwerk überhaupt erst beginnen. Ein Jagdgewehr oder einen Sportrepetierer erhielt man unter Vorlage des Personalausweises problemlos im Waffenladen, und in einigen Ländern Europas ist das noch heute so. Insofern kommen die hohen Zahlen an illegalen Waffen nicht von ungefähr. Die Schätzungen dafür beruhen auch auf den Angaben von Herstellern darüber, was sie an Modellen bis 1973 gefertigt haben und was in den Handel gelangt ist. Kein Wunder also, dass wir den Missbrauch von Waffen nicht in den Griff bekommen. Im Gegenteil: Das verzweifelte Bemühen um Lösungen für dieses Problem schafft unaufhörlich neue Probleme. Der Missbrauch lässt sich nicht unterbinden, wenn jede Maßnahme zu einer neuerlichen Ausdehnung des Problems in die Breite führt und Überforderung somit programmiert ist.

Quellen illegaler Waffen

Die gern kolportierten und geglaubten Geschichten über eine vom Balkan hereingeschwappte oder durch Abverkäufe der Roten Armee zu Wendezeiten ausgelöste Flut illegaler Waffen gehören von der Größenordnung her ins Reich der Märchen. Zwar war bei diesen Ereignissen ein Anstieg der Zahl illegaler Waffen zu verzeichnen, allerdings nie in einem Maße, das zu nachhaltigen Veränderungen auf dem Schwarzmarkt hätte führen können. Die sichergestellte Kriegswaffe, etwa ein Sturmgewehr Kalaschnikow, ist glücklicherweise eine Rarität geblieben. Natürlich gibt es weiterhin Schmuggel, und nicht selten werden vom Zoll Waffen und Handgranaten in Fahrzeugen aufgespürt. Dennoch handelt es sich dabei nur um Einzelfälle. Daran ändert auch die Tatsache nichts, dass beim Abzug der Sowjetarmee aus dem Gebiet der ehemaligen DDR zuweilen Waffen gleich containerweise verschwunden sind. Angesichts der bereits vorhandenen Waffen im zweistelligen Millionenbereich hat das statistisch gesehen allenfalls marginale Effekte. Die tatsächlichen »peak guns« liegen woanders.

Zunehmend gewinnt das Problem der illegalen Waffen auch eine demografische Komponente. Die Generation, für die der Erwerb von Waffen und Munition in früheren Jahren weitgehend ungehindert möglich war, die noch über Armeewaffen aus dem Krieg verfügte und für die Waffenbesitz etwas vollkommen Normales, im Prinzip sogar Selbstverständliches gewesen ist – diese Generation stirbt allmählich aus. Dadurch werden immer häufiger Waffen praktisch herrenlos. Ohne jegliche Kontrolle werden sie bei den fälligen Erbschaften entweder weitergereicht oder landen im Fall von Alleinstehenden über die Entrümpelungen durch Fachfirmen schließlich in Ramschläden. Nicht selten auch nehmen mehr oder weniger zufällig anwesende Personen eine Waffe einfach mit, schmücken damit ihre Stube oder veräußern sie unter der Hand weiter.

Nur noch wenigen Deutschen ist wirklich bewusst, dass wir zwei Weltkriege hinter uns haben und dass unser Land zumindest im Zweiten 1944/45 selbst Kriegsschauplatz gewesen ist.[98] Nach dem Ersten brachten die zurückflutenden Soldaten 1918 Unmengen von Waffen mit. Nicht anders nach dem Zweiten Weltkrieg, auch hier gingen Millionen Waffen »verloren«. Dass viele davon, genauer: die meisten, auf Dauer nicht in berufenen Händen verblieben, sondern in die Gesellschaft einsickerten, kann nicht verwundern. Die Versuche, dieser Waffen wieder Herr zu werden, sind ebenso gescheitert, wie sie heute in den zahlreichen Krisengebieten dieser Welt scheitern.

Der Kerngedanke der Kleinwaffenkontrolle funktioniert nur unter einigermaßen geordneten Umständen. An der Front eines Krieges sehen die Realitäten radikal anders aus als an den Schreibtischen von Menschenrechtsorganisationen: Zahllose Soldaten und Zivilisten sterben, Waffen liegen herrenlos herum, werden erbeutet, weitergegeben und genutzt. Enorme Dimensionen nahm das gegen Ende des Zweiten Weltkrieges an, als sich die Ordnung immer weiter auflöste und die regulären Truppen durch Volkssturmeinheiten ergänzt wurden. Alliierte Soldaten erbeuteten dermaßen viele Waffen, dass etwa die USA gesetzliche Regelungen schaffen mussten, damit die Trophäen ihrer Soldaten nicht unkontrolliert ins Land fluteten.[99] Markantes Beispiel hierfür sind die Luger-Pistolen, bei den GIs eine begehrte Kriegsbeute; ein so häufiges Thema, dass es vielfach in Kriegsfilmen und -serien aufgegriffen wird (unter anderem *Band of Brothers* von Steven Spielberg). »Kriegsandenken« solcher Art sind auch hierzulande eine Realität, auf die das Waffenrecht reagieren muss.

Es müssen unzählige Beutewaffen im Brotbeutel oder als letztes Notwehrmittel hinter der Gasmaske in der Tasche versteckt ins Land eingeschleppt worden sein. Und das guten bis besten Gewissens, wie der Fall eines ehemaligen SS-Offiziers zeigte, der in einem Waffengeschäft Patronen für seine russische Tokarew-Pistole kaufen wollte. Vom Autor (2006) befragt, wo er die Waffe denn herhabe, antwortete er unverblümt: Er habe sie im Krieg einem toten russischen Offizier abgenommen. Zwei Russen habe er damit noch erschossen, ehe ihn selbst ein Bauchschuss außer Gefecht gesetzt habe. Für den Mann war der Besitz der Waffe eine Selbstverständlichkeit, weil schließlich im Kampf auf Leben und Tod erbeutet und sozusagen durch Blut erworben. Von Unrechtsbewusstsein keine Spur.

Maschinengewehre und Handgranaten

Nicht nur Kurzwaffen, also Pistolen und Revolver, sondern auch unglaublich viele Kriegswaffen sind auf die eine oder andere Weise in Privatbesitz gelangt. Maschinenpistolen aus den Kriegen tauchen mit ebenso unschöner Regelmäßigkeit auf wie Sturmgewehre, Karabiner und sogar Maschinengewehre. Immer wieder finden sich bei Durchsuchungen solche Waffen, immer wieder wird mit solchen Waffen geschossen. Dabei ist so gut wie alles vertreten, von der Maschinenpistole MP 40 der Wehrmacht über die MP PPsch 41 der Roten Armee oder britische STEN bis hin zum MG 42.[100] Selbst Bordwaffen von Flugzeugen oder Panzern, Handgranaten oder Volkssturmwaffen werden entdeckt. Sogar Waffen aus dem Ersten Weltkrieg kommen immer noch in rauen Mengen ans Licht; MP 18 oder MP 28 sind nicht selten.[101] Innerhalb von nur wenigen Monaten tauchten 2008 solche Waffen in Hamburg, Nordrhein-Westfalen, Niedersachsen, Bayern und Baden-Württemberg auf. Der Bombenleger von Viernheim aus dem August 2009 verfügte gleich über mehrere solcher Kriegsrelikte in seinem Arsenal.[102]

Der Versuch, Kriegswaffen aus dem Verkehr zu ziehen, offenbart oft auch ein Generationenproblem. Klar lässt sich beispielsweise ein Mann, der vier Jahre an der Ostfront überlebt hat, von einem »Grünschnabel« in Polizeiuniform nicht sonderlich viel sagen über legalen oder illegalen Waffenbesitz. Die Kriegserfahrungen blockieren Einsicht und Kooperationsbereitschaft. Aus heutiger Sicht befremdlich, war es für viele etwas ganz Selbstverständliches nach den Fronterfahrungen und angesichts der gefährlichen Spannungen während des Ost-West-Konflikts, sich zu bewaffnen oder doch wenigstens die »eigenen« Waffen zu behalten. »Man weiß nie, wozu man so etwas noch mal brauchen kann, und besser, man hat etwas und braucht es nicht, als etwas zu brauchen und es dann nicht zu haben.« So oder so ähnlich lief bei vielen einstigen Soldaten der Wehrmacht, Flakhelfern oder Hitlerjungen die Argumentationskette.[103]

Dazu kam die Generation der Kriegskinder, auf die Munition, Waffen, Bombensplitter und andere Kriegshinterlassenschaften eine nicht zu bestreitende Faszination ausgeübt haben und auf viele noch immer ausüben. Nach dem Durchzug von Truppen oder gar nach Gefechten nahmen Kinder natürlich neugierig die Reste in Augenschein. Die eine oder andere Waffe verschwand dann in den Verstecken der Buben und auch mancher Mädchen. Solche Vorfälle gehörten zum Kriegs- und Nachkriegsalltag. Tonnenweise lag Munition herum. Kinder bearbeiteten sie mit dem Hammer oder warfen Patronen ins Feuer; schwere Verletzungen und Todesfälle häuften sich damals. Die ARD strahlte in den 1980er-Jahren eine britische Fernsehserie aus (*Der Feind*, im Original *The Machinegunners*), in der

Kinder ein abgestürztes deutsches Flugzeug filzen, das MG abmontieren und damit spielen – mit tragischen Folgen. Wir kommen nicht darum herum einzugestehen, dass hier ein Problem bestand und wegen der weiteren Funktionstüchtigkeit der Waffen immer noch auf den Nägeln brennt und dass dieses Problem bis heute nicht einmal ansatzweise gelöst worden ist. Verbote und Restriktionen haben wenig gefruchtet.

Heute illegale Waffen sind nicht nur als Beute in die Hände von Bürgern gelangt, sondern sozusagen auch auf ganz legalem Weg. Entgegen den Verfahrensweisen bei der Bundeswehr war die Ausgabe von Waffen früher nicht immer strikter Kontrolle unterworfen. Stellenweise verließ man sich darauf, dass Soldaten sich möglichst eigenverantwortlich mit Handfeuerwaffen ausrüsteten. Zu Kaisers Zeiten war es etwas völlig Normales, dass ein Offizier sich seine Pistole selbst beschaffte. Das gehörte sozusagen zum Selbstverständnis als Waffenträger, und auch außerhalb des Dienstes trug man gern die kleine Pistole zum Gesellschaftsanzug. Nicht nur in Deutschland, bei nahezu allen Armeen der damaligen Zeit war dies selbstverständlich.[104]

Bei Kriegsausbruch erging eine ministerielle Weisung, dass Offiziere zum Waffenerwerb berechtigt und gehalten waren, diesen zu tätigen, sofern das noch nicht geschehen sei. Eine Meldung von 1914 bestätigt das: »Beim Artill. Depot Spandau stehen für Bayern 500 Lütticher Pistolen mit 20000 Patronen – Kaliber 6,35 mm – käuflich zur Verfügung; die empfangende Stelle wolle angewiesen werden, mit diesem Art. Depot wegen Zusendung x. unmittelbar in Verbindung zu treten.« Waffen, insbesondere Kurzwaffen, sind in den Kriegen stets Mangelware gewesen. Auch im Zweiten Weltkrieg waren massenweise privat beschaffte Pistolen im Einsatz. Die Stückzahlen waren derart groß, dass mit Versorgungsanordnung

180 vom 8. Dezember 1941 für die Bestandsnachweise befohlen wurde, privateigene Pistolen von den erbeuteten Dienstpistolen gesondert aufzuführen.[105]

Wege aus der Illegalität schaffen

Es wäre ein entscheidender Fortschritt, gelänge es, den eher unschuldig zu illegalen Waffenbesitzern gewordenen Menschen Wege aus dieser Illegalität zu ebnen. Ein Großteil der Gerichtsverfahren zum Waffengesetz dreht sich nämlich um solche Marginalien, wie der Mainzer Oberstaatsanwalt Hofius vor dem Bundestagsinnenausschuss vor Kurzem festgestellt hat.[106] Ob es wirklich so dringlich ist, jemanden wegen Besitzes einer doppelläufigen Vorderladerpistole aus dem 17. Jahrhundert zu belangen? Gewiss, formal ist das ein Verstoß gegen geltendes Gesetz. Doch eine wirkliche Gefahr geht weder von der Waffe noch vom Sammler aus. Hier müsste die Justiz elastischer reagieren können. Noch aber ist daran bei der üblichen Prinzipienreiterei offenbar nicht zu denken: Erst im Jahr 2007 ist in Lübeck ein Verfahren staatsanwaltlich mit allem Nachdruck betrieben worden, in dem es um ein Vorderladergewehr nach historischem Vorbild ging.[107]

Wir brauchen eine genauere Differenzierung zwischen Arten von Waffen. Der bisherige Weg rein technischer Katalogisierung hat sich als einer erwiesen, der in die Irre führt und den Missbrauch nicht einzudämmen in der Lage ist. Ob moderne Dienstpistole oder ein historisches Taschenpistölchen ist beim Missbrauch letztlich nachrangig. Der Bezug zur Persönlichkeit des Waffenbesitzers sollte im Vordergrund stehen. Denn es töten eben nicht Waffen, sondern Menschen, die den Abzug bedienen; es geht um den Faktor Mensch in dieser Diskussion.

Ganz ohne Kategorisierungen geht es allerdings auch waffenseitig nicht. Will man schwerpunktmäßig vorgehen, soll etwas gegen den Missbrauch unternommen werden, was auch nur halbwegs Wirkung verspricht, dann kommt man an restriktiven Kontrollfunktionen und an einer vernünftigen Waffenrechtsstrategie nicht vorbei. Beim illegalen Waffenbesitz liegt jeder Fall anders. Wir operieren mit einem groben Sammelbegriff, der zu unnötigem Aufwand und ineffektiven Strategien geführt hat. In Wirklichkeit haben wir es mit derart unterschiedlichen Erscheinungsformen strafbaren Verhaltens zu tun, dass hier Differenzierungen ansetzen müssten. Ohne genaue Betrachtung dieser Erscheinungsformen ist sinnvolle Schwerpunktbildung gar nicht möglich. Die Ahndung von Gesetzesverstößen verkommt dann zu schematischem Rechtsvollzug. Was wir an illegalen Waffen in Deutschland haben, lässt sich etwa so unterteilen:

Aktive illegale Waffen

Darunter sind Schusswaffen zu verstehen, die sich tatsächlich in Händen von Kriminellen oder Menschen mit kriminellen Absichten befinden. Der Revolver im Hosenbund eines Zuhälters, die Maschinenpistole, die für einen Banküberfall beschafft wurde, oder auch die Tatwaffe für einen geplanten Mord – sie alle gehören in diese Kategorie.

Teilaktive illegale Waffen

In dieser Rubrik geht es um illegale Waffen, die irgendwann einmal »für den Fall der Fälle« beschafft und bei deren Erwerb Straftaten begangen wurden. Sie dienen nicht in erster Linie dem Begehen von Verbrechen, sondern hinter ihrem Besitz steckt vornehmlich ein individuelles Sicherheitsbedürfnis.

Nicht aktive illegale Waffen

Bei den hierunter subsumierten Schusswaffen steht nicht das waffentechnische Potenzial im Vordergrund. Vielmehr geht es beispielsweise um private Gesichtspunkte, wenn es sich um von Generation zu Generation weitergereichte Erbstücke handelt, um Fundwaffen oder um Altbestände, von denen die Besitzer nicht selten selbst gar nichts mehr wissen.

Passive illegale Waffen

In diese letzte, recht breite Kategorie fallen Schusswaffen, die eher aus formalen Gründen vom Waffengesetz betroffen sind: Luftgewehre mit zu hoher Bewegungsenergie der Geschosse, Gaspistolen ohne entsprechende Kennzeichnung, fehlerhaft abgeänderte Dekorationswaffen (kurz: Deko-Waffen) und dergleichen.

Eine Waffe verbleibt natürlich nicht für alle Zeit in den Händen ein und derselben Person. Sie wandert, ob durch Vererbung, Verbummeln oder Verlegen von einem Menschen zum anderen und kann dabei die unterschiedlichsten Karrieren zwischen den aufgeführten Rubriken machen. Ehemals als Sport- oder Jagdwaffen legal erworbene Gewehre können etwa durch Diebstahl zu illegalen Waffen werden. Dann ist dem Missbrauch Tür und Tor geöffnet. Die Fallzahlen sind allerdings überaus gering: Jährlich gehen nach großzügigen Schätzungen nur etwa 3000 Waffen aus legalen Beständen verloren – und dabei sind solche aus Behördenbeständen oder von Firmen bereits mit eingerechnet.

Weitaus größer ist da das Problem schon bei den illegalen Waffen, die sich per se jeglicher Kontrolle entziehen: Niemand wird wohl freiwillig nach einem Einbruch der Polizei mitteilen, dass seine illegale Waffe dabei aus dem Nachtschränkchen entwendet worden ist. Eine solche Waffe gerät dann mit hoher Wahrscheinlichkeit in den Kreislauf tatsächlicher Illegalität. Wer sie an sich genommen hat, ist als Einbrecher bereits ein Krimineller. Die Waffe wird, wie die restliche Beute, für gewöhnlich weiterveräußert. Und so wandelt sie sich unversehens vom Familienerbstück, also von einer nicht aktiven illegalen Waffe, zur teilaktiven, wenn nicht gar, bei entsprechendem Käufer am Ende dieser Kette, zu einer aktiven illegalen Waffe, mit der womöglich dann jemand umgebracht wird.

Feldversuch

Wie sich dieser Ausbreitungseffekt bemerkbar macht, haben Recherchen nach dem Amoklauf von Winnenden gezeigt. Innerhalb von nur zwei Stunden gelang es dem Autor, für das ARD-Magazin *Report München* im Juni 2009 in der Innenstadt von München eine illegale Waffe zu finden.[108]

Erst einmal suchte er einen beliebigen Ramschladen auf und fragte freundlich die dortige Verkäuferin nach militärischen Antiquitäten. Die Dame dachte kurz nach und sogleich fiel ihr ein, dass »Militärkrempel, Waffen und so Zeugs« bei einem Kollegen zu haben sei, der sich auf Derartiges spezialisiert habe und an den die übrigen Händler bei Wohnungsauflösungen solche Funde verkaufen würden. Nach nur dreißig Minuten war der Autor bereits an der richtigen Adresse. Das Geschäft war allerdings geschlossen, doch im Schaufenster verkündete ein Zettel, was alles so angekauft wird; darunter »Nachlässe von Jägern und Sportschützen«, wobei füglich bezweifelt werden darf, dass der Geschäftsführer dieses Ladens über eine Waffenhandelslizenz verfügt. Vermutlich hätte er ebenso gut ein Schild mit der Aufschrift »Unerlaubter Waffenhandel aller Art« ins Fenster hängen können, ohne dass groß etwas passiert wäre. Eine dort angegebene Telefonnummer gewährte dann freundlich Auskunft, in welchem Geschäft die Ergebnisse dieser Ankäufe zu finden wären, natürlich unter konkreter Wegbeschreibung und Adresse.

Als wäre das noch nicht unglaublich genug, war das Erste, was man dort dann zu sehen bekam, eine ganze Regalfront voller Gewehre, Säbel, Schwerter und Pistolen. Selbstverständlich nur unbrauchbar gemachte Waffen, allerdings noch aus Zeiten, in denen der Begriff »unbrauchbar« gesetzlich nicht sonderlich genau geregelt war. Schon auf den ersten Blick fallen dem kundigen Kunden in diesem Laden reichliche Gesetzesverstöße ins Auge. Auf Nachfrage gibt sich der Händler dann gegenüber dem Fremden sehr zurückhaltend, ja, er verhält sich sogar eher abweisend. Ein gerade anwesender anderer Kunde jedoch, offenbar Sammler von Militaria, hat weniger Skrupel und offeriert sofort einen Repetierer aus dem letzten Krieg. Es handelt sich um einen 98k aus Wehrmachtbeständen, den er von seinem Vater vermacht bekommen haben will. Ohne jede Erlaubnis, ohne jede Prüfung bietet er die Waffe für 300 Euro zum Kauf an. Er lädt dazu ein, die Waffe zu besichtigen. Und tatsächlich präsentiert er eine funktionsfähige Schusswaffe. Zwar eine sperrige Langwaffe, doch zum Töten eignet sie sich allemal.

Man wird wärmer miteinander, tauscht sich etwas über Waffen aus, plaudert über Geschichte, vor allem Kriegsgeschichte. Und bereits nach wenigen Minuten Gespräch bietet der Mann weitere Waffen an. Allesamt Kriegshinterlassenschaften, aus Erbschaften stammende oder gegen andere Dinge getauschte Schusswaffen. Und dann beginnt der Mann zu erzählen, gibt seine Zurückhaltung auf, berichtet, dass er regelmäßig Waffen angeboten bekomme.

Überwiegend Pistolen aus dem Krieg, also alte P08 und P38, aber auch Walther PP und PPK, Beretta-Pistolen und auch kleine Sammlerwaffen aus der Zeit um 1900. Er nennt Preise. Etwa 800 Euro soll so eine Pistole kosten, wenn er sie erst noch zu besorgen habe. Und er bitte um Diskretion; man müsse überaus vorsichtig über solche Dinge sprechen. Er dürfe keinesfalls damit in Verbindung gebracht werden, denn – man höre und staune – er ist Staatsdiener!

Wenn es nur zwei Stunden dauert, in einer x-beliebigen Stadt einen Menschen zu finden, der Zugang zu illegalen Waffen vermitteln kann, dann ist es mit der Wirksamkeit des Waffengesetzes nicht sonderlich weit her. Dass der gute Mann dabei selbst die Grenze zum illegalen Waffenhandel überschritt und bei Zustandekommen des Geschäfts selbst zum Verbrecher geworden wäre, schien ihm überhaupt nicht bewusst zu sein. Oder aber es war ihm gleichgültig, solange er nur nicht erwischt würde.

Im Gespräch mit einem früheren Ermittler der Abteilung »Organisierte Kriminalität« des Bayerischen Landeskriminalamts zeigte sich, dass den Behörden diese Problemstellung durchaus bewusst ist. Der Beamte kannte auch die meisten Schlüsselfiguren dieses Schwarzmarkts. Nur sind ihnen die Hände weitgehend gebunden: »Wir können ja nicht jede Entrümpelungsfirma hochnehmen«, klagte er, »oder neben jeden von denen einen Polizisten stellen.« Erwischt man solche Waffenquellen eher zufällig, freut man sich über den Erfolg. Für ein konsequent offensives Vorgehen fehlen die Mittel und das Personal. Zudem würde es eine ganze Branche schwer treffen, auf die unsere Gesellschaft angewiesen ist; irgendwer muss schließlich die Wohnungen entrümpeln.[109]

Auch dem Gesetzgeber war diese Problematik bewusst, doch es fehlten wieder einmal die Mittel. »Der Einfachheit halber« wurden solche Waffen aus Todesfällen mit legalen Waffenerbschaften gleichgesetzt. Man schuf für den Vollzug ein Eigentor und verfügte nachträglich Waffensperrsysteme, damit mit vererbten Waffen kein Schindluder mehr getrieben werden kann.[110] Man fragt sich, was hinter solchen Kurzschlüssen stehen mag. Ein Erbe benachrichtigt doch nicht erst die Behörde, ehe er die Waffe illegal an Ramschläden verhökert. Verkauft hat sich diese Lösung freilich gut: Die Hersteller der Waffensperren machen ihren Reibach, und der Öffentlichkeit wurde suggeriert, man habe energisch etwas gegen das Problem unternommen. Und das Ergebnis? Noch immer vagabundieren die Waffen aus solchen Quellen fast ungehindert auf dem Schwarzmarkt.

Es wäre sicher eine bessere Lösung gewesen, die Entrümpler in den Gesetzesvollzug einzubinden und ihnen das Entgegenkommen schmackhaft zu machen. Sicher gäbe es Wege, sie dazu zu bringen, in Nachlässen auftauchende Waffen bei den Behörden zu melden und dann mit diesen gemeinsam für einen lohnenden Verkauf nur an Berechtigte zu sorgen. Man setzte aber wieder einmal auf den typisch deutschen Irrglauben, nach dem sich mit Verboten Probleme am schnellsten und nachhaltigsten lösen lassen.

Gesetzgeberischer Aktionismus

Nach einem ungeschriebenen Gesetz sind schlechte Nachrichten die besseren Nachrichten, denn die Menschen hören, sehen und lesen nachweislich lieber von Un- als von Wohltaten; Katastrophen elektrisieren stärker als Nettigkeiten. Daher entsteht in der Öffentlichkeit der falsche Eindruck, Gewalttaten nähmen ständig zu und der Waffenmissbrauch grassiere. Dem ist gottlob trotz der ungeheuren Mengen an illegalen Waffen nicht so. Hoffentlich muss davor nicht irgendwann ein »noch« eingeschoben werden. Momentan jedenfalls besteht Waffenmissbrauch statistisch in erster Linie in illegalem Besitz und in illegalem Führen von Schusswaffen; tatsächlich verbrecherischer Schusswaffengebrauch rangiert, wie wir bereits gesehen haben, weit dahinter.

Für das Jahr 2007 wurde vom BKA zudem ausdrücklich festgestellt, dass legale Waffen für das Lagebild der Schusswaffenkriminalität praktisch keine Rolle spielten.[111] Leider liefert das Amt darüber hinaus nur sehr wenige Informationen zu diesem Lagebild. Unverständlicherweise erhält man auch auf nachdrückliches Fragen nur die Pressefassung. Aufschluss über gestohlene Dienstwaffen aus Beständen von Polizei, Militär oder Zoll? Ebenso Fehlanzeige wie bei konkreten Zahlen zu den einzelnen Fällen. Es gelingt nur mit Mühe, hieraus Entwicklungstendenzen zu erkennen. Angesichts der Brisanz dieses Themas muss man dafür wohl Verständnis haben. Über Jahre hinweg wurden nicht einmal Presseversionen veröffentlicht. Insofern ist das nun vorliegende Lagebild schon ein Fortschritt, wenn man sich auch für Analysen Genaueres wünscht.

Schon auf den ersten Blick fällt auf, dass der Großteil (74 Prozent, wenn man dem BKA folgen darf) der mit Schusswaffen begangenen Delikte sich auf »freie« Waffen bezieht. Auf Schreckschusswaffen, Gaspistolen, unbrauchbar gemachte Dekorationswaffen, Spielzeugpistolen oder auch Waffenimitationen. Völlig wirkungslos ist das Waffengesetz also nicht, es erschwert Kriminellen schon bis zu einem gewissen Grad den Zugang zu den gefährlicheren Waffen. Zumindest Gelegenheitstäter werden erkennbar daran gehindert, an Waffen zu kommen und mit ihnen ihre Straftaten zu begehen. Sie müssen auf alternative Tatmittel ausweichen.

Kehrseite der Medaille: Der extrem hohe Anteil sogenannter freier Waffen an Missbrauchsfällen führt auch bei diesen zu einem wenig förderlichen gesetzgeberischen Aktionismus. Die Kernabsicht dabei, mit gesetzlichen Maßnahmen den Missbrauch zu reduzieren, ist sicher zu begrüßen. Allerdings zeigt die Statistik auch sehr deutlich, dass sie nicht recht greift, denn die Zahl der Delikte steigt unentwegt weiter. Über Jahre hinweg nur langsam über den Stand von 21 935 Fällen in 1993 hinaus, dann aber immer rascher auf schließlich 38 510 Fälle im Jahr 2007, ein Zuwachs von immerhin etwa 80 Prozent.[112] Hier muss freilich deutlich festgehalten werden, dass die Kurve nicht deswegen so steil angestiegen ist, weil die Neigung zum Waffenmissbrauch in unserer Gesellschaft explodiert. Das statistische Alarmzeichen rührt vor allem von den seit 2002 intensiv vorangetriebenen Gesetzesverschärfungen her: mehr Verbote, mehr Verstöße – ein pädagogisches wie polizeiliches Grundgesetz. Von allein verschwinden die Waffen ja nicht. Und da haben wir eine weitere bedenkliche Folge der auf diese Weise steigenden Fallzahlen: Personal und Ressourcen wachsen nicht entsprechend mit, der Überwachungsschleier wird dünner, potenzielle Täter fühlen sich immer sicherer oder gar ermutigt. Außerdem verschiebt sich der Fokus bei der Strafverfolgung: Seit den gesetzlichen Verschärfungen wurden insgesamt weniger Waffen sichergestellt. Von 1709 bei Straftaten eingezogenen Waffen im Jahr 2005 sanken vom Oktober 2009 die Erfolge über 1548 im Jahr 2006 auf nur noch 1114 für 2007, ein Minus von 35 Prozent.[113] Während also die Missbrauchsfälle aus den genannten Gründen zunehmen, sinkt umgekehrt die Effizienz der Überwachung bei kaum aufgestockten Mitteln und Mitarbeiterzahlen. Anders ausgedrückt: Je schärfer die Gesetze in den vergangenen Jahren wurden, umso weniger Wirkung erzielten sie nachweislich. Die Maßnahmen förderten also genau die Zustände, zu deren Eindämmung sie gedacht waren. Müssen sich Ermittlungsbehörden mit Softairwaffen plagen und entsprechende

Verfahren führen, fehlen logischerweise die Kräfte für weitaus wichtigere Dinge.

Genauso wirkt sich die undifferenzierte Behandlung illegaler Waffen aus. Sie behindert den wirkungsvollen Gesetzesvollzug. Die Vermengung von passiven illegalen Waffen mit aktiven illegalen Waffen führt zur Verzettelung und untergräbt die Möglichkeiten zu sinnvoller Schwerpunktbildung beim ohnehin schwierigen Kampf gegen den Missbrauch.

Meldeamnestie dringend notwendig

Dauerhafte und nicht nur befristete Amnestieregelungen für illegale Waffenbesitzer sind überfällig, wie der Mainzer Oberstaatsanwalt Rainer Hofius (laut Bundestags-Drucksache) und der Waffenrechtsexperte der Gewerkschaft der Polizei Wolfgang Dicke in einem Gespräch mit dem Autor deutlich gemacht haben.[114] Sonst bleibt das Waffenrecht weiter so wirkungsarm, wo nicht gar wirkungslos wie bisher. Mehr noch: Die beiden genannten Experten fordern darüber hinaus Meldeamnestien, ohne die wir einer Lösung des tatsächlichen Problems nicht näher kommen. Amnestien für illegale Waffen wie die Regelungen aus den Jahren 2003 und 2009 reichen in keiner Weise. Die bloß straffreie Abgabe von Waffen bringt, verglichen mit den Millionenmengen illegaler Waffen, so gut wie nichts. In den beiden genannten Jahren kamen so nur etwa 150 000 Waffen zusammen, ein Erfolg im Promillebereich.

Zur Erinnerung: Bei den Meldeamnestien der Jahre 1973 und 1976 wurden schätzungsweise drei Millionen Waffen angemeldet; damals durften die Anmelder die so legalisierten Waffen jedoch behalten. Und gegenüber den insgesamt zwanzig bis dreißig Millionen illegalen Waffen sind Zahlen selbst dieser Größenordnung nur

Tropfen auf einen sehr heißen Stein. Ohne die Eigentumsgarantie tendiert die Erfolgsrate gegen null. Wer sein Familienerbstück behalten möchte, wer viel Geld für eine illegale Waffe ausgegeben hat, wird diese nicht dem Staat als Geschenk kostenlos in den Rachen werfen. Einem Staat zudem, der ihn bei jeder sich bietenden Gelegenheit als Temposünder oder Falschparker schröpft. An die Gesetzestreue zu appellieren und darauf zu hoffen, dass die Besitzer zur Einsicht kommen und die Waffen den Behörden als Präsent servieren, zeugt von Realitätsverlust.

In der momentanen Situation, kurz nach so verheerenden Fällen wie dem Amoklauf von Winnenden, gerät jeder, der einer Liberalisierung des Waffenrechts das Wort redet, politisch und moralisch ins Abseits. Er wird für das geprügelt, was die Verschärfungsfanatiker angerichtet haben, obwohl nur im Rückbau eine Chance zu echten Erfolgen beim Kampf gegen Waffenmissbrauch liegt. Es werden daher Mutige gesucht, die darüber eine öffentliche Diskussion in Gang bringen, wie sie in der Demokratie zur Klärung brennender Probleme nötig ist. Auf Vorwürfe, man besorge mit Liberalisierungen das Geschäft der Waffenproduzenten und -händler oder bediene gar einen verbreiteten Waffenwahn, muss man sich gefasst machen. Sie sind aber bloße Totschlagargumente, die angesichts der Lage nach sorgfältiger Abwägung keinen Bestand haben werden; nur beratungsresistente selbst ernannte Gutmenschen können daran festhalten.

Es geht bei der dringend erforderlichen Debatte um die Sicherheit der Bevölkerung, und da sind ideologische Scheuklappen prohibitiv. Doch auch Kurzschlüsse stellen eine Gefahr dar: Bei einer Lockerung der Vorschriften und der Einführung von Möglichkeiten zur Legalisierung illegaler Waffen, die nicht ihren Verlust nach sich zieht – bei einem solchen Vorgehen, werden manche einwenden, ändert sich ja nichts an dem riesigen Waffenberg. Er wird nicht abgetragen, eine Verringerung der Riesenzahlen bleibt aus. Das ist richtig beobachtet, aber nur die halbe Wahrheit: Durch eine solche Liberalisierung im Waffenrecht entstünde erstmals die Möglichkeit, Staat und Gesellschaft darüber zu unterrichten, wer überhaupt welche Waffe hat. Sie träte aus der Anonymität heraus, und ihre Seriennummer sowie sonstige Daten fänden sich in einem Waffenregister wieder. Damit ergäbe sich ein entscheidendes Mehr an Sicherheit. Nur bei einer legalen Waffe besteht die Chance, ihre sichere Aufbewahrung in einem Waffentresor zu überprüfen. Die illegale Waffe hingegen entzieht sich jeder Kontrolle, und sie wird im Regelfall entsprechend schlampiger verwahrt. Durch Legalisierung legen wir Waffen sozusagen an eine rechtsstaatliche Kette; sie können nicht mehr frei und unreglementiert vagabundieren und nur im Ausnahmefall in falsche Hände gelangen. Mehr noch: Über eine solche Legalisierung ließe sich eine erhebliche Zahl von Bürgern aus der Illegalität herausführen, und es würden Kapazitäten frei zur Konzentration auf tatsächliche Rechtsbrecher, die ihre Waffen zu kriminellen Zwecken verwenden.

Leider aber ist es seit Jahren gängige Politik, eine Legalisierung illegaler Waffen nahezu unmöglich zu machen. Dazu gehört, dass inzwischen nur noch legal besessene Schusswaffen legal zu vererben sind. Hier muss die Frage erlaubt sein, was unserer Gesellschaft zuträglicher ist: die Steigerung der Zahl legaler und also kontrollierbarer Waffen durch eine solche Legalisierung von zehn auf zwanzig Millionen oder aber stures Weiterschreiten auf dem gehabten Holzweg. Weniger Waffen führen nämlich keineswegs automatisch zu mehr Sicherheit, so Wolfgang Dicke[115]. Mehr Sicherheit lässt sich nur dadurch erreichen, dass mehr Waffen einer staatlichen Kontrolle unterworfen werden. Waffen, die man nicht kennt, lassen sich logischerweise nicht überwachen. Sie bleiben ungreifbar; Missbrauch ist programmiert.

Auf politischer Ebene hat man das im Prinzip erkannt. Ilka Neuenhaus, Landtagsabgeordnete der Grünen in Stuttgart, gab im Rahmen einer Podiumsdiskussion am 10. September 2009 im badischen Forst unumwunden zu, als man sie auf die überaus hohe Zahl illegaler Waffen ansprach: »An die kommen wir doch nicht ran.«[116] Dass man es eben doch könnte, käme es endlich zu einer Anmeldung dieser Waffen, geht in der von Ideologien geprägten Auseinandersetzung leider gänzlich unter. Mit Blick auf Wähler und verschreckte Öffentlichkeit warten alle, dass sich ein anderer zuerst die Finger am Thema verbrennt. Eine große Koalition der Zaghaften blockiert vielversprechende Lösungen.

Aus den unterschiedlichsten Gründen wünschen sich viele Menschen eine Waffe. Bei uns schätzt man ihre Zahl auf zehn bis 15 Millionen. Das ist zwar immer noch eine Minderheit, aber eine gewichtige. Kriminelle Spinner oder gar Verbrecher mögen darunter sein wie in allen so großen Gruppen, doch bei ihnen handelt es sich letztlich nur um eine verschwindend geringe Minderheit. Das zeigte nicht zuletzt die Aktion »Brüsseler Spitzen« im Jahr 1994: Im europäischen Ausland hatten Tausende Bundesbürger die Liberalität der dortigen Waffengesetze genutzt und unter Vorlage des Personalausweises Waffen gekauft. Der Zugang erfolgte ohne Waffenbesitzkarten und ohne umständliche Behördenwege. Umso böser dann das Erwachen daheim, als die frischgebackenen Waffenbesitzer in Durchsuchungsaktionen unter dem besagten Stichwort ausgehoben wurden und sich plötzlich als Beschuldigte vor Gericht wiederfanden. Sie stellten einen repräsentativen Querschnitt der Gesellschaft dar: Arbeitslose und einfache Angestellte waren ebenso unter ihnen wie Anwälte, Ärzte und Beamte. Sie hatten die Waffen gekauft zum Schutz, aus Liebhaberei oder als Reflex auf einen Wunsch aus Kindertagen.

Wo viel Nachfrage, da viel Angebot. Und wenn beides nicht legal zusammenkommen kann, dann finden sich stets Um- und Auswege. Durch das immer weitere Anheben der Hürden zum legalen Waffenbesitz wurde das Interesse lediglich verlagert zum schon seit jeher bestehenden Schwarzmarkt.

Ansichten eines Waffenhändlers

Es nimmt kaum wunder, was ein illegaler Waffenhändler im Interview über seine kriminellen Tätigkeiten berichtete. Der Kontakt zu diesem Händler ergab sich nach wenigen Tagen Recherche in Hamburg: Bertram B. (Name geändert) gehört zum Umfeld weltbekannter Motorradfahrer und ist begeisterter Waffensammler – allerdings ohne entsprechende Waffenbesitzkarte. Nach langen Vorgesprächen erklärte er sich zu Interviews bereit. Einzige Bedingung: absolute Anonymität.[117]

Frage: Sie handeln mit illegalen Waffen. Lohnt sich dieses Geschäft, kann man davon leben?
Antwort: Problemlos. Ich mache im Monat zwischen 10 000 und 15 000 Euro damit. Die Nachfrage ist seit der Waffengesetzänderung 2003 um etwa 25 Prozent gestiegen. Die Leute wollen hauptsächlich Pistolen. Markenware oder eben einfach nur etwas, das schießt; das kommt immer auf den Kunden und den Preis an.
F: Markenware? Also Walther PPK oder Smith & Wesson?
A: Nein, Glock vor allem. Die sind wirklich zahlreich auf dem Markt. Ich frag nicht, wo die herkommen. Aber das sind wirk-

lich viele und die sind richtig gefragt. Modell 17, also die mit 15 Schuss (Anm. d. Verf. gemeint ist wohl eher die Glock 19, oder die kleine mit zehn Schuss). Die Leute reißen mir die regelrecht aus der Hand. Ich krieg alle paar Tage wieder eine angeboten, und die sind sofort wieder weg, ich verkauf die praktisch in wenigen Stunden. Manchmal mit Schalldämpfer.

F: Was kostet denn so etwas auf dem Schwarzmarkt?

A: Zwischen 800 und 1200 Euro, je nach Ausstattung, Zubehör und Ausführung. Das hängt natürlich auch vom Kunden ab. Wenn ich sehe, der hat Kohle, dann auch mal teurer.

F.: Was ist sonst noch gängig?

A: Im Grunde alles Mögliche. Ich krieg viel rein. Manchmal echt Schrott, aber auch schöne Stücke. Ich hab zu Hause eine nummerngleiche Krieghoff 08 in super Zustand, da träumen andere von. Sonst so .38er Revolver, die gehen sehr häufig. Gefragt sind aber vor allem .357 Stupsnasen bei den Revolvern. Sonst bei den Pistolen echt alles Mögliche. Sehr häufig alte 7,65er Pistolen, ja, aber auch sehr viele Brünner 75. FN-Kopien vom Balkan, die waren eine Zeit lang wirklich billig, da lief das Geschäft gut. Die bringen auch so 800 bis 1000 Euro, die kleinen weniger, die sind so um die 800.

F: Und bei Sonderwünschen, wenn ich etwas Besonderes bestelle?

A: Meist ist das in wenigen Tagen verfügbar. Kommt natürlich immer drauf an, aber im Grunde ist auf dem Markt wirklich alles zu bekommen.

F: Was ist mit Schießkugelschreibern?

A: Das Stück 200 Euro, bei zehn oder mehr natürlich auch billiger, da gibt's dann Rabatt. Sind wirklich gut, mit Sicherheitsraste, nicht der sonst übliche Schrott. Die haben sogar einen gezogenen Lauf im Kaliber .22 l.r. Im Augenblick echte Renner, die Kunden sind ganz wild darauf.

F: Was für Kunden?

A: Ich frag da nicht großartig, wofür die das brauchen. Und wenn die mir das erzählen, dann ist mir das auch egal, ist nicht meine Sache. Überwiegend sind das nicht deutsche Kunden. Die fragen direkt und sagen, was sie wollen. Die Deutschen sind da diskreter, sehr zurückhaltend und vorsichtig. Aber dann kaufen die umso heftiger, häufig sind das regelrechte Waffennarren, die wollen nach der ersten Waffe echt alles haben.

F: Und das Risiko?

A: Na ja, ich hatte da letztens ein paar eigenartige Kroaten, die kamen mir komisch vor und wollten wohl auch nicht bezahlen. Im Augenblick trag ich da lieber eine Schutzweste, keine Ahnung. Kann immer mal was passieren. Ich trag auch immer eine Taschenpistole, ist sicherer.

F: Und die Polizei?

A: Von denen gehören doch viele zu meinen besten Kunden, das ist kein Problem. Und die Typen sind teilweise echt bescheuert. Letztens bin ich mit einem Kumpel durch eine Kontrolle, da hat mich der Zoll rausgezogen. Ich hinten im Kofferraum ein paar Pistolen in Holstern, mein Kumpel die Taschen voll mit Drogen. Und die Deppen sind abgegangen wegen einer Stange polnischer Zigaretten in der Mittelkonsole, völlig bescheuert. Die hatten die Pistolen sogar in der Hand, haben rumgewühlt und nur Kippen gesucht. Das muss man sich mal vorstellen!

F: Also reine Nervensache?
A: Ja, man muss schon etwas dreist sein dabei. Klar bin ich vorsichtig und schau mir auch bei den Grenzen erst mal genau an, wo und wann ich da am besten rüberfahre. Und die Waffen sind dann meistens auch zerlegt, das ist kein Problem. Am Anfang hab ich da auch ganz schön geschwitzt, aber jetzt nicht mehr. Ich mach das seit Jahren, da weiß man, wie man es machen muss. Und ich hab Leute, auf die ich mich voll verlassen kann.
F: Und wie soll es weitergehen für Sie?
A: Mal schauen. Wenn die jetzt wirklich das Waffengesetz verschärfen wollen und die Nachfrage noch mal um 25 Prozent zunimmt, dann kann es doch nur besser laufen für mich. Ich freu mich jedenfalls schon darauf.

Man mag von diesen Statements halten, was man will, doch sie decken erschreckende Wahrheiten auf. Dass sie erschreckende Wahrheiten aufdecken, lässt sich nicht bestreiten. Nicht überbewerten sollte man hingegen die Bemerkung über die »Kroaten«: Nur ein geringer Anteil von Verstößen gegen das Waffengesetz entfällt auf ausländische Mitbürger. Das Klischee, diese seien aufgrund kultureller Besonderheiten ihrer Heimatländer oder ihrer ethnisch-konfessionellen Herkunft nach besonders schießwütig, trifft so jedenfalls nicht zu. Im Jahr 2007 machten Deutsche (auch solche ausländischer Herkunft) laut BKA unter den 4952 Verdächtigen 80 Prozent aus, also kaum weniger, als es ihrem Bevölkerungsanteil entspricht.[118] Die größte Gruppe unter den nicht deutschen Verdächtigen bildeten mit knapp 25 Prozent türkische Staatsangehörige, aufs Ganze gesehen also gerade einmal fünf Prozent an allen

Delikten und damit nur leicht über dem Anteil an der Gesamtbevölkerung. Ein ausgeprägterer Hang zu Gewaltkriminalität lässt sich daraus eindeutig nicht unterstellen. Allerdings sind ausländische Gruppierungen aufgrund engeren Zusammenhalts wesentlich besser organisiert. Das BKA hat festgestellt, dass vom Balkan und aus Osteuropa rege Waffen geschmuggelt werden, die dann an Personen im »kriminellen Milieu gleicher ethnischer Herkunft« gehen.[119]

Noch ehe neue Zahlen nach der Verschärfung des Waffengesetzes von 2003 vorlagen, vermutete der interviewte Waffenhändler einen Nachfrageanstieg von 25 Prozent. Tendenziell lag er richtig, nur nicht von der Größenordnung her, die nach Ermittlungen des BKA bei weit über dem Doppelten lag. Ansonsten aber entsprachen die Angaben des Händlers hinsichtlich Waffenarten und Modellen durchaus dem, was später aus Wiesbaden vermeldet wurde.[120] Insofern gewinnen die Auskünfte des Insiders nachträglich an Glaubwürdigkeit und an Brisanz. Aus der unkontrollierten Sammelleidenschaft von Waffennarren entsteht eine Beschaffungskriminalität. Es bilden sich regelrechte Waffendepots, aus denen immer wieder einzelne Stücke durch Tausch wandern oder zwecks Finanzierung von Neuerwerbungen in den illegalen Handel gelangen. In den meisten der bekannt gewordenen Fälle unerlaubten Handels mit Waffen war nicht zuletzt rege Sammlertätigkeit der Hintergrund und vermutlich sogar einer der wesentlichen Auslöser.

Hier heißt es frühzeitig zu intervenieren, und das kann nur gelingen, wenn die Akteure nicht von vornherein kriminalisiert werden, sondern auf legale Alternativen zurückgreifen können. Dem interessierten Enthusiasten mit der nötigen kriminellen Energie reichen die von den heutigen Sammler-Waffenbesitzkarten gebotenen Möglichkeiten nicht aus. Er wird sich stattdessen lieber wei-

Illegale Waffen vom Schwarzmarkt, darunter eine Maschinenpistole MP 40 aus dem Zweiten Weltkrieg, eine Pistole Sauer & Sohn von 1919 und in Heimarbeit (um-)gebaute Waffen.

ter in der Illegalität bewegen. Für seelisch gestörte Menschen, bei denen die Anhäufung von Waffen letztlich nur Symptom von Unsicherheiten und Ängsten ist, gibt es hierzulande zudem kaum Hilfsangebote. Nicht zuletzt wegen der drohenden Strafen graben sie sich mit der Zeit nur tiefer in den illegalen Waffenbesitz hinein. Waffen und die ihnen inhärente Möglichkeit, Menschen zu beherrschen, werden zum Surrogat eines schwer beschädigten Selbstbewusstseins.

Kein Wunder also, dass Behörden mit unschöner Regelmäßigkeit auf Wiederholungstäter treffen. Nur durch Legalisierung, die nicht mit dem Verlust der Waffen verbunden ist, besteht die Chance, an solche »Sammler« heranzukommen. Flankierend sind die bestehenden Restriktionen zum Sammeln von Waffen zu lockern, damit gar nicht erst der Weg in die Illegalität beschritten werden muss. Die strenge Bedürfnisauslegung heutiger Zeit schadet dem Sicherheitsbedürfnis der Gesellschaft mehr, als sie Schutz bieten kann. Besser wäre es hier, das Sammeln so weit zu liberalisieren, dass auch weniger anspruchsvolle Sammlungen genehmigt würden. Der legale Zugang von Interessierten zu Waffen muss geebnet werden – freilich unter einer wirkungsvollen und vor allem strengen Kontrolle durch die zuständigen Behörden. Reine Strafandrohung jedoch weist nur den Weg in die Illegalität, denn ein »Narr« wird sich vom obskuren Objekt seiner Begierde durch Paragrafen ohnedies nicht abhalten lassen.

Die geforderte Legalisierung stellt nur eine langfristig wirksame Option dar. Die Gesellschaft braucht sie aber, wollen wir die Beschaffungskriminalität und den Handel mit illegalen Waffen auf lange Sicht wirksam bekämpfen. Hier gilt es abzuwägen zwischen den Risiken durch Liberalisierung des Zugangs und den bitter erlebten Risiken eines »Weiter so!«. Wie sollen sich gefährdete Naturen erkennen lassen, wenn sie abtauchen und abgetaucht bleiben? Wie will man eruieren, ob hinter dem Sammeln von Waffen nicht mehr steckt als Technikbegeisterung? Die »kulturhistorische Bedeutsamkeit« einer Sammlung ist eine schwer fassbare Kategorie – mit der im Übrigen der Gesetzgeber selbst seine Schwierigkeiten zu haben scheint, wie an den uferlosen Ausführungen in den drei Abschnitten von Paragraf 17 des Waffengesetzes ablesbar ist.

Bastelarbeiten und Eigenproduktionen

Als 2008 in Göttingen Neonazis in einem Lokal mit einer Pump-Gun geschossen hatten, kam es zu Hausdurchsuchungen, bei denen weitere Waffen gefunden wurden. Darunter war auch eine Maschinenpistole »Zagi«, Relikt der Bürgerkriege auf dem Balkan.[121] Über Monate ermittelte eine Sonderkommission gegen die Händler dieser illegalen Waffen. Schließlich wurde ein Sportschütze verhaftet, der in seiner eigenen Werkstatt unbrauchbar gemachte Waffen wieder für den scharfen Schuss zurechtgebastelt haben soll. Die »Zagi« war also ein ehemaliges Dekorationsstück, das nicht mehr schoss. Doch woher stammte die MP?

Es gibt einen Markt für solche Deko-Waffen. Zu den Kunden gehören Sammler oder technisch Interessierte, die keine funktionsfähigen Waffen haben wollen oder dürfen. Allerdings sind Kriegswaffen für die meisten Bürger in Deutschland ohnehin ein absolutes Tabu. Ausnahmegenehmigungen werden überaus selten erteilt, und zumeist erhalten sie ausgewiesene Sammler nach sehr komplizierten Verfahren – und nicht selten kosten dann solche Waffen auch gleich mehrere Zehntausend Euro. Somit sind viele Interessierte und Sammler auf Deko-Waffen angewiesen. Waffen mit zerstörtem Lauf und festgeschweißten Schlossteilen, sodass von den Waffen keine Gefahr mehr ausgehen kann.[122] Zudem sind Zertifikate der Beschussämter erforderlich. Für Sammler und Museen sind solche Waffen tatsächlich interessant, leider aber auch für Bastler, um sie als Ersatzteilspender zu missbrauchen. Und ein solcher Bastler war es auch, der die besagte »Zagi« wieder funktionstüchtig gemacht hatte, indem er die notwendigen Teile auf einer Drehbank oder mit einer computergesteuerten CNC-Fräse herstellte. Sicherlich keine Tätigkeit für Laien an einem Sonntagnachmittag, für technisch Versierte mit entsprechendem Werkzeug aber keine allzu große Herausforderung.

Solche unbrauchbar gemachten Waffen stammen nicht selten aus den Funden des Zolls oder aus Behördenbeständen und wurden an den Fachhandel abgegeben. Hier seien beispielsweise die Heckler & Koch MP 5 aus Beständen deutscher Polizeibehörden genannt. Mit Aussonderung großer Stückzahlen bei den Landespolizeien überschwemmen diese seit einigen Jahren regelrecht den Markt. Dass sie sich verbreiteten, kann bei ihrer großen Zahl nicht verwundern. Inzwischen sind derart viele dieser Deko-Waffen unterwegs, dass Gesetzesverschärfungen nach 30 Jahren gar nichts mehr bringen würden. Ursprünglich waren sie als weniger sicherheitsgefährdende Alternative zu scharfen Waffen gedacht. Deren immer höhere Zugangshürden ließen die Versuchung für Bastler wachsen, die Deko-Waffen wieder schussbereit zu machen. In Großbritannien stellt diese Untergrundfertigung inzwischen eine der Hauptquellen illegaler Waffen dar. Und wieder greift man zu Verboten, die aber nicht die Kriminellen treffen, sondern die einfachen Bürger, die im Sammeln solcher Gegenstände eine gesetzlich zulässige Alternative gesehen haben.

Verbote von Deko-Waffen werden dabei gar nicht mehr weiterhelfen können: Waffen erfordern kein Diplom in Quantenphysik zu ihrer Herstellung. Viele Partisanengruppen in den von der Wehrmacht besetzten Ländern während des Zweiten Weltkriegs waren mit selbst gebauten Waffen ausgerüstet. Sogar im scharf überwachten Ghetto von Warschau wurden in Heimarbeit beachtliche Stückzahlen von Maschinenpistolen hergestellt, beispielsweise die Blyskawica (»Blitz«), eine billige MP, mit der die deutschen Soldaten bei der Niederschlagung des Aufstandes der polnischen Heimatarmee (Armia Krajówa) im August/September 1944 unliebsame Bekanntschaft machten.

Bei immer preisgünstigeren Werkzeugen und leichter Verfügbarkeit hochwertiger Stähle bedarf es zur Herstellung gebrauchsfähiger Schusswaffen keiner besonderen Ausbildung. Kein Waffengesetz kann diese Bastlerszene mehr austrocknen. Winkt genug Gewinn und hat ein Anbieter auch nur rudimentäre Kenntnisse von Waffen und entsprechende handwerkliche Fähigkeiten, dann wird er die Fräse anwerfen, und die Serienfertigung kann beginnen. In unseren Zeiten des hilfreichen Internets lassen sich die nötigen technischen Kenntnisse fast mühelos erlangen.[123] In den Waffenkammern der Landeskriminalämter und des BKA finden sich Eigenfertigungen in rauen Mengen.

Schon im Ersten Weltkrieg lief auf einfachen Drehbänken in den Hinterhöfen des spanischen Eibar (Baskenland) eine präindustrielle Massenfertigung von einfachen Pistolen an. Die französische Armee orderte zu Zehntausenden solche Waffen. Sie waren noch bis weit in die 1940er-Jahre preiswerte Optionen für zivile Waffenkäufer. Raubkopien von modernen Waffen waren damals ebenso verbreitet wie simple Eigenentwicklungen. Es braucht also nicht sonderlich viel, den illegalen Markt zu sättigen. Auch heute noch sind solche Heimarbeiten anzutreffen: Weltbekannt etwa ist die Fertigung im pakistanisch-afghanischen Grenzgebiet, in Darrah am Kyber-Pass. Hier werden Waffen, auch durchaus hochwertige, von Menschen hergestellt, die in tiefer Armut aufgewachsen sind und niemals eine Schule von innen gesehen haben; simpelstes Werkzeug genügt ihnen, als Rohmaterial dienen nicht selten alte Eisenbahnschienen. Und reichen die Kenntnisse nicht für Selbstladepistolen, MPs oder Sturmgewehre aus, dann tun es auch improvisierte Waffen. Das zeigte die Pistole im Kaliber .22 l.r. des 1996 festgenommenen Una-Bombers Ted Kaczynski in den USA. Alles, was der Täter dafür brauchte, hatte er im Baumarkt bekommen.

Meldungen, dass Sportschützen beim illegalen Waffenhandel erwischt worden sind, kommen immer wieder vor. So zuletzt im Oktober 2009 in Nürnberg. Es ist aber keineswegs so, dass Schützen für diesen Handel prädestiniert wären, im Gegenteil: Mag da oder dort auch in Einzelfällen mal Munition unerlaubt weitergegeben werden – bei Waffen ist das fast ausgeschlossen, da die Waffenrechtsbehörden ein viel zu wachsames Auge auf Sportwaffen haben. Wenn dennoch immer wieder in solchen Zusammenhängen von Sportschützen die Rede ist, dann liegt das eher daran, dass Schützenvereine und Schießstände auch auf Kriminelle eine hohe Anziehungskraft ausüben. Dort lernen sie den Umgang, können üben und erhalten legalen Zugang zu Waffen, wenn sie sich denn geschickt anstellen. Für ihr finsteres Gewerbe werden sie dann allerdings auf illegale Feuerwaffen zurückgreifen.

Wer eine Waffe will, der wird sie auch bekommen. Zur Not kann er sie, wie gezeigt, auch selbst herstellen. Keinem Waffengesetz wird es je gelingen, den Schwarzmarkt für Schusswaffen zu beseitigen. Nur maßvolle Liberalisierung kann eine Verschiebung in Richtung eines Mehr an Kontrolle herbeiführen und so zumindest die Quellen verringern, aus denen illegale Waffen stammen. Ziel muss sein, den durch das bisherige Waffenrecht ausgegrenzten Menschen den Rückweg in die Legalität zu ebnen und vor allem den Bedarf an illegalen Waffen zu verkleinern. Dazu muss man dem individuellen Bedürfnis nach Waffenbesitz zumindest in Teilen Rechnung tragen und es nicht von vornherein verteufeln.

Nur so lassen sich die Kontrollfunktionen des Waffenrechts unterstützen und nur so lässt sich der Waffenmissbrauch, wenn nicht unterbinden, so doch wenigstens deutlich vermindern. Dem Sportschützen oder Sammler weitere Gesetzesverschärfungen als Folge neuerlicher Amokläufe aufzunötigen verstärkt nur den Trend zu illegalen Waffen, die sich noch nie so leicht haben beschaffen lassen wie heute. Und das betrifft nicht nur relativ »harmlose« Pistolen oder Gewehre, sondern auch Kriegswaffen, die schon vor einem

Jahrhundert weit mörderischer waren als die bislang von Amokläufern eingesetzten Handfeuerwaffen. Eine MP Bergmann von 1918 hat eine Feuergeschwindigkeit von über 600 Schuss pro Minute, ein MG 42 aus dem Zweiten Weltkrieg sogar die doppelte Schussfolge. Angesichts solcher Kriegswaffen kämen polizeiliche Konzepte der Amokintervention schnell an ihre Grenzen. Das Ausnehmen einer MG-Stellung gehört einfach nicht zu den Aufgaben der Polizei. Jedem muss klar sein, dass hier nur legalisierendes Anmelden vorbeugend wirken kann. Gegen die alte Beute-MP auf dem Bauernhof helfen keine verstärkten Bedürfnisprüfungen durch die Ordnungsämter. Sie wissen überhaupt nicht, dass diese Waffe existiert – sie ist illegal.

6

Das Großkaliberverbot und der Schießsport

Nach dem Amoklauf von Winnenden im März 2009 überschlugen sich die Forderungen nach einem Verbot von großkalibrigen Waffen. Zu durchschlagsstark seien die Geschosse, sogar durch eine Tür seien sie gegangen und hätten dahinter getötet. Waffen, wie sie von Militär und Polizei verwendet werden, hätten in den Händen von Sportschützen nichts zu suchen und noch leistungsstärkere schon gar nicht.[124] Zudem: Da Großkaliberschießen nicht olympisch sei, handele es sich nicht um Sport. Für das sportliche Schießen, so hörte man es etwa vom Aktionsbündnis Winnenden, sollten nur Kleinkaliberwaffen zugelassen werden.[125] Hinter solchen Forderungen steckt der Trugschluss, diese Waffen seien harmloser oder weniger gefährlich, so als handelte es sich bei ihnen nur um bessere Luftgewehre. Solche Sichtweise beschwört die Gefahren herauf, die sie bannen will. Kleinkaliberwaffen zu unterschätzen ist riskanter Unfug.

Für Differenzierungen oder geduldiges Abwägen von Pro und Kontra etwaiger Verbote aber nahm sich niemand die Zeit. Entschlusskraft war gefragt, und da bot sich die Forderung nach einer

Ächtung von großkalibrigen Waffen förmlich an. Damit schien man den Stier bei den Hörnern packen zu wollen, was zur Beruhigung der Leute beitragen würde. Es ging also wieder einmal nicht um die Sache, sondern um beschwichtigenden Aktionismus, der bei Licht besehen nicht viel ausrichten konnte.

Tödliches Kleinkaliber

Das Kaliber, abgeleitet vom arabischen *qalib* für (Schuster-)Maß, meint zunächst einmal nur den Innendurchmesser des Waffenlaufs. Dabei stammen die gängigsten Maßeinheiten entweder aus dem metrischen System, beispielsweise »9 mm«, oder es muss nach dem angloamerikanischen Inch umgerechnet werden. »Kaliber 22« heißt also nicht etwa 22 Millimeter, sondern 0,22 Inch (etwa 5,6 mm). Das für sich allein sagt aber noch nichts über die Leistung einer Waffe aus. Die Beschreibung des »Nominalkalibers«, sozusagen der Name einer Patrone, gibt weiteren Aufschluss über die Hülsenlänge, die Form und die für diese Patrone festgelegten Leistungsparameter. Bei 9 mm gibt es eine Vielzahl von Patronen, etwa die 9 x 17 Browning (9 mm kurz) oder die 9 x 19 (9 mm Luger). Der Unterschied erscheint gering, doch er hat es in sich: Die 9 mm Luger bringt etwa 40 Prozent mehr Energie als die 9 mm kurz. Nur: Die Energie, die ein Geschoss dann hat, sagt immer noch wenig über dessen tatsächliche Leistungsfähigkeit aus. Das ist im Prinzip wie bei den Pferdestärken: 125 PS unter der Haube sind für einen Kleinwagen recht beachtlich, für einen Sattelschlepper hingegen eher armselig.

So gesehen sagt »Großkaliber« noch nichts über das Ausmaß der davon ausgehenden Gefahren aus. Hätte man weniger Verletzungswirkung, weniger Wirksamkeit, weniger Durchschlagsleistung, weniger Geschwindigkeit der Geschosse usw. gefordert, wäre darüber zu diskutieren gewesen. Doch nichts dergleichen wurde vorgetragen. Wieso, weshalb, warum eigentlich ein Großkaliberverbot? Eine Antwort auf diese Frage blieben alle, die so entsetzt reagierten, weitgehend schuldig. Verwundern kann das nicht, denn zu konkreteren Forderungen muss man die Eigenschaften von Geschossen genauer kennen. Ein Geschoss unterliegt, wie alles, den Gesetzen der Physik. Will man bei ihnen weniger von einer Eigenschaft, verlangt dies auf der anderen Seite unweigerlich ein Mehr. Man erreicht dann automatisch das ziemliche Gegenteil dessen, was man eigentlich angestrebt hat. Ballistik ist eine verzwickte Wissenschaft.

Im Rahmen einer einfachen Messreihe seitens des Autors im Oktober 2009 wurden aus einer Pistole Beretta 71 die Geschwindigkeiten der Kleinkalibergeschosse festgestellt: Mit durchschnittlich 290 m/s – das entspricht 1044 km/h und ist so schnell wie ein Tarnkappenbomber – sind sie unterwegs. Demgegenüber gibt sich die Großkaliberpatrone .45 ACP, seit 1911 weltweit verbreitet und mit 11,4 mm Durchmesser eindeutig Großkaliber, verschossen aus einer Glock 36 eher gemütlich: 864 km/h, das entspricht nur einem zivilen Ferienflieger.

Der Unterschied liegt dann im Gewicht der Geschosse: 2,6 Gramm für die .22 und schon 15 Gramm bei der .45. Löst man dies nach der Formel für die Bewegungsenergie eines solchen Geschosses auf, dann ergibt sich nach $E = {}^{1}/_{2} \text{ x } (m \text{ x } v^{2})$ für die Kleinkaliberprojektile eine Energie von etwa 109 Joule. Bei der ».45er« sind es hingegen 432 Joule, was einem Gewicht von 43,2 Kilogramm entspricht, das aus einem Meter Höhe auf eine Fläche von 11,4 mm Durchmesser fällt. Bei der scheinbar harmloseren .22 l.r. fiele ein Gewicht von 10,9 kg aus gleicher Höhe auf eine Fläche von 5,6 mm Durchmesser. Wir sehen, es besteht nicht nur ein ziemlicher Unterschied beim »Gewicht«, es besteht auch eine deutliche Differenz beim

Durchmesser der Auftrefffläche. Und genau da liegt dann der sprichwörtliche Hund begraben – die Energie allein sagt nichts aus.

Großkalibrige Waffen funktionieren nicht wie ein »klingonischer Disruptorstrahl«, der alles atomisiert, was ihm in die Quere kommt. Sie funktionieren nach den gleichen physikalischen Gesetzmäßigkeiten wie kleinkalibrige Waffen. Geht es um die reine Durchschlagsleistung eines Geschosses, dann ist – vereinfacht gesagt – die Frage wesentlich, wie viel Energie auf wie viele mm^2 der Geschossfläche wirkt; hieraus ergibt sich die sogenannte Energiedichte.[126] Sie macht deutlich, dass mit einer Beschränkung auf Kleinkaliber keineswegs eine Begrenzung auf Geschosse mit geringer Durchschlagsleistung erfolgen würde, sondern dass diese teilweise sogar eine höhere Leistung erbringen als viele Großkaliberpatronen. Die scheinbar harmlosen Kleinkaliberpatronen unserer Biathleten sind diesbezüglich deutlich leistungsfähiger als die beim Attentat auf Minister Wolfgang Schäuble abgefeuerten Großkaliberpatronen. Die Patronenmunition für Kurzwaffen mit der höchsten im Handel erhältlichen Energiedichte ist ein Kleinkalibergeschoss, die Patrone .22 WMR, deren Leistungspotenzial sogar das der Patrone .44 Magnum von »Dirty Harry« (in den Polizeifilmen mit Clint Eastwood) übertrifft. Eben deswegen wurden im April 2008 auf Initiative der Stadt Hamburg auch hochleistungsfähige Kleinkaliberpatronen neuester Entwicklung verboten, denn diese Geschosse durchschlagen problemlos sogar Schutzwesten von Polizeibeamten.[127] Zur Verdeutlichung ein Versuch aus dem Oktober 2009:

Bei einem Beschuss ballistischer Knete auf fünf Meter Entfernung drang das Kleinkaliberprojektil einer handelsüblichen Sportlaborierung bis auf 230 Millimeter ein. Ein weitaus stärkerer Effekt, als ihn ein »besseres Luftgewehr« jemals erzielen könnte. Und dennoch sind solche Leistungen immer noch nichts im Vergleich zu denen einer Armbrust, deren Pfeile sogar mühelos die Visiere von ballistischen Schutzhelmen durchschlagen können, obwohl diese sonst mindestens fünf Schüssen aus einer Maschinenpistole MP5 trotzen können müssen. Das liegt an der außergewöhnlichen Querschnittsbelastung des Federbolzens, also an der Beschleunigung einer großen Geschossmasse bei kleinstem Durchmesser der Pfeilspitze. Eine Armbrust darf hierzulande jeder über 18 Jahre alte Bürger frei erwerben. Um die »Durchschlagskraft« geht es dem Gesetzgeber dabei also eindeutig nicht.

Vom Aussehen einer Patrone und von ihrer Größe lässt sich mithin nicht auf deren Potenzial schließen. Ja, es besteht vielmehr die Gefahr, dass man sich von Äußerlichkeiten über die tatsächlich von einem Geschoss ausgehende Gefahr täuschen lässt. Ein Kleinkalibergeschoss kann bei günstigem Abgangswinkel etwa 1500 Meter weit fliegen und auch noch auf diese Entfernung einen Menschen schwer oder sogar tödlich verletzen. Diese maximale Schussweite hat Kleinkaliber gemeinsam mit Patronen .38 Special oder .32 S & W long, also reinrassigen Großkaliberpatronen.

Von Flugbahnen und Warnschüssen

Für die unterschiedlichen Kaliber kann man durchschnittlich von folgenden Flugweiten ausgehen[128]:

Kaliber	Flugweite
.22 l.r.	1500 Meter
.32 S & W long	1200 Meter
.38 Special	1500 Meter
9 mm Luger	2000 Meter
.44 Magnum	2000 Meter

.223 Remington	4300 Meter
7,62 x51 mm NATO	5000 Meter

Man beachte den Widerspruch bei .22 l.r und .32 S & W long: Tatsächlich fliegt ein Großkalibergeschoss weiter als ein Kleinkaliberprojektil. Vor allem aber: Auch .223 Remington ist ein »Kleinkaliber«, der Laufinnendurchmesser beträgt 5,56 Millimeter!

Wie weit ein Geschoss fliegen kann, hängt bei dem günstigsten »Abgangswinkel« von etwa 35 Grad vor allem davon ab, wie hoch die Geschwindigkeit im Verhältnis zur Masse ist. Im Prinzip geht schließlich alles, was der Mensch in die Lüfte befördert, unweigerlich auch wieder hinunter, weshalb der Begriff »Ballistik« im Grunde die »Lehre vom geworfenen Gegenstand« bezeichnet. Die Geschosse besitzen am Ende der Flugbahn durchaus noch die Möglichkeit, einen Menschen tödlich zu verletzen. Die dabei beschriebene Flugbahn kann schon auf sehr kurze Entfernungen deutliche Unterschiede zu der »Visierlinie« aufzeigen. Bereits für ein Pistolengeschoss im Kaliber 9 mm Luger ist dies bei einem Treffer auf 25 Meter gleichbedeutend mit einem Tiefschuss von vier Zentimetern, wenn man die Distanz auf 15 Meter verringert. Vergrößert man sie auf 40 Meter, ergibt das einen Hochschuss von 6 Zentimetern. Das erklärt dann auch, weshalb viele »Mauerschützen« an der innerdeutschen Grenze meinten, auf die Beine gezielt zu haben, die Treffer jedoch tödlich waren: Sie hatten die Entfernung falsch geschätzt. Besonders muss auch vor der Unsitte von »Warnschüssen« oder »Freudenschüssen« in die Luft gewarnt werden. Nur weil man den Effekt des Schusses nicht unmittelbar sehen kann, bedeutet das noch lange nicht, dass ein solcher nicht existiert. Am Ende der Flugbahn nach oben nimmt es Bewegung nach unten auf. Die Geschwindigkeit nimmt mit zunehmender Fallstrecke zu – zwar gibt es noch »bremsende« Faktoren wie den Luftwiderstand, aber die entstehenden Geschwindigkeiten reichen dann problemlos aus, entsprechende Energiewerte für tödliche Verletzungen zu erreichen. Von solchen Experimenten sollte man also tunlichst die Finger lassen.

Das eigentliche Meuchelkaliber

Kleinkaliberwaffen sind in aller Regel sogar deutlich gefährlicher als großkalibrige, ermöglichen sie doch auch ungeübten Tätern die problemlose Beherrschung einer Waffe: geringer Rückstoß, unkomplizierte Handhabung und eine dadurch mögliche schnelle Schussfolge. Viele politische Attentate der vergangenen Jahrzehnte und zahlreiche Tötungsdelikte wurden mit Kleinkaliberwaffen ausgeführt. Als am 30. März 1981 der geistig verwirrte John Hinckley wegen seiner von der Schauspielerin Jodie Foster nicht erwiderten Liebe auf den US-Präsidenten Ronald Reagan schoss, verwendete er für seine Tat einen billigen Revolver im Kaliber .22 l.r. des deutschen Herstellers Röhm. Sechs Schüsse gab er in schneller Folge ab, bevor er überwältigt werden konnte.

Das erste Geschoss traf den Pressesprecher James Brady in den Kopf. Das Opfer überlebte schwerstbehindert; die später in den USA durchgesetzte Waffenrechtsverschärfung wurde übrigens als »Brady Bill« (Brady-Gesetz) durch seine Ehefrau vorangetrieben. Der zweite Schuss traf den Polizeibeamten Thomas Delehanty in den Rücken. Projektil Nummer drei flog über Reagans Limousine und durchschlug ein Fenster auf der gegenüberliegenden Straßenseite. Das vierte Geschoss traf einen Personenschützer des Präsidenten in den Unterbauch und verletzte ihn lebensgefährlich. Das fünfte schlug im durchschusshemmenden Glas des Wagens ein, und das sechste und letzte Geschoss prallte als Querschläger vom Fahrzeug ab. Die Energie dieses Geschosses reichte aber noch aus, eine Rippe Reagans und einen Lungenflügel zu verletzen, ehe das Projektil nur wenige Zentimeter vor dem Herz stecken blieb. Die Verletzungen waren derart schwer, dass der Präsident ungeheuer viel Blut verlor und nur durch eine drei Stunden dauernde Notoperation gerettet werden konnte.

Dabei waren solche billigen Kleinkaliberwaffen (»Saturday Night Specials«) in den USA ohnehin seit einer Gesetzesänderung 1968 mit einem Importverbot belegt worden; zu oft waren sie von Kriminellen bei Straftaten eingesetzt worden. Die als eigene Waffenklasse geltenden, oft auch als »Junk Guns« (Schrottkanonen) bezeichneten Faustfeuerwaffen wurden als ernsthafte Gefahr für die öffentliche Sicherheit eingestuft – nachdem Senator Robert Kennedy von dem gebürtigen Palästinenser Sirhan Sirhan mit einer achtschüssigen Kleinkaliberpistole Anfang Juni 1968 ermordet worden war. Auch hier hatte es die schnelle Schussfolge bei geringem Rückstoß dem Täter ermöglicht, das gesamte Magazin zu verschießen, ehe er überwältigt wurde. In nur ein bis zwei Sekunden trafen Kennedy drei Geschosse tödlich, eines verletzte seinen Wahlkampfhelfer Paul Schrade, und die übrigen vier Projektile verletzten vier weitere Personen.

Und bei den Schüssen von Marianne Bachmeier 1981 im Landgericht Lübeck auf den mutmaßlichen Mörder ihrer Tochter Anna war ebenfalls eine Kleinkaliberpistole die Tatwaffe: Noch bevor die

Justizbeamten reagieren konnten, hatte sie das Magazin ihrer Beretta in Richtung des Angeklagten verfeuert, von den acht Patronen trafen ihn sechs und töteten ihn auf der Stelle.

Diese und viele andere Beispiele belegen, dass durch ein Verbot von großkalibrigen Waffen allenfalls eine Verschiebung bei den Tatmitteln einträte, mehr Sicherheit aber nicht zu erreichen ist. Auch Amokläufer sind nicht auf Großkaliber angewiesen, wie die Fälle 2007 an der Virginia Tech in den USA und 2008 im finnischen Kauhajoki gezeigt haben. Und die Opferzahlen sänken auch nicht. Verbotsforderungen für Großkaliberwaffen sind blanker Populismus. Wirkliche Ansätze zur Lösung des Waffenproblems müssen Kleinkaliber einbeziehen.

Kleinkalibrige Waffen bieten Tätern nämlich weitere Vorteile, die bisher öffentlich relativ unbeachtet geblieben sind. Bei Verwendung von unterschallschnellen Geschossen gelingt Schalldämpfung weit besser als bei schnelleren Projektilen; der geringe Gasdruck und das kleine Volumen der expandierenden Gase beim Schuss stellen keine allzu großen Probleme für entsprechende technische Lösungen dar. Bei dem Vierfachmord von Eislingen im April 2009 wurden von den beiden Tätern kurz nach dem Amoklauf von Winnenden zwei Kleinkaliberpistolen benutzt, auf die sie einfache Schalldämpfer montiert hatten, improvisiert aus Plastikflaschen. Diese behelfsmäßigen Vorrichtungen reichten völlig aus, dass Nachbarn von der Tatausübung nichts mitbekamen. Daher tappten die Eltern, die Stunden nach der Ermordung ihrer beiden Töchter heimkehrten, ahnungslos in die Falle und wurden ebenfalls umgebracht.

Kleinkalibrige Agentenwaffen

Bereits im Zweiten Weltkrieg hatten die Ingenieure des britischen Geheimdienstes Special Operations Executive (SOE) und ihre US-Kollegen vom Office of Strategic Services (OSS) in kleinkalibrige Pistolen Dämpfer eingebaut. Bei Kommandounternehmen sollten damit Wachposten ausgeschaltet werden.[129] Das Konzept funktionierte derart überzeugend, dass es nach dem Krieg weiterverwendet wurde. Beim Abschuss eines amerikanischen U2-Spionageflugzeugs 1960 über der Sowjetunion fand man in der Ausrüstung des Piloten Francis Gary Powers eine solche Pistole. Auch der israelische Geheimdienst Mossad setzte die geräuschgedämpften Waffen ein. Die Beretta im Kaliber .22 l.r. wurde praktisch zu seinem Markenzeichen. Mit dieser Waffe jagten die Israelis die arabischen Drahtzieher des Attentats bei den Olympischen Spielen 1972 in München.[130]

In Verbindung mit den kleinen Bleigeschossen ist die »twotwo« (Kaliber .22) wirklich keine zu unterschätzende Mordwaffe. Weswegen die nach dem Amoklauf von Winnenden ins Leben gerufene Initiative »Keine Mordwaffen als Sportwaffen« gerade dies nicht berücksichtigte, bleibt rätselhaft.[131] Vermutlich steckt bloße Unkenntnis dahinter. Höchst gefährlich ist dieses Kaliber, weil seine kleinen Projektile über ganz andere zielballistische Eigenschaften verfügen als Großkalibergeschosse. Diese Letzteren sind vor allem Ergebnisse militärischer Überlegungen. Die Haager Landkriegsordnung (Artikel 23) nämlich ächtet vor allem Geschosse, die übermäßiges Leiden oder schwerste Verletzungen verursachen.[132]

Der Soldat auf dem Schlachtfeld soll nicht unbedingt töten. Er soll vielmehr verletzen, denn ein verletzter Gegner hat einen weitaus höheren militärischen Wert als ein Gefallener. Ist der Verwundete nicht bewusstlos, dann wird er aus Angst und vor Schmerzen

Eine schallgedämpfte Beretta 71, wie sie die Agenten des Mossad verwendeten.

schreien und damit seine Kameraden demoralisieren. Das Schreien macht auch die kampffähigen Soldaten ängstlich, lässt sie unsicher werden und nimmt ihnen den Angriffsgeist. Hinzu kommt, dass ein Verletzter versorgt werden muss. Tote kann man einfach begraben, Verwundete aber binden Kräfte. Sie müssen medizinisch behandelt, vom Schlachtfeld transportiert und sicher untergebracht werden. Sie brauchen Unterkunft und Verpflegung, und es dauert lange, bis sie wieder gesund werden – wenn denn überhaupt. Ein verwundeter Gegner ist wertvoller, so die militärische Rechnung, als es fünf Tote sein könnten.

Die mit Blick darauf entwickelten Großkaliberpatronen, ob die .45 ACP, die weltweit verbreitete 9 mm Luger oder die Sturmgewehrpatrone 7,62 x 51 mm NATO – sie alle verursachen mit ihren Vollmantelgeschossen einen »sauberen« Durchschuss. »Dum-

dumgeschosse«, die beim Treffer aufplatzen, sind also nicht nur aus humanitären Gründen verboten worden, sondern auch aus militärischen Erwägungen nicht erwünscht. Und selbst die Munition, die heute in den Bundeswehrpistolen in Afghanistan auf Patrouillenfahrten mitgeführt wird, entspricht nicht von ungefähr diesen militärischen Überlegungen. Auf unser Thema gemünzt, bedeutet das: Einige der Opfer von Amokläufen leben nur deswegen noch, weil die verwendete Munition glatte Durchschüsse herbeigeführt hat.[133] Hätten die Täter Kleinkalibermunition eingesetzt, wären mit an Sicherheit grenzender Wahrscheinlichkeit noch mehr Opfer zu beklagen gewesen, denn die kleinen Projektile sind gerade nicht für einen glatten Durchschlag konzipiert.

Zwar hat ein Vollmantelgeschoss 9 mm Luger eine Energie von rund 450 Joule und ist damit mehr als doppelt so »stark« wie ein Bleigeschoss im Kaliber .22 l.r. mit seinen »offiziellen« 200 Joule. Entscheidend für die Wirkung aber ist, wie sich das Geschoss im Zielmedium verhält. Das für einen Durchschlag entwickelte Projektil gibt nur sehr wenig Energie an den getroffenen Menschen ab; entsprechend gering sind die Verletzungen. Für sie entscheidend ist die explosionsartige Verdrängung des Gewebes, also die abgegebene Energie. Das 9-mm-Geschoss »flutscht« regelrecht durch das Gewebe und gibt nur einen sehr geringen Teil seiner Energie ab, schätzungsweise durchschnittlich 100 Joule. Das unscheinbare Geschoss im Kaliber .22 hingegen wird im Ziel stärker gebremst, bleibt stecken und gibt so die gesamte Energie ab. Und da verursachen 200 Joule eben deutlich schwerere Verletzungen.

Zudem halten die Geschosse aus Blei den beim Aufprall entstehenden Belastungen nicht stand, sondern verformen sich deutlich stärker als Vollmantelgeschosse. Kleine Teile des Projektils platzen regelrecht ab; es entstehen kleine Splitter und sogenannte Fahnen, die sich in der Wundhöhle verteilen und gerade für die spätere Behandlung im Krankenhaus ein ziemliches Problem für die Ärzte darstellen. Für einen Chirurgen ist es deutlich einfacher, glatte Löcher zu schließen, als winzig kleine Splitter im Körper zu orten und sie dann möglichst risikoarm für den Patienten zu entfernen. Obendrein können diese kleinen Partikel zu Blutvergiftungen führen. Entsprechend höher ist die Wahrscheinlichkeit, dass das Opfer einer Kleinkaliberwaffe elend an den erlittenen Verletzungen zugrunde geht, als das beim Tatmittel Großkaliberwaffe der Fall wäre. Dass es natürlich auch Geschosse mit höherer Energieabgabe für Großkaliberwaffen gibt, soll keinesfalls unterschlagen werden. Sie sind allerdings verhältnismäßig teuer und wurden bei keinem der bisherigen Amokläufe in Deutschland verwendet. Solche Deformationsmunition ist in erster Linie etwas für Polizeibehörden und Sicherheitsfirmen und spielt daher für unsere Betrachtung keine wirkliche Rolle.[134]

Übersetzungsfehler und Begriffsverwirrung

Dass die Diskussionen über ein Großkaliberverbot so in die Irre geführt haben, liegt auch an Übersetzungsfehlern. Augenscheinlich haben selbst manche sich selbst zu den Gebildeten zählenden Menschen erhebliche Probleme beim Verständnis englischsprachiger Texte. Eine klare deutsche Definition des Begriffs »Großkaliber« existiert nicht. Er ist analog zum Begriff »Kleinkaliber« gebildet worden, womit in der Regel die Patrone .22 l.r. gemeint ist. Großkaliber wäre danach summarisch alles, was bei Schusswaffen im Durchmesser darüberliegt. Vom angloamerikanischen Ursprungsbegriff »small bore« hat man sich damit weit entfernt. Er stammt aus dem militärischen Sprachgebrauch und umfasst im Prinzip so ziemlich alles unterhalb eines Laufinnendurchmessers von 20 Millimeter.[135] »Großkaliber« als Gegenstück bezieht sich danach in erster Linie folglich auf Waffen, die für militärische oder paramilitärische Auseinandersetzungen geeignet sind.[136] Die international diskutierte Forderung »Kein Großkaliber in Privathand« zielt also eigentlich auf eine Ächtung von Artillerie, Maschinenkanonen, Bordwaffen und ähnlichen Systemen für private Nutzergruppen.

Nicht der Jäger von nebenan ist demnach gemeint. Es geht um die immer zahlreicher werdenden Söldnerfirmen in den sich ebenfalls ständig vermehrenden Krisengebieten dieser Welt. Mit der Forderung nach einem internationalen Großkaliberverbot will man erreichen, dass solche zweifelhaften Firmen daran gehindert werden, mit Militärwaffen die Zivilbevölkerung zu bedrohen und Menschenrechtsverletzungen zu begehen. Wie wichtig ein Großkaliberverbot in diesem Sinn ist, zeigen Zwischenfälle, die es beispielsweise durch Mitarbeiter der Firma Blackwater im Irak gegeben hat. Mit Bordwaffen ausgerüstete Kampfhubschrauber oder Flugzeuge haben in den Händen von privaten Firmen nichts zu suchen, auch dann nicht, wenn sie für einen Staat agieren. Das staatliche Monopol auf Kriegswaffen darf nicht angetastet und auch nicht delegiert werden.[137]

Das begriffliche Durcheinander kommt manchen Politikern allerdings nicht ungelegen. Es lenkt von anderen Problemen ab, richtet den öffentlichen Blick auf den Schießsport, während zur gleichen Zeit die Proliferation von Kriegswaffen in zweifelhafte Hände blüht. Die unsinnige Großkaliberdiskussion überdeckt beispielsweise unliebsame Fragen nach Kooperationen deutscher Firmen mit ausländischen, sagen wir chinesischen Unternehmen zwecks schließlicher Entwicklung von Trägersystemen für Artillerie-Lenkwaffen. Man richtet die Aufmerksamkeit der Medien auf das angeblich so drängende Problem von Pistolen und Revolvern in Schützenhänden und sorgt so für ungestörteren Geschäftsgang.[138] Auf weit brisantere Fragen kommen etwaige Kritiker dann kaum, wie beispielsweise die Teilnahme iranischer Studenten in Deutschland an Forschungsvorhaben, die sich auf Zündkreisschaltungen für Nuklearwaffen problemlos übertragen lassen. Jedenfalls war bisher wenig davon zu lesen, warum die Bestrebungen der Vereinten Nationen, die Weitergabe von »small bore weapons« zu unterbinden, weitgehend ins Leere gelaufen sind. Inzwischen sind im Libanon sogenannte Sicherheitskräfte anzutreffen, die mit modernen deutschen Sturmgewehren G36 aus dem Hause Heckler & Koch ausgerüstet sind (entsprechende Bilder wurden in einem Forum veröffentlicht, das sich dem internationalen Handel mit Heckler & Koch-Waffen widmet).[139]

Diskussion über Kleinkaliber nicht neu

Kurzer historischer Blick auf Kleinkaliberwaffen: Probleme mit billigen Faustfeuerwaffen (den erwähnten »Saturday Night Specials« oder »Junk Guns«) hatten wir auch in Deutschland bereits mehrfach. So wurde beispielsweise in den 1920er-Jahren politisch gefordert, dieses »Meuchelkaliber« zu verbieten. Und als die Alliierten nach Gründung der Bundesrepublik privaten Waffenbesitz vorsichtig wieder erlaubten, immerhin nach einem Totalwaffenverbot, sollte diese Liberalisierung sogar zunächst nur für Großkaliberwaffen gelten. Die Idee dahinter: Patronen kosten Geld, und Großkaliberpatronen sind deutlich teurer als Kleinkalibermunition. Für 100 Schuss zahlt man heute von zwei Euro an aufwärts, bei Patronen im Kaliber 9 mm Luger sind es schon zwanzig Euro und mehr, die man berappen muss. Über den Preis wollten die Siegermächte also einer allzu starken Verbreitung von Waffen in der Bevölkerung entgegenwirken.[140]

Das war bei wachsendem Wohlstand natürlich bald kein Thema mehr. Angebote einschlägiger Versandhauskataloge zeigen, dass Kleinkaliberpistolen – neben dem Großkaliber 9 mm Luger – zu den meistvertriebenen Kurzwaffen gehören (der Marktanteil liegt nach Jahreshauptkatalog Frankonia 2009 bei etwa 40 Prozent an der Gesamtzahl aller angebotenen Waffen). Die diversen Modelle werden zu durchaus erschwinglichen Preisen angeboten; bereits für knapp über 200 Euro kann man eine Kleinkalibervariante der Walther P 99 kaufen, der Dienstpistole zahlreicher Polizeibehörden in Deutschland. Und erstaunlicherweise ist der legale Zugang trotz der Gefährlichkeit solcher Schusswaffen gegenüber Großkaliberwaffen weniger strikt reglementiert, wie Paragraf 14 des Waffengesetzes zeigt:

> »Die Erlaubnis zum Erwerb und Besitz von Schusswaffen und Munition zum Zweck des sportlichen Schießens wird abweichend von Paragraf 4, Absatz 1, Nummer 1 nur erteilt, wenn der Antragsteller das 21. Lebensjahr vollendet hat. Satz 1 gilt nicht für den Erwerb und Besitz von Schusswaffen bis zu einem Kaliber von 5,6 mm lfB (.22 l.r.) für Munition mit Randfeuerzündung, wenn die Mündungsenergie der Geschosse höchstens 200 Joule (J) beträgt, und Einzellader-Langwaffen mit glatten Läufen mit Kaliber 12 oder kleiner, sofern das sportliche Schießen mit solchen Waffen durch die genehmigte Sportordnung eines Schießsportverbandes zugelassen ist.«[141]

Wenn man bei dieser Formulierung Fachleute konsultiert hat, dann hat man deren Rat offenbar in den Wind geschlagen. Sonst wäre die irreführende »Mündungsenergie« nicht in den Text geraten. Die .22 l.r. kann deutlich mehr an Leistung bringen als 200 Joule.[142] Mit einem einfachen Taschenrechner hätte sich das prüfen lassen, denn die Geschossenergie ist nicht Ergebnis des Kalibers, sondern wird über das Geschossgewicht und das Quadrat der Geschwindigkeit definiert. Bei entsprechend »heißen« Laborierungen können sich dann durchaus 250 Joule und mehr im gleichen Kaliber ergeben. Außerdem beeinflussen viele andere Parameter die Werte in derart vielfältiger Weise, dass die Aufnahme von genauen Zahlen dafür in einen Gesetzestext unsinnig ist. Leider kann unsere Bundeskanzlerin sich nicht auch noch um solche Sachen kümmern; als Physikerin wäre ihr sonst dieses fahrlässige Hantieren mit Energiewerten sicher aufgefallen.

Wie auch immer: Nach Lektüre des besagten Paragrafen und in Kenntnis der tatsächlichen Gefahren fragt man sich ratlos, warum ein 20-Jähriger beim Erwerb einer durchaus zum Amoklauf geeigneten Kleinkaliberpistole nicht von einem Psychologen begutachtet werden muss, wie es für Großkaliber Vorschrift ist. Ob man insgeheim Rücksicht darauf nehmen wollte, dass der Deutsche Schützenbund (DSB) mit seinen knapp 1,6 Millionen Mitgliedern gehalten ist, Jugendarbeit zu leisten? Hätte man die Latte fürs Kleinkaliberschießen so hoch gelegt, wie es vom Risiko der entsprechenden Waffen her eigentlich angesagt ist, wäre das Üben für jüngere Schützen drastisch erschwert worden. Das wiederum hätte die Medaillenausbeute bei den Olympischen Spielen gefährdet – und das wollten dann offenbar nicht einmal die großen Verschärfer. Dazu passt, dass in der Öffentlichkeit das Bild generiert wird, die Biathlon-Gewehre seien vergleichbar mit Luftgewehren. Mitnichten: Auch sie haben das Kaliber .22 l.r.

Ein Waffengesetz braucht Realitätsbezug, das heißt: Die rechtlichen Vorgaben sind auf technischer und deliktspezifischer Ebene so auszugestalten, dass damit ein konkreter und nachvollziehbarer Zweck sichtbar wird. Zwar haben wir eine Trennung von Groß- und Kleinkaliber im Waffenrecht, doch deren praktische Bedeutung ist angesichts der Technik zu vernachlässigen. Wir haben ja gesehen, dass es weniger gefährliche Schusswaffen einfach nicht geben kann (sieht man mal von Zimmerpatronen ab). Die formale Trennung des Nichttrennbaren erfolgte also erkennbar als Placebo gegenüber einer vom Erfurter Amoklauf entrüsteten Öffentlichkeit. Das zeigen nicht zuletzt die fehlgeschlagenen Versuche des damaligen Innenministers Schäuble im Jahr 2007, der diese sinnlose Regelung beseitigen wollte und sich damit heftigste Kritik zuzog.[143]

Dabei wäre es deutlich sinnvoller, hier wieder auf den Boden der Tatsachen zurückzukehren und sich zu überlegen, was an einer solchen Regelung allgemein verbessert werden könnte. Den Zugang zu Großkaliberwaffen wieder auch für Personen unter 21 Jahren zu ermöglichen, unter Beibehaltung des »Idiotentests«, wäre sicherlich eine vertretbare Option. Allerdings sollte besagter Test auch auf den Erwerb von Kleinkaliberwaffen ausgedehnt werden; sie sind nicht minder tödlich. Für die Verhinderung von Schusswaffendelikten spielt die Kaliberabwägung jedenfalls keine greifbare Rolle; sie sollte nur Entschlossenheit vortäuschen. Die Aufhebung einer Trennung zwischen unterschiedlichen Kalibern wäre ein spürbarer Sicherheitsgewinn für die Bevölkerung, denn dadurch bezöge man alle Waffen ein. Verbote dagegen, für welche Kaliber auch immer, laufen ins Leere. Zu verlangen ist vielmehr eine umfassendere und vor allem leichter vollziehbare Kontrollfunktion im Waffengesetz.[144] Nur so lässt sich missbräuchlicher Verwendung von Schusswaffen bei Straftaten bis zu einem gewissen Grad vorbeugen. Ein Großkaliberverbot beschwört nur erhebliche Kleinkaliber-Gefahren herauf.[145]

Die Verantwortung der Vereine

Vertreter der Schützenverbände weisen immer wieder darauf hin, dass Großkaliberdisziplinen auch auf internationaler Ebene in diesem Sport üblich sind. Dem ist so. Diese Disziplinen sind nur deswegen nicht mehr (!) olympisch, weil recht kostspielig. Ärmere Sportnationen müssten daher wegen der Kosten für Großkalibermunition womöglich auf eine Teilnahme verzichten; eine solche Ausgrenzung möchte niemand.

Hier vonseiten der Funktionäre einfach auf das Ausland zu verweisen, reicht sicher nicht. Vertreter von Polizeigewerkschaften und auch Landesminister stellen die Notwendigkeit solcher Sportausübung infrage und tragen Verbotsforderungen vor, wie gehaltvoll auch immer.[146] Die Vertreter der Sportverbände müssen mit der unübersehbaren Sensibilisierung der Bevölkerung rechnen und deren Sicherheitsbedürfnis ernst nehmen. Wer ein Match mit einem Präzisionsgewehr auf 300 Meter geschossen hat und anschließend Muskelkater hat und seine schmerzende Schulter spürt, der hat ohne Frage Sport getrieben. Sportliches Schießen ist eben doch deutlich mehr, als nur auf Entfernung Löcher in eine Pappscheibe zu fabrizieren. Von daher verdienen die Sportler einen gewissen Respekt, ob man ihre Freude am Schießen nun teilt oder nicht. Andere Menschen können dem Spritvernichten und Abgasproduzieren beim ziellosen Im-Kreis-Fahren nichts abgewinnen; dennoch werden sie kaum eine Abschaffung der Formel 1 verlangen.

Nach dem Amoklauf von Winnenden vermisste man bei den Schützen weitestgehend die Bereitschaft, sich der Kritik zu stellen und die entrüstete Gesellschaft aktiv in das Wissen um diesen Sport einzubeziehen. Eine solche Tat als tragischen Einzelfall und somit nicht zu verhindernden »Betriebsunfall« hinzustellen, wie etwa Jürgen Kohlheim, Vizepräsident des DSB, im ZDF am 12. März 2009, greift zu kurz und nimmt das fremde Leid nicht ernst genug.[147] Es genügt auch nicht, so verständlich es mit Rücksicht auf die vielen Mitglieder sein mag, reflexartig Vorhaltungen und Verbotsforderungen zurückzuweisen. Hier wurde in einer Phase höchster emotionaler Betroffenheit breiter Teile der Bevölkerung eine zu starre Abwehrhaltung eingenommen. Ins Gespräch kommt man nur durch Offenheit. Dann lassen sich auch die eigenen Kenntnisse und Positionen in die Diskussion einbringen. Es kann und darf nicht sein, dass Kinder durch eine Sportwaffe ums Leben kommen und dass die Sportvereine anschließend so tun, als hätten sie damit nichts zu tun. Es kann aber ebenso wenig sein, dass infolge einer solchen Katastrophe alle Sportschützen unter Generalverdacht gestellt werden. Die Fähigkeit zur Selbstkritik ging in dieser Debatte nahezu allen Beteiligten verloren und entwickelt sich auf beiden Seiten auch weiterhin nur sehr mühsam.[148] Bei der aufgeladenen Atmosphäre riskiert jeder, der sich besonnen äußert, als gefühllos an den Pranger gestellt zu werden.

Wer also Verbote fordert, der muss genau wie der, der sich für einen Erhalt des Großkaliberschießens ausspricht, ein »Ja, aber ...« aushalten, damit sich überhaupt Möglichkeiten zu einem Konsens eröffnen. Nur durch Zuhören und das Eingehen auf Argumente des anderen kommen wir weiter; dazu gehört auch, im Andersdenkenden nicht in vorauseilender Erbitterung automatisch einen Gegner oder gar Feind zu sehen.

Im Grunde sollte es bei der Auseinandersetzung nach Winnenden seitens der Verbände nicht um Abwehr von Verboten der einen oder anderen Waffen, des einen oder anderen Kalibers oder ganzer Bauartreihen gehen. Für die Funktionäre hätte vielmehr bei selbstkritischer Betrachtung schon wenige Tage nach der Tat feststehen müssen, dass etwas ganz und gar nicht stimmte. Die Öffentlichkeit sah die Verbände in einer Mitverantwortung für Sportschützen, die ja durch die Vereine erst einen legalen Zugang zu Waffen und Munition erhalten.[149] Ein deutliches Bekenntnis zu dieser Verantwortung wäre das Mindeste gewesen, was man hätte erwarten können. Haben Vereine und Verbände eine Verantwortung für ihre Mitglieder? Ja. Haben Vereine und Verbände hier entsprechende Gesetzespflichten? Ja, haben sie. Sind die Vereine und Verbände diesen ausreichend nachgekommen im Fall des Amoklaufs von Winnenden? Ja, zum Dritten!

Die Tatwaffe von Winnenden wurde nicht kontrolliert

Und darum geht es: Das eigentliche Problem nämlich blieb in der Öffentlichkeit unbemerkt. Nach dem Amoklauf von Erfurt war das Waffengesetz im Jahr 2003 verschärft worden. Anschließend, 2008, wurde es nochmals verschärft. Für die Verbände bedeutete dies beispielsweise die gesetzliche Verpflichtung, den Austritt ihrer Mitglieder und damit den Wegfall des für den Waffenbesitz erforderlichen Bedürfnisses der zuständigen Behörde mitzuteilen. Auch müssen die Verbände dafür Sorge tragen, dass nur zugelassene Disziplinen mit zugelassenen Waffen geschossen werden. Die Waffenrechtsbehörde genehmigte dem Vater des Amokläufers von Winnenden die Tatwaffe jedoch bereits am 1. Juni 1992, also mehr als zehn Jahre vor der Gesetzesänderung. Bei Tatausübung war die Waffe also bereits 16 Jahre alt. Und weil Gesetze nicht rückwirkend gelten, unterlag diese Waffe den Bestimmungen von 1992 und eben nicht denen von 2003. Das heißt: Selbst dann, wenn der Verein einen Austritt des Vaters gemeldet hätte, wäre diese Pistole von der späteren gesetzlichen Regelung nicht betroffen gewesen.

Im fast prophetisch zu nennenden Vorgriff auf die erst 2003 eingeführte Regelung wurde von der Waffenrechtsbehörde jedoch schon seinerzeit die Auflage in die Waffenbesitzkarte aufgenommen, dass Vater K. Waffen und Munition sicher vor dem Zugriff Dritter zu verwahren habe. Nicht die Verbände und der Verein stehen mithin in der Verantwortung, sondern die Behörde muss sich ihr stellen. Sie schrieb die Mahnung verantwortungsbewussterweise zwar in die Erlaubnis, brachte es aber seit April 2003 nicht fertig, auch nur ein einziges Mal Nachschau zu halten. Dass man sich eines Risikos also durchaus bewusst war und es dennoch nicht für nötig hielt, die seit sechs Jahren dann auch gesetzlich verankerten Kontrollen durchzuführen – das darf beim Verfahren gegen den Vater des Amokläufers nicht vergessen werden.

Die Vereine trifft also insoweit keine Schuld, da sie keinen Tatbeitrag geleistet haben. In ihrer Verantwortung aber hätte es gelegen, in sicherer Kenntnis dieses offensichtlichen Vollzugsdefizits bei der Waffenrechtsbehörde im Rems-Murr-Kreis zu protestieren. »Kein Personal« ist keine ausreichende Begründung für unterlassene pflichtgemäße Amtshandlungen.

Auch wenn also im Fall Winnenden primär behördliches Versagen vorlag, steht nach solchen entsetzlichen Ereignissen unvermeidlich auch der Schießsport selbst auf dem Prüfstand. Brauchen wir ihn, oder stellt er ein nicht zu tolerierendes Risiko für unsere moderne Gesellschaft dar? Die Diskussion darüber vermag klärende Kraft jedoch nur dann zu entfalten, wenn das Ergebnis nicht von vornherein feststeht. Wer privaten Waffenbesitz per se für Teufelswerk hält, der würgt das Gespräch ab, indem er das Thema zu einer Glaubensfrage macht und nicht bereit ist, relativierende Argumente auch nur anzuhören, geschweige denn zu prüfen.

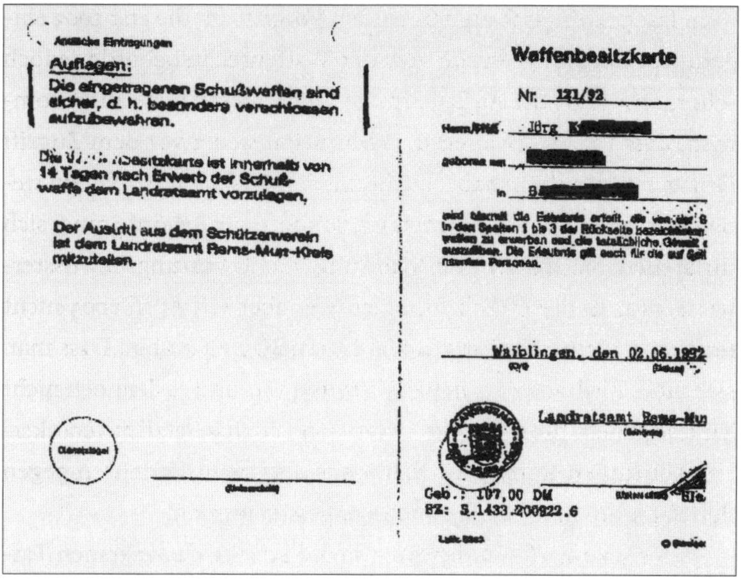

Amtliche Eintragungen

Auflagen:

Die eingetragenen Schußwaffen sind sicher, d. h. besonders verschlossen aufzubewahren.

Die W... ...besitzkarte ist innerhalb von 14 Tagen nach Erwerb der Schußwaffe dem Landratsamt vorzulegen.

Der Austritt aus dem Schützenverein ist dem Landratsamt Rems-Murr-Kreis mitzuteilen.

(Dienstsiegel)

(Unterschrift)

Waffenbesitzkarte

Nr. 121/92

Herrn/Frau Jörg [redacted]

geboren am [redacted]

in [redacted]

wird hiermit die Erlaubnis erteilt, die von ihr/ihm in den Spalten 1 bis 3 der Rückseite bezeichneten Schußwaffen zu erwerben und die tatsächliche Gewalt über sie auszuüben. Die Erlaubnis gilt auch für die auf Seite ... genannten Personen.

Waiblingen, den 02.06.1992

(Ort) (Datum)

Landratsamt Rems-Mu...

(Behörde)

Geb.: 107,00 DM

HZ: S.1433.200922.6

(Unterschrift)

Die Waffenbesitzkarte, auf der die Beretta eingetragen war, mit der Tim K. am 11. März 2009 seinen Amoklauf in Winnenden verübte. Gleich an mehreren Stellen beweist das Dokument den mangelhaften Gesetzesvollzug.

Zahlen, auf deren Basis sich eine Sachdiskussion führen lässt, sind schwer zu recherchieren. Nur eine Untersuchung des Instituts für Rechtspsychologie der Universität Bremen liefert Brauchbares. Leider ist sie die bisher einzige einigermaßen aussagefähige geblieben über das schwierige Problemfeld. Bei allen anderen Quellen, die sonst gewöhnlich beigezogen werden, handelt es sich lediglich um Pressemitteilungen oder Stellungnahmen in anderem Zusammenhang. Bemerkenswerterweise finden sich in dem öffentlich zugänglichen Bremer Dokument Zitate aus den sonst unter Verschluss gehaltenen Jahresberichten des BKA. Wenigstens für die Jahre 1999 und 2002 ergibt sich hier ein recht deutliches Bild vom Anteil legaler Schusswaffen an Delikten in der Bundesrepublik:

Deliktgruppe	1999	2002
Mord, Raubmord	3 von 56	5 von 59
Totschlag	13 von 105	7 von 82
Schwere Körperverletzung	11 von 354	3 von 287
Bedrohung	37 von 625	21 von 738
Raub, schwerer Raub	1 von 234	0 von 177

Insgesamt, so die Schlussfolgerung des Instituts, sei der legale Waffenbesitz in der Bundesrepublik überhaupt nicht das Problem, dem es zu begegnen gelte.[150]

Gegner des Schießsports betonen immer wieder, dass sich das Bild der Schützen und der Schützenvereine im Laufe der vergangenen Jahrhunderte erheblich gewandelt hat. Es müsse daher ständig erneut über ihre gesellschaftliche Stellung nachgedacht werden. So wäre die Volksbewaffnung zur Zeit der Befreiungskriege gegen Napoleon ohne die Schützen undenkbar gewesen; ihr politisches Gewicht in der Folgezeit war direkte Folge dieser Rolle und entsprach auch einem gewachsenen bürgerlichen Selbstbewusstsein. Heute hingegen hat das sportliche Schießen überwiegend nur noch Freizeitwert. Wir brauchen heute keine bewaffneten Milizen oder Bürgerwehren mehr, und das ist auch ganz gut so. Was jedoch für die Großstädte gilt, sieht auf dem Land noch sehr anders aus. Nein, auch dort haben die Vereine keine Wehrfunktion mehr. Und doch sind die Traditionen und Feste der Schützen in den ländlichen Gegenden nach wie vor stark verankert und integrierter Bestandteil des gesellschaftlichen Lebens.

Auch der Schießsport selbst hat sich freilich gründlich verändert. Es gibt nicht mehr »den« Sportschützen. Eine bunte Vielfalt von Vereinen und Verbänden hat sich etabliert, die eine reiche Palette an Möglichkeiten zur Ausübung des Schießsports anbieten. Interessenten haben die Wahl zwischen historischen Vorderladerwaffen, statischen Kleinkaliberdisziplinen, Großkaliberwaffen oder eben auch dynamischen Varianten. Freizeitgestaltung mit der Schusswaffe betreiben in Deutschland Millionen, wobei hier auch Modewellen zu verzeichnen sind. Das Anfang der 1990er-Jahre boomende Schießen mit alten Militärkarabinern aus der Zeit bis etwa 1960 ist heute weitgehend »out«. Als Nischenangebote sind sie geblieben, vergleichbar mit Oldtimer-Rallyes.

Angesichts der beinahe unüberschaubaren Zahl diverser Kombinationen von Schießsportdisziplinen mutet eine Verbotsforderung, nur bezogen auf das Kaliber, wirklichkeitsfern an. Mit jeder Waffe kann getötet werden. Schusswaffen wurden ja eigens zu diesem Zweck konstruiert und werden mit zunehmend traurigen Ergebnissen seit über 600 Jahren dafür eingesetzt. Bei den Verbotsdebatten mangelt es an der Konkretisierung dessen, was an Gefahren man für die Bevölkerung mindern will. Geht es um Tragbarkeit oder leichte Handhabbarkeit von Waffen, kommt man zu ganz anderen Lösungen als bei der Frage nach den Verletzungsbildern. Oder wollen viele gerade keine Konkretisierung, weil ihnen das Ganze nicht passt? Das wäre Symbolpolitik, die nach dem Motto handelt: »Egal was. Hauptsache, es wird irgendwas verboten.«

Schüsse ohne Spuren

Die vorherrschende Ahnungslosigkeit in der politischen Diskussion führt dazu, dass vordringlich Scheindebatten geführt werden, statt sich den eigentlichen Fragen zu stellen, was an Verboten kriminalpolitisch tatsächlich von Sinn sein kann. Zu denken wäre hier beispielsweise an Geschosse, die eine kriminaltechnische Auswertung von Spuren erschweren oder sogar unmöglich machen würden. Tatsächlich gibt es Projektile aus gepresstem Bitumen oder anderen Materialien, die beim Auftreffen auf harte Ziele regelrecht zu Staub zerfallen. Ursprünglich geschaffen für den Einsatz im Behördenbereich (etwa auf Schiffen, um gefährliche Abpraller zu verhindern) oder auch für die Nutzung in Raumschießanlagen, haben diese sogenannten Frangibles eine besondere Eigenschaft: Beim Schuss hinterlässt das Laufprofil keine eigentlichen Spuren mehr auf dem Geschoss, an den betreffenden Stellen »zerbröselt« das Material regelrecht. Die eindeutige Zuordnung des Geschosses zu einer Waffe wird damit verhindert. In den USA hat man hieraus die notwendigen Konsequenzen gezogen und solche Geschosse verboten, sie dürfen nur noch ummantelt in den Handel gegeben werden, weil die besagten Spuren auf dem dünnen Geschossmantel erhalten bleiben. In Deutschland wurde dies bisher von keiner Behörde jemals thematisiert, dabei wäre mit der amerikanischen Methode das Problem verhältnismäßig leicht zu lösen, ohne die Verbraucher damit zu benachteiligen.

Verbotsforderungen tatsächlich sinnvoll?

Dass die Verbände sich bei so undurchsichtiger Gemengelage der Meinungen und Forderungen nicht nur aus Eigeninteresse mit Kommentaren zurückhalten, ist begreiflich. Wenn man nicht mit eindeutigen Positionen konfrontiert wird, fällt es naturgemäß schwer, dazu eine Meinung zu äußern. Hinzu kommt aufgrund der belastenden Ereignisse ein wachsender Rechtfertigungsdruck einer Öffentlichkeit gegenüber, die schon auf Versachlichung hochgradig empfindlich reagiert, weil sie ein Abwiegeln argwöhnt. Kein Wunder daher, wenn sich Schützen aus Diskussionen lieber heraushalten. Wer spielt schon gern den Blitzableiter? Die Devise heißt dann: bloß keine Angriffsfläche bieten! Dabei wäre nicht Vogel-Strauß-Politik angesagt, sondern mutiges Einbringen von Fach- und Sachkenntnissen ins schwierige Gespräch.

Machen wir uns nichts vor: Das öffentliche Bild der Sportschützen ist von seltsamen Männern geprägt, die ihre Rasierpinsel am Hut tragen, die ordensgeschmückte Brust vorwölben, obwohl sie niemals im Krieg gewesen sind, und die alle einen Dackel im Schlepptau haben. Dass sie belächelt werden, darf nicht wundernehmen. Leider sind solche albernen Zerrbilder wesentlich wirksamer als Tatsachen, weswegen die Sportschützen ein schwer zu lösendes Imageproblem haben. Vielleicht sollten sie deutlicher herausstellen, welche bekannten Mitbürger sich in ihren Reihen befinden und befanden. Nur ein paar Beispiele: Die Brüder Klitschko gehörten zu ihnen, und auch der Schauspieler Patrick Bach, früher Kinderstar aus den ZDF-Serien *Anna* oder *Silas*, ist bekennender Sportschütze. Schauspielerin Yasmina Filali, Ehefrau von Fußballstar und Moderator Thomas Helmer, stellte sich der Schießherausforderung, und auch ihr Kollege Heinz Hoenig hat früher gern Nachmittage auf einem Schießstand verbracht. Alle mit Großkaliber. Diese Menschen sind sicherlich keine verrückten oder ballergeilen Rasierpinselträger. Selbst der Bundestag verfügt über einen eigenen Schützenverein. Diesen Leuten den Sport zu verbieten, das soll die Lösung sein?

Und das sind nur einige wenige deutsche Namen. Im Ausland widmen sich viele Topstars dem Schießsport, von Eric Clapton über Steven Spielberg, Madonna bis zu Tom Selleck, der sogar bekennendes Mitglied der amerikanischen Waffenlobby NRA ist. Hier

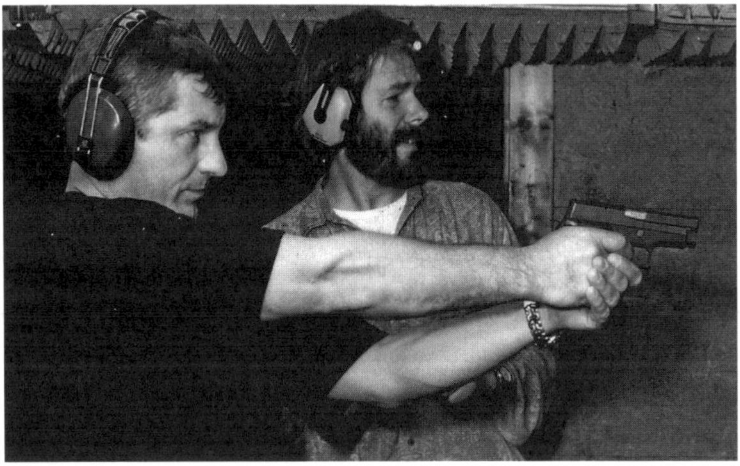

Heinz Hoenig beim Übungsschießen im Düsseldorfer Schießzentrum »Magnum«. Potenzielle Amokläufer sehen eindeutig anders aus.

beißen sich also Image und Wirklichkeit kräftig. Das wirft die Frage auf, ob das in der Öffentlichkeit gepflegte Zerrbild eher einem allgemeinen Argwohn gegenüber Waffen und ihren Nutzern entspringt oder auf die besagte verschämte Defensive der Sportschützen und ihrer Funktionäre zurückgeht. Wenn überhaupt, dann sind Schützen in den letzten Jahren fast immer nur mit Negativschlagzeilen ins Gerede gekommen. Für die Medien werden sie stets dann interessant, wenn es um Skandalgeschichten geht, ein Grundgesetz der Berichterstattung, die auf Nervenkitzel setzt. Andererseits aber scheint Schießen bei aktiver Ausübung einen gewissen Spaß zu vermitteln: Das sofortige Erfolgserlebnis bei einem Treffer, die Herausforderung des Zielens und nicht zuletzt die Waffenhandhabung. Die Schießbudenbesitzer auf unseren Jahrmärkten scheinen jedenfalls nicht schlecht davon zu leben. Merkwürdigerweise hat kaum jemand Einwände gegen das von Alkohol benebelte Ballern auf dem Rummelplatz. Beim nüchtern ausgeübten Schießsport unter strenger Aufsicht, mit klaren Regeln jedoch, stellt sich dagegen bei vielen sofort tiefes Misstrauen ein. Verstehen muss man solche Gewichtungen nicht wirklich.

Als Folge der seit 2003 gesetzlich vorgeschriebenen psychologisch-medizinischen Prüfungen für junge Sportschützen gewann man erstmals Profile für Waffenbesitzer. Das Institut für Rechtspsychologie der Universität Bremen erhielt anlässlich der Waffenrechtsverschärfung im Jahr 2008 den Auftrag, die unterschiedlichen Persönlichkeitsbilder von Sportschützen und deren Risikopotenziale für die Öffentlichkeit zu untersuchen und darüber dem Innenausschuss des Bundestags zu berichten. Das Ergebnis: Stellenweise wiesen Waffenbesitzer sogar bessere Werte im Verantwortungsbewusstsein auf als Durchschnittsbürger.[151]

Im Grunde wollen Schützen und Schießsportgegner dasselbe: möglichst viel Sicherheit für die Bevölkerung. Die einen allerdings möchten deswegen am liebsten alle privaten Waffen verbieten, die anderen sind zwar zu Beschränkungen bereit, nicht aber zur Opferung ihres Sports. »Wer Kompromiss nicht kann«, hat Altkanzler Helmut Schmidt einmal gesagt, »der taugt nicht zur Demokratie.« Und um einen Kompromiss allein kann es gehen bei so weit auseinanderliegenden Positionen. Dazu aber muss man dem anderen genau zuhören und ihm so weit, wie es einem irgend vertretbar erscheint, entgegenkommen. Es hat nicht viel Sinn, Verbandsvertreter zu fragen, welche Nachteile bei einem Verbot drohen. Natürlich lehnen diese jedwede Beschränkung für ihre Vereinsmitglieder ab. Besser wäre es daher, konkret danach zu fragen, was aus ihrer Sicht anders, besser gemacht werden könnte oder vielleicht sogar dringend müsste. Darauf erhält man weitaus ehrlichere Antworten, die womöglich tatsächlich zielführend wären.

Leider sind aufseiten der Funktionäre Fehler gemacht worden, die noch immer als Stolpersteine auf dem Weg zu einer Verständigung liegen. Nach massiver Kritik aus der Öffentlichkeit hat man sich in eine unangemessene Defensive drängen lassen oder sich gar ganz in den Schmollwinkel zurückgezogen. Dabei stehen durchaus Argumente zur Verfügung: Der Anteil des Waffenmissbrauchs durch Sportschützen liegt derartig niedrig, dass das Büßergewand sicher das falsche Kleidungsstück ist. Natürlich hat es immer wieder Fälle gegeben, bei denen Sportschützen mit ihren legalen Waffen Straftaten begangen haben; bei einer Mitgliederzahl im Millionenbereich ganz unausweichlich. Genau hier aber liegt der Denkfehler, der die Streitparteien aufeinanderprallen lässt:

Schießen ist ein anerkannter Sport und gewährt, aus den Überlegungen der frühen 1970er-Jahre heraus, den legalen und kontrollierten Zugang zu Waffen. Entsprechend gibt es einen Anteil von Menschen, die nicht Schießsport betreiben um des Sportes willen, sondern die dadurch Zugang zu Waffen erhalten wollen. Das aber hat der Gesetzgeber ausdrücklich nicht so gewollt, weil er eine unkontrollierte Bewaffnung der Bevölkerung vermeiden wollte.[152] Es ist ein gravierender Unterschied, ob man Sportschütze wird und dafür Waffen benötigt, oder ob man Waffen will und dafür Sportschütze wird. Eine Motivprüfung aber, die da mehr Klarheit hätte schaffen können, war im Gesetz von 1973 eben nicht vorgesehen. Deswegen wurde schließlich 2003 der Versuch unternommen, per Gesetz solche als Sportbegeisterung getarnten Waffenbeschaffungen durch Verlängerung der Anerkennungszeit von sechs Monaten auf ein Jahr und nach drei Jahren zusätzlicher Bedürfnisüberprüfung zu erschweren.[153] Und deswegen wurden Meldepflichten für »Karteileichen« und ausgetretene Vereinsmitglieder in das Waffengesetz aufgenommen.

Gesetzgeber fördert den Missbrauch

Dennoch ist immer noch nicht alles Sportschütze, was waffenrechtlich unter diesem Label läuft. »Die« Sportschützen trifft insoweit kein Vorwurf. Sie müssen mit schwarzen Schafen in ihren Vereinen leben. So hat es beispielsweise in Hamburg Fälle gegeben, in denen sich Personen aus dem Rotlichtmilieu gezielt in Schützenvereine begeben haben, um hier zu trainieren und sich völlig legal zu bewaffnen. Von Sportschützen kann bei solchen Personen nicht die Rede sein. Wie aber kann man sie erkennen, und was soll ein Schützenverein dann unternehmen? Regelabfragen bei Landeskriminalämtern oder bei den Verfassungsschutzbehörden sind sicherlich das Allerletzte, was wir in Deutschland brauchen. Außerdem brächten auch die nur dann etwas, wenn sich im Führungszeugnis rechtskräftige Verurteilungen fänden; und das dürfte höchst selten bei solchen Bewerbern der Fall sein, die ja möglichst nicht auffallen wollen. Selbst gefährliche Neonazis haben schon als Gäste in Schützenhäusern trainieren können, weil niemandem auf der Stirn steht, was er außerhalb des Vereinsheimes noch so alles treibt.[154]

Hier können nicht die Vereine und Verbände gefragt sein, sondern nur die Sicherheitsbehörden. Leider ist es aber so, dass sie bei Erkennen solcher Gefahrenlagen nachweislich nicht reagieren und auch nicht das konstruktive Gespräch mit Waffenrechtsbehörden oder mit Schützenvereinen suchen. Indirekt leisten sie mit solcher Untätigkeit der weiteren Erschleichung von legalem Waffenzugang Vorschub. Als im August 2008 in Lörrach mehrere Neonazis mit Waffen und Sprengstoffen ausgehoben wurden, stellte man schnell fest, dass es hier um regionale Kader der NPD ging, die ohne Zweifel unter Beobachtung des Verfassungsschutzes standen.[155] Trotzdem war einem der mutmaßlichen Täter als Sportschütze eine Waffenbesitzkarte ausgestellt worden. Dabei sieht das Waffengesetz, Paragraf 5, ausdrücklich vor, dass solche Personen als unzuverlässig zu gelten haben und dass ihnen entsprechend ein Zugang zu Waffen zu verwehren ist.[156] Nicht Schützenvereine, ja nicht einmal Waffenbehörden waren hier zu rügen, sondern die Schlapphüte der »Dienste«, die offenbar geschlafen hatten.

Wozu solche Untätigkeit führen kann, zeigte überaus drastisch ein Fall, den das ZDF-Magazin *Frontal21* im Juni 2008 dokumentierte: Neonazis aus dem Umfeld der verbotenen Organisation »Blood & Honour« hatten ein regelrechtes Netzwerk für paramilitärische Übungen und Ausbildungen aufgebaut.[157] Über ein Fachgeschäft für Militärartikel im niedersächsischen Munster, dem größten Standort des deutschen Heeres, betrieben die Inhaber Hannes K. und Hannes F. ein Ausbildungsunternehmen, die »Warrior School«. Dort, so die offizielle Lesart, konnte man für gestresste Manager Überlebenskurse (oder, im englischen Jargon der Betreiber: Survival-Kurse) buchen. Zu den Ausbildungsangeboten gehörten Wehrsportübungen, die bereits deutlich den Charakter militärischer und polizeilicher Spezialeinheiten aufwiesen. Hier ging es nicht mehr um kindisches Laufen durch den Wald und Rufe wie »Flieger von links«, hier waren tatsächliche Profis am Werk.

Die möglichen Zielsetzungen dieser Ausbildungen waren keineswegs geheim: Die Gruppe »Blood & Honour« hatte sich ja öffentlich in einem Manifest, dem sogenannten *Field Manual*, über die internationale politische Arbeit der Rechtsextremen zu dem bekannt, was man in der Bundesrepublik vorhatte: »Rote Armee Fraktion is turning into Braune Armee Fraktion, right in front of the frustrated stasi-officers«.[158] Zu den Ausbildungen gehörten beispielsweise Überfälle auf »Versorgungsfahrzeuge« eines imaginären Gegners, das lautlose Ausschalten von Wachtposten oder auch das Verhalten im feindbesetzten Gelände. Widerstand gegen Verhörtaktiken stand ebenso auf dem Stundenplan wie die Ausbildung im Messerkampf.[159] »Eine völlig neue Dimension mit eindeutig terroristischem Potenzial«, so beschrieb es Ludwig Heerwagen, ehemaliger Ausbildungsleiter der GSG 9, im Interview.

Besonders interessant: Die Neonazis hatten intensiv Kontakte gesucht zu Schützenvereinen und Ausbildern aus Spezialeinheiten. Mit dazu gehörte ein ehemaliger Soldat der britischen Spezialeinheit SAS, der 1980 an der Geiselbefreiung in der Iranischen Botschaft in London beteiligt war. Auch bei einem Schützenverein in der Nähe von Aachen waren sie fündig geworden: Ein ehemaliger Angehöriger einer Spezialeinheit der Bundeswehr, Helmut S., war dort Schießleiter. Der ehemalige Soldat war schockiert, als ihm aufging, wer sich da so stark für eine Scharfschützenausbildung interessiert hatte. Und er zeigte eine für Waffenbesitzer sehr charakteristische Reaktion: Er verfiel in regelrechte Panik, seine Waffen könnten ihm abgenommen werden. Verständlich angesichts der erheblichen Summen, die er in seine Sportausrüstung gesteckt hatte. Nach seinen Angaben war es ihm im Laufe der Zeit seltsam vorgekommen, dass der Neuschütze weitaus eher daran interessiert schien, professionelles Töten zu erlernen, als sportliche Erfolge zu erzielen. Schon nach wenigen Wochen trennte man sich von dem Neonazi.[160]

Zum Abschluss aber war Helmut S. mit seinem im doppelten Sinn Schützling noch zu einem Scharfschützenwettkampf in die Schweiz gefahren. Erst dadurch kam es zum Skandal: Im Sommer 2008 geriet das Verteidigungsministerium der Alpenrepublik in erhebliche Erklärungsnot angesichts bohrender Fragen von Journalisten, wie es kommen könne, dass deutsche Neonazis in der Schweiz an Schießwettbewerben teilnehmen durften. Das Ministerium versteckte sich eilends hinter der Bundeswehr: Die Deutschen müssten doch wissen, wer sich in ihren Reihen tummele.[161] Nicht ganz falsch. Leider aber war es so, dass den Sicherheitsbehörden in Deutschland nicht einmal die Orte der Wehrsportübungen bekannt waren, an denen sogar Personen in Kleidung der SS-SA (»SelbstSchutz Sachsen-Anhalt«) teilnahmen. Dieser »Ordnungsdienst« sorgt bei Aufmärschen und Parteiveranstaltungen der NPD für Sicherheit. Die im Internet veröffentlichten Bilder zeigten bei näherer Betrachtung recht deutlich das Gelände des NATO-Tanklagers im niedersächsischen Unsen. Eigentlich sollte die Bundeswehr wissen, wer da auf ihren Liegenschaften sein Unwesen treibt. Offiziell ist der Betreiber dieses Kriegergeschäfts inzwischen aus der rechtsextremen Szene ausgestiegen. Nun ist er dafür im Umfeld von Motorradrockern anzutreffen.[162]

Man sollte annehmen, die Beobachtung von Extremisten funktioniere so: Man überwacht ihre Aktionen und schreitet ein, wenn Gefahren von ihnen ausgehen. Bei der Bewaffnung von Neonazis sind die Beobachter gern den umgekehrten Weg gegangen: Sie nahmen Schützenvereine ins Visier und beobachteten diese, damit sich keine Extremisten bei ihnen einschleichen. Opfer- statt Täterüberwachung, ein schildbürgerlicher Streich der Staatsmacht. Mehrmals kam es, insbesondere in Nordrhein-Westfalen, zu erheblichem Ärger wegen dieser Verkehrung der Aufklärungsziele. Die Verfassungsschützer gaben sich dann bass erstaunt, dass sich die Observierten gegen diese insgeheime Diskriminierung wehrten, statt für den Schutz zu danken, den man ihnen angedeihen ließ. Man wird abwarten müssen, ob die Sicherheitsbehörden künftig auf diese Art der Frontumkehr verzichten und sich den wirklichen Top-Extremisten widmen, die bislang oft unbehelligt an Wehrsportübungen mit der Waffe teilnehmen durften. Gegen »Terrorcamps« der Extremisten sollten sich die Sicherheitsbehörden zu energischem Vorgehen aufraffen und sich nicht in Diskussionen darüber verzetteln, ob dynamisches Schießen als Sport zu verbieten sei, da das Training dem »militärischer und polizeilicher Spezialeinheiten entspreche«.

Defensive bringt nichts

Welches Gewaltpotenzial sich in der rechtsradikalen Szene aufgebaut hat und wie viel bedrohlicher sie noch werden könnte, das geht aus dem alljährlichen Verfassungsschutzbericht des Innenministers hervor. Wie diesen Extremisten gegenüber ist höchste Wachsamkeit auch dort geboten, wo mit der Faszination von Waffen Geschäfte gemacht werden. Auf dem Markt der Gewalttätigkeit finden sich ungezählte Angebote für Ausbildungen zum Bodyguard oder Objektschützer, wobei nicht selten Sportwaffen zweckentfremdet werden. Die von Abenteuerflair umwehten Berufsziele heißen dann »Sonderermittler«, zu Deutsch: Kaufhausdetektiv; »Personenschützer«, kürzer: Türsteher; oder »Söldner«, im Klartext: derzeit ohne Beschäftigung. Wes Geistes Kind solche Anbieter sind, beleuchtete eine Anzeige im *Deutschen Waffen-Journal*, nach der man sich bei einem »Institut« zum »Ski-Marschall« ausbilden lassen könne. Gemeint waren offenbar bewaffnete Flugbegleiter ohne jegliche Englischkenntnisse. Und es geht noch banaler: Wer sich vor Geisterbahnen oder den bunten Attraktionen im Phantasialand bei Brühl fürchtet, der kann vor solchen Rummelbesuchen bei einem Maler in Hamburg zur Beruhigung Kurse in »Piraterie-Bekämpfung« buchen.

Die Schießsportverbände nehmen diesem Treiben gegenüber die Drei-Affen-Haltung ein: nichts sehen, nichts hören, nichts sagen. Und das, obwohl dem Ruf der Sportschützen schwerer Schaden droht. Wenn schon die Sicherheitsbehörden nur in den seltensten Fällen einschreiten, wären gerade die Verbände gehalten, Alarm zu schlagen und gegebenenfalls Anzeige zu erstatten. Man zieht aber den Totstell-Effekt vor aus Sorge, es könnten eigene Leute unter den schwarzen Schafen enttarnt werden und es könnte zu weiteren waffenrechtlichen Restriktionen kommen. Außerdem scheut man die Öffentlichkeit, mit Rücksicht auf das ohnehin ramponierte Image. Dass gerade offensiver Umgang mit dem Missbrauch von Waffen Pluspunkte bringen könnte, wird nicht gesehen. Dabei ist der SSV Leutenbach nach dem Amoklauf von Winnenden mit gutem Beispiel vorangegangen. In Interviews vor laufender Kamera stellten sich Vereinsmitglieder den Fragen und gaben ehrliche Antworten.[163] Sie erwarben sich damit mehr Respekt als manche herumdrucksenden Funktionäre.

Defensive bringt nichts beim Kampf gegen den Waffenmissbrauch. Gerade die Kenner sind berufen, mit Fingern auf Defizite im Waffenrecht hinzuweisen: Es hat sich nur zu oft gezeigt, dass der Gesetzgeber mit dem Bedürfnisprinzip mehr Probleme geschaffen hat, als er hatte lösen wollen: Nicht das Individualbedürfnis nach Besitz einer eigenen Waffe sollte berücksichtigt werden, sondern ein schematisches. Da kann es nicht verwundern, wenn es zu Missbrauch kommt, weil man nicht einmal ansatzweise etwas weiß über die Motivlage von Bewerbern. Die Vereine und Verbände können nichts dafür, dass die Mitgliedschaft eine so hohe Anziehungskraft auf Waffeninteressierte ausübt. Sie haben nur die Möglichkeit, einen Aufnahmeantrag zu akzeptieren oder ihn bei offensichtlichen Gründen abzulehnen. Damit stehen sie nicht schlechter oder besser da als andere Vereine oder Parteien. Das Problem daran ist nur, dass vom Gesetzgeber anderen Vereinen keine Befürwortungsoptionen nach dem Waffengesetz eingeräumt werden. Vor

1973 war das einfacher, da kaufte man sich eine Waffe und ging dann in einen Schützenverein. Entsprechend problemlos war die Ausübung dieses Sports. Jürgen Kohlheim, dem Vizepräsidenten des Deutschen Schützenbunds, ist rundum zuzustimmen: Für den Sonderausschuss des Landes Baden-Württemberg zu den »Konsequenzen aus dem Amoklauf von Winnenden und Wendlingen« führte er in einer Stellungnahme aus: »... aber auch wir können in einen Menschen nicht hineinschauen – noch viel weniger als die Psychologen, die auch keine fertigen Antworten haben.«[164]

Nein, ein »Hineinschauen« ist nicht möglich, aber ein genaueres Hinschauen schon, und das wäre allemal wichtiger, als von Behördenseite immer neue Fronten im Papierkrieg zu eröffnen. Fragen wie die, ob denn diese oder jene Waffe für diese ohne jene Sportdisziplin unbedingt erforderlich sein mag, sind absolut nachrangig. Doch den Waffengesetzmachern ging es bisher nicht deutlich darum zu erfahren, was das für Charaktere sind, die sich eine Waffe zulegen wollen. Sie waren und sind offenbar immer noch allein fixiert auf die Zahl der Waffen, die sie um beinahe jeden Preis klein halten wollen, notfalls auch mit untauglichen Mitteln. Fragt sich nur, wie viel Blut noch fließen muss, bevor man begreift, dass nicht die vierte oder fünfte, sondern die erste Waffe die eigentliche Gefahr ist und dass man den Bedürfnisblödsinn in den bürokratischen Mülleimer werfen sollte, wo er hingehört.

Die Auffassung, kleinkalibrige Waffen seien grundsätzlich weniger gefährlich als großkalibrige, führte nicht zuletzt auch dazu, dass die »Kleinen« bis 1973 unkontrolliert gehandelt wurden. Erst durch die leidvolle Erkenntnis, dass es in der tödlichen Wirkung keine Unterschiede gibt, setzte ein Umdenken ein. Endlich wurden auch Kleinkaliberwaffen den gleichen rechtlichen Zugangsvoraussetzungen unterworfen wie alle anderen Schusswaffen auch.

Waffenkäufer bedienten sich vor dieser Zeit über die gleichen Kataloge, aus denen wir heute noch schicke Mode bestellen. Das Kleinkalibergewehr als Mordwaffe für zu Hause, per Post bestellt? »Neckermann machte es möglich!« Die Waffe, mit der 1984 der ehemalige Boxprofi Gustav »Bubi« Scholz seine Frau durch die geschlossene Badezimmertür erschoss, war ein solches Kleinkalibergewehr.

Insofern ist es mehr als betrüblich, dass eben die »Waffenhändler«, die seinerzeit klotzig verdient haben, keine Verantwortung übernehmen und nur die Achseln zucken angesichts der Waffenschwemme. Als ginge sie diese nichts an, haben sie die Gesetzesänderung von 1973 kommentarlos hingenommen, machen aber keinerlei Anstalten, sich bei der Entwaffnung der Gesellschaft zu engagieren. Über Jahrzehnte verschimmelten die Daten der Waffenkäufer in den Archiven der Versandhandelsunternehmen, ohne dass es jemals Mahnungen an die einstigen Kunden gegeben hätte, ihre Waffen im Rahmen der Meldeamnestien registrieren zu lassen. Die Versender entledigten sich möglichst geräuschlos dieser Geschäftszweige und tun bis heute so, als sei das Problem damit gelöst. Dabei hat es sogar neue Probleme geschaffen: Ein großer Teil der Besitzer dieser Waffen ist inzwischen verstorben. Die Kleinkalibergewehre und -pistolen sind in alle Himmelsrichtungen verstreut, und jetzt, knapp vierzig Jahre nach dem Boom, sind alle Bemühungen, dieser Waffen wieder habhaft zu werden, vergeblich. Da erscheint es nicht sonderlich beruhigend, dass wir eine gesellschaftliche Diskussion über die Gefährlichkeit von »Großkaliber« führen.

7

Der legale Zugang zu Waffen

Man darf als legaler Waffenbesitzer heutzutage nicht einmal mehr in den Verdacht geraten, gegen das Waffengesetz zu verstoßen.

Ein Beamter gegenüber dem Autor

Wie bereits erwähnt, befinden sich etwa sieben bis zehn Millionen Schusswaffen in der Bundesrepublik legal in Bürgerhand. Die genaue Zahl kann derzeit niemand nennen. Nach Schätzungen von Behörden und Experten ist anzunehmen, dass sich die genannte Waffenmenge auf etwa 3,5 Millionen Menschen verteilt. Der Gesetzgeber hat für den legalen Erwerb von Schusswaffen eine Reihe von Hindernissen aufgebaut. Allerdings macht er dabei zwischen den diversen Nutzergruppen keine Unterschiede. Jeder, der in den Besitz einer Waffe gelangen und mit ihr umgehen will, muss mehrere durchaus intensive Prüfungen über sich ergehen lassen. Eine Erlaubnis zum Waffenbesitz lässt sich nicht im Spaziergang erreichen.

Zuverlässigkeit ist Pflicht

Der Besitz von und der Umgang mit erlaubnispflichtigen Waffen ist gesetzlich geknüpft an eine Überprüfung der Zuverlässigkeit (kurz: Z-Prüfung) durch die »zuständige Behörde«, wie es im Beamtendeutsch heißt. Dabei reicht nicht der bloße Augenschein oder die persönliche Einschätzung des Sachbearbeiters, ob jemand als zuverlässiger Bürger oder aber als »unzuverlässiges Element« einzustufen ist. Selbst der beste Eindruck, oder gerade der, kann täuschen, zumal niemand etwas darüber zu sagen vermag, wie sich ein momentan durchaus vertrauenswürdig wirkender Mensch entwickeln wird. Zunächst gilt daher, ganz im Sinne der grundsätzlichen Unschuldsvermutung, dass erst einmal jeder Bürger als zuverlässig anzusehen ist, solange keine überzeugenden Gründe dagegen sprechen.

Damit die Bewertung eines Antragstellers eine gewisse Plausibilität erhält und nicht unnötig Verwaltungsgerichtsverfahren angestrengt werden, wurde ein Katalog geschaffen, der eine recht klare formale Linie zwischen Zuverlässigkeit und waffenrechtlicher Unzuverlässigkeit zieht. Er erleichtert einerseits die behördliche Entscheidung, verhilft andererseits aber auch dem Bürger bei einem Antrag zu seinem Recht. Es handelt sich dabei um strenge Maßstäbe, die bereits im Vorwege einem Missbrauch von Waffen vorbeugen sollen. Verurteilte Straftäter werden danach ebenso kategorisch vom Umgang mit Waffen ausgeschlossen wie politische Extremisten. Die Kriterien hierzu sind tatsächlich in Deutschland besonders streng: Bei einer einmaligen Verurteilung zu einer Geldstrafe von mehr als 60 Tagessätzen oder einer zweimaligen Verurteilung zu geringeren Sätzen ist die erforderliche Zuverlässigkeit nicht mehr gegeben. Es reichen also bereits geringfügige Gesetzesverstöße zum Ausschluss vom Waffenzugang. Wer beispielsweise nach dem Pflichtversicherungsgesetz verurteilt worden ist, weil er »vergessen« hat, die Rechnung für die Autoversicherung zu bezahlen, dem ist die beantragte Erlaubnis zu verweigern.

Nach dem derzeit geltenden Waffengesetz ist bei solchen Urteilen der Zugang zu Waffen für die nächsten zehn Jahre ausgeschlossen. Wobei diese Frist erst von dem Zeitpunkt an läuft, an dem die Strafe verbüßt ist. Bei besonderen Straftaten, etwa Verstößen gegen das Waffen- oder Sprengstoffgesetz, gelten keinerlei Fristen; die Täter sind meist für den Rest des Lebens vom legalen Zugang zu Waffen fernzuhalten. Bei legalen Waffenbesitzern sollte man also eine besondere Gesetzestreue annehmen dürfen, denn in der Regel werden die Erlaubnisse schon nach einer Trunkenheitsfahrt oder ähnlichen Delikten umgehend entzogen.

Zudem ist die Z-Prüfung keine Hürde, die ein Waffenbesitzer nur ein Mal im Leben nehmen müsste. Spätestens alle drei Jahre hat die Waffenrechtsbehörde diese intensive Prüfung zu wiederholen. Dabei muss im Grunde noch nicht einmal eine rechtskräftige Verurteilung vorliegen; es genügen »Tatsachen, die die Annahme rechtfertigen«, dass Waffen und Munition möglicherweise künftig missbräuchlich oder leichtfertig verwendet oder auch nur nicht vorschriftsmäßig aufbewahrt werden.

Die persönliche Eignung

Die Z-Prüfung ist nicht der einzige Persönlichkeitstest, dem sich ein angehender Waffenbesitzer zu unterziehen hat. Auch bei der persönlichen Eignung gilt der Grundsatz, dass der Bürger zunächst als grundsätzlich geeignet gilt und ihm die Behörde Mängel, die eine Ablehnung des Antrags begründen, nachweisen muss. Bei dieser Prüfung durch die Behörde geht es in erster Linie um die geistige Gesundheit des Aspiranten. Aufgrund des öffentlichen Drucks in der Folge von Erfurt wurde hier eine Altersgrenze eingeführt: Wer unter 25 Jahre alt ist und eine Großkalibersportpistole sein Eigen nennen will, der kommt an einer medizinisch-psychologischen Untersuchung (MPU) nicht vorbei, wie sich ihr auch auffällige Autofahrer stellen müssen. Bestehen berechtigte Zweifel an der seelischen Gesundheit eines Waffenbesitzers oder Antragstellers, kann die Waffenrechtsbehörde, natürlich auf Kosten des Aspiranten, eine solche Untersuchung fordern. Sie darf nur durch anerkannte Fachleute erfolgen, damit Gefälligkeitsgutachten unterbleiben.

Ebenso wichtig ist die körperliche Eignung des Waffenbesitzers. Wer auf wenige Meter Entfernung einen Möbelwagen nicht sieht, der darf auch keinen Umgang mit einer Schusswaffe haben. Fehlschüsse oder Unfälle wären sonst programmiert. Und eine gewisse Fitness sollte man ebenfalls mitbringen, nicht im Sinne von rekordverdächtigen Laufleistungen oder atemberaubenden akrobatischen Fähigkeiten, aber doch im Sinne einer körperlichen Grundgesundheit. Der Parkinson-Finger hat am Abzug einer Selbstladewaffe nichts zu suchen. Und eine Verlängerung des Jagdscheins eines Antragstellers, der von einem Zivildienstleistenden im Rollstuhl vorgefahren wird, kommt wohl auch ausnahmsweise nicht infrage.

Körperliche Gebrechen lassen sich vergleichsweise leicht feststellen. Erheblich schwerer schon haben es die Bearbeiter mit der Prüfung der geistigen Eignung. »Wenn einer hier reinkommt und nicht gleich zum Besten gibt, er sei Napoleon, dann bringen wir in der Regel über seinen Geisteszustand wenig in Erfahrung; der Datenschutz verhindert, dass wir mit den Gesundheitsbehörden Rücksprache halten dürfen«, klagt ein Sachbearbeiter.

Tatsächlich erscheinen mitunter beeindruckende Kandidaten bei den Waffenrechtsbehörden. So stellte sich einmal ein Mann vor, der eine Waffenbesitzkarte beantragte mit der Begründung, er sei lebensmüde. Der umsichtige Sachbearbeiter verwickelte den Antragsteller in ein Gespräch, bis der Notarzt erschien und die Zwangseinweisung nach dem Psychisch-Kranken-Gesetz (PsychKG) vornahm.

Ein weiterer Hinderungsgrund für die Erteilung einer Erlaubnis zum Waffenbesitz ist der Missbrauch von bewusstseinserweiternden Medikamenten, Drogen aller Art und natürlich Alkohol. Besteht hier ein begründeter Verdacht auf regel- und übermäßigen Konsum oder auf eine Abhängigkeitserkrankung, kann ein Gutachten angefordert werden. Natürlich ist es sinnvoll, Alkoholiker und Drogenabhängige von Waffen fernzuhalten. Doch wie oft sieht man solche Probleme einem Menschen gar nicht an.

Die Waffensachkundeprüfung

In früheren Jahren eher als »Schlafmützenprüfung« verschrien, hat sich die Sachkundeprüfung nach dem Waffengesetz seit 2003 zu einer tatsächlich hohen Hürde entwickelt. Wer bereits die Theorieprüfung beim Führerschein für hart hält, wird sich bei der Sachkundeprüfung vermutlich vergeblich abmühen:

Die Vorbereitungskurse ziehen sich über vier bis fünf Tage zu jeweils acht Stunden hin, streng ausgerichtet nach dem Fragenkatalog des Bundesverwaltungsamts. Neben intensiven Kenntnissen des Waffenrechts muss der Neuling dabei auch die unterschiedlichen Typen in der Waffentechnik kennenlernen, Ballistik pauken, inklusive der sicheren Handhabung von Waffen in der Praxis, und natürlich auch einige Prüfungsschüsse auf die Scheibe abgeben.

Fahrlässigen Verstößen gegen das Waffenrecht soll damit ebenso vorgebeugt werden wie Fehlbedienungen und Unfällen im späteren Umgang mit der Waffe. Von der Intensität ist dies etwa vergleichbar mit einem Führerscheinkursus, bei dem man nicht nur über einen Fahrschulwagen Kenntnisse erwerben, sondern sich mit allen Arten von Fahrzeugen beschäftigen muss, die auf den Straßen unterwegs sind. Verständlich, dass einem dabei dann schon mal der Kopf raucht und dass die Durchfallquote in Waffensachkunde bei durchschnittlich zwanzig Prozent liegt – trotz intensiven Lernens. Inhaltlich geht dies weit über das hinaus, was bei Bundeswehr oder Polizeibehörden an Kenntnissen nachzuweisen ist; der Lehrgang »Schießlehrer Handwaffen« der Bundeswehr wird beispielsweise zivil nach dem Waffenrecht nicht anerkannt.

Die hier aufgeführten Prüfungen gelten als Zugangsvoraussetzungen für alle, ganz gleich ob man Jäger, Sportschütze oder Waffensammler ist. Einen schnellen, komplikationslosen legalen Zugang zu Waffen also gibt es in Deutschland, anders als oftmals zu hören, nicht. Doch selbst nach Überwinden all dieser Hürden ist die Prüfung noch lange nicht abgeschlossen; der komplizierte und schwer verständliche Teil kommt erst noch.

Die Bedürfnisprüfung

Wer eine Waffe haben will, der hat der Behörde gegenüber wirklich überzeugende Gründe dafür geltend zu machen, dient das Bedürfnisprinzip doch dem Ziel: »So wenige Waffen wie möglich ins Volk!« Durch entsprechende Auslegung soll eine Regulation erreicht werden, die dafür sorgt, dass trotz erfolgreichen Absolvierens aller Prüfungen nicht automatisch ein Anspruch auf Waffenbesitz entsteht. Er soll so weit wie irgend möglich in Grenzen gehalten werden.

Waffenrechtsbehörden neigen daher dazu, im Zweifel gegen einen Antragsteller zu entscheiden und ein Bedürfnis zu verneinen. An die Triftigkeit eines Waffenwunsches werden hohe Ansprüche gestellt. Allerdings gibt es hier bundesweit ein ziemliches Gefälle zwischen den Genehmigungs- und Verbotsbehörden. Und gerade bei dieser Prüfung kommt es verhältnismäßig oft zu erheblichen Meinungsverschiedenheiten zwischen den behördlichen Auffassungen und denen der Antragsteller und zu anschließenden Klagen vor den Verwaltungsgerichten.

Damit eine gewisse Einheitlichkeit gewährleistet ist und die Jagd oder der Schießsport nicht bürokratisch zerrieben wird, hat der Gesetzgeber schon beim Waffengesetz von 1973 für verschiedene Nutzergruppen ein Regelbedürfnis geschaffen. Es soll den Erstzugang zu Waffen im Rahmen halten und zugleich den Beurteilungsspielraum der Behörden einschränken. Das führte dann in der waffenrechtlichen Praxis zu der absurden Situation, dass der Zugang zur ersten und damit zur eigentlich gefährlichen Waffe leichter wurde als der zur dritten oder vierten.

Sportschützen

Die wohl am buntesten gemischte Gruppe unter den Waffenbesitzern sind die Sportschützen. Geht es nach der Mitgliederzahl, dann sind in Deutschland nur noch Turnen, Leichtathletik und Fußball weiter verbreitet als der Schießsport. Etwa zwei Millionen Menschen stellen sich in Deutschland regelmäßig auf die Schießstände, um ihren Sport auszuüben – und sich die Haare zu raufen, wenn der Schuss danebengeht.

Sportschützen brauchen geeignete Waffen je nach Disziplin, darunter auch nichtolympische: Schießen mit historischen Vorderladern aus der Zeit der Befreiungskriege 1813–1815, Kleinkaliberschießen, der Wettkampf mit Weltkriegskarabinern oder Großkaliberpistolen bis hin zu modernen dynamischen Disziplinen. Welche Waffenart man letztlich wählt, hängt ab vom Geldbeutel und vom Geschmack. Über den lässt sich bekanntlich nicht streiten. Andere Menschen finden ihr Glück darin, steile Gebirgswände zu erklettern und auf dem Gipfel ein Fähnchen aufzustellen oder mit verdreckten Wagen über Schlammpisten und durch Wüsten zu rasen.

Waffenrechtlich ist der Sportschütze eingebunden in die engen gesetzlichen Definitionen und Regulierungen. Durch Mitgliedschaft allein in einem Verein kommt man jedenfalls nicht an eine eigene Waffe. Es dauert inzwischen ein ganzes Jahr, in dem der Sportschütze regelmäßig auf dem Stand erscheinen und üben muss, ehe der Weg zur Waffenrechtsbehörde überhaupt einen Sinn hat. Anschließend bestätigt der Verein bei Erfüllung der notwendigen Voraussetzungen das waffenrechtliche Bedürfnis, mit dem der Betreffende dann einen Antrag stellen kann auf die Erteilung einer waffenrechtlichen Erlaubnis.

Dabei gibt es dann im Prinzip zwei gangbare Wege: Einmal den über die Waffenbesitzkarte für Sportschützen; dieser gewährt einen leichteren Zugang zu wenig deliktrelevanten Waffen wie beispielsweise zu Vorderladerrevolvern aus der Zeit des amerikanischen Bürgerkriegs, zu Flinten für das Tontaubenschießen oder auch zu Sportgewehren für die Disziplinen auf 300 Meter. Beim zweiten Weg, nämlich dem zu gefährlicheren Waffen, muss ein Sportschütze jede Waffe einzeln beantragen und wird jedes Mal von der Behörde intensiv geprüft. Sie hakt bei diesen Gelegenheiten auch dahingehend nach, ob die fragliche Waffe für die entsprechende Disziplin geeignet und zugelassen ist. Ein präzises Selbstladegewehr oder eine Pistole zu nutzen ist für einen Sportschützen also entsprechend teurer und erheblich komplizierter.

Sport treiben kann man im Prinzip mit jeder denkbaren Waffenart, wobei allerdings betont werden muss, dass Sport auch tatsächlich Sport meint. In Tarnkleidung zu erscheinen ist bei Sportschützen verboten; auch allzu martialische Waffen oder auch nur Anlehnungen an polizeiliche oder militärische Einsatzverfahren dürfen nicht sein. Zuwiderhandeln hat in aller Regel nicht nur den Rauswurf aus dem Verein zu bedeuten; zumeist folgt dann auch der Entzug der Erlaubnisse, und der Schütze ist unversehens nur noch ein ehemaliger Sportschütze. Wenn geschossen wird, dann unter strengen Regeln und unter Aufsicht; selbst das unreglementierte Freizeitschießen außerhalb der in den Sportordnungen dargestellten Abläufe ist untersagt. Das Regelwerk wird derart streng ausgelegt, dass inzwischen sogar das früher übliche Weihnachtsschießen in manchen Landkreisen nicht mehr zulässig ist; geselliges Schießen fällt ja nicht unter das Sportgebot.

Wie viele Waffen ein Sportschütze braucht, hängt wesentlich davon ab, was er an Sport betreiben will. Es ist hier ähnlich wie beim Golfen; auch da gibt es zahlreiche unterschiedliche Schläger je nach Zweck, vom Abschlagen bis zum Putten. Mit einer Pistole kann man auf 300 oder sogar tausend Meter nicht präzise treffen; dazu braucht man entsprechende Gewehre. Für das Tontaubenschießen eignen sich nur spezielle Schrotwaffen. Und für olympische Kleinkaliberdisziplinen oder für Großkaliberdisziplinen kommt ein ganzes Arsenal an Waffen infrage.

Ambitionierte Sportschützen brauchen eigene Waffen, denn jeder Körper ist anders »ausgelegt«. Schon der Abstand zwischen der Visierung der Waffe und dem Auge des Schützen spielt für den Erfolg eine wesentliche Rolle; unterschiedliche Armlängen können den Unterschied ausmachen, der die Goldmedaille nicht nach Deutschland, sondern eben nach China bringt. Das sieht man ganz gut bei unseren Biathleten: Die komischen Teile am hinteren Ende ihrer Gewehre dienen nur dem Zweck, die Waffe der Anatomie des Schützen anzupassen. Spitzenschützen legen Wert darauf, eine bis in kleinste Details ähnliche Reservewaffe zu haben für den Fall, dass die Wettkampfwaffe zur denkbar unpassenden Zeit den Dienst versagt. Kurz:

Sportschützen brauchen mindestens zwei, meistens aber noch mehr Waffen, im Durchschnitt kommen fünf auf einen Schützen.

Gleiches gilt für die Munition, denn unterschiedliche Waffen für unterschiedliche Zwecke verschießen eben auch unterschiedliche Patronen. Dabei ist es ganz entscheidend, dass diese Patronen alle identische oder doch sehr ähnliche Eigenschaften haben. Schon geringe Fertigungstoleranzen können dazu führen, dass der Schütze im Wettkampf keinen Blumentopf mehr gewinnt. Deswegen beschaffen sich engagierte Sportler größere Posten an Patronen, die alle aus der gleichen Fertigungsserie stammen und über gleiche Eigenschaften verfügen. Mengenrabatt kommt als Anreiz hinzu. Bei nur hundert Schuss im Monat sind das für eine Waffe bereits 1200 Schuss im Jahr, bei fünf Waffen sind wir schnell bei für Außenstehende unglaublichen Mengen von mehreren Tausend Schuss. Die Wirklichkeit sieht sogar noch heftiger aus: Spitzenschützen verbrauchen solche Bestände nicht in einem Jahr – sie verschießen diese Mengen bereits binnen Monatsfrist.

In Wald und Flur

Neben den etwa 1,6 Millionen Sportschützen sind es vor allem Jäger, die in Deutschland Waffen besitzen. Geschätzte 340 000 Menschen widmen sich dem Waidwerk, naturgemäß mit Schusswaffen. Man mag zur Jagd stehen, wie man will, richtig ist zweifellos: Der schnelle und schmerzlose Tod durch einen Schuss ist dem langsamen und qualvollen Verenden in heimtückischen Fallen oder dem Verbluten nach Treffern durch Speere oder ähnlich vorsintflutliche Gerätschaften vorzuziehen.

Das Waffenrecht sieht daher natürlich auch Regelungen für den Waffenbesitz durch Jäger vor und setzt ihm Grenzen. Sie sind allerdings für den jagdlichen Laien nicht immer nachzuvollziehen. Die Vorschriften basieren zum Teil eher auf dem stark ausgeprägten Traditionsdenken und -empfinden der Jäger und erscheinen nicht immer zwingend notwendig. Im Prinzip sind Jäger privilegiert, wenigstens aus waffenrechtlicher Sicht, denn sie dürfen Langwaffen praktisch unbegrenzt erwerben und in großer Zahl besitzen.

Auf den ersten Blick mag das wie eine Einladung zu unkontrollierter Waffenbeschaffung erscheinen. In Wirklichkeit aber trägt das nur der Tatsache Rechnung, dass je nach Beutetier unterschiedliches Schießwerkzeug erforderlich ist. Töten kann man im Grunde mit jeder Schusswaffe problemlos; darum allein geht es aber eben nicht. Waffe und Munition müssen der Beute angepasst sein. Ein Reh kann man mit einem Kleinkalibergewehr erlegen, aber nicht mit der nötigen Sicherheit; es könnte leiden, vielleicht noch flüchten und müsste jämmerlich zugrunde gehen. Daher setzen die Jäger ein entsprechend stärkeres Kaliber ein. Dieses für Rehwild geeignete Kaliber kann andererseits für ein Wildschwein oder einen Hirsch schon nicht mehr ausreichend sein und dann wieder die unerwünschten Probleme bereiten. Umgekehrt kann das, was für die Jagd auf Wildschweine zugeschnitten ist, bei einem Reh oder einem Fuchs einen völlig unsinnigen »overkill« bedeuten; das Tier würde regelrecht zerfetzt. Neben der Kaliberfrage spielt die Munition eine Schlüsselrolle. Enten im Flug mit einer Kugelwaffe zu treffen ist nahezu unmöglich. Hier eignet sich nur Schrot.

Aus alldem geht hervor, warum Jäger eine gewisse Zahl von Waffen brauchen. Sie jagen eben unterschiedliches Wild, und so kommen dann schnell mehrere Gewehre zusammen. Bei Staats- und Gesellschaftsjagden kommt die Repräsentation mit prunkvolleren Waffen als Statussymbol und mit solchen für Großwild hinzu. Sehr bald ist dann der Jägerschrank voll mit Gewehren; ein Dutzend oder mehr Waffen sind in solchen Kreisen keine Seltenheit. Dahinter steckt nur in Ausnahmefällen auch Waffenvernarrtheit. Normalerweise ergibt sich die Zahl der Waffen aus den verschiedenen jagdlichen Zwecken. Ein Handwerker braucht ja auch Schraubenschlüssel in diversen Größen. Zugeständnissen bei der Waffenzahl stehen zudem Einschränkungen anderer Art gegenüber: So sind etwa Selbstladegewehre mit mehr als zwei Patronen im Magazin für die Jagdausübung strikt untersagt.

Auch die örtlichen Gegebenheiten verlangen unterschiedliche jagdtechnische Lösungen: In den Alpen braucht der Waidmann eine andere Ausrüstung als im Flachland im Norden der Republik. Auf Flughäfen oder in einem Stadtpark muss er ganz anders agieren als im tiefen Forst.

Das mit dem Bedürfnis für Jäger ist ohnehin so eine Sache. Man geht schließlich nicht aufs Amt und holt sich einfach einen Schein. Die Jagdverbände legen großen Wert darauf, exklusive Klubs zu sein und zu bleiben, und verlangen das Bestehen einer entsprechend strengen Jägerprüfung. Dieses »grüne Abitur« hat es in sich: Jagdrecht, Waffenrecht und Umweltrecht müssen intensiv gepaukt werden; so ziemlich alle vertretenen Tierarten sind zu identifizieren, ob nun am Federkleid, den Fußspuren oder hinterlassenen Häufchen beim großen Geschäft (»Losung«); dann heißt es den recht gewöhnungsbedürftigen Jargon (nicht zu verwechseln mit Jägerlatein) vom »Aalstrich« (Rückenlinie bei Hirsch und Gams) bis hin zum »Zerwirken« (das Abschwarten und Zerlegen von Schalwild) zu verinnerlichen, Hornsignale zu entschlüsseln und zahlreiche Praxistests zu bestehen.

Doch selbst größter Lerneifer garantiert nicht das Bestehen der Prüfung, zu vielfältig sind die theoretischen Fallstricke, und zu leicht kommt es zu Patzern beim Schießen. Die Durchfallquote liegt bei durchschnittlich 25 Prozent. Ein Jahr Vorbereitungszeit ist bei so hohen Anforderungen selbstverständlich. Es gibt allerdings auch Abkürzungen: Manche Jagdschulen bieten spezielle Intensivkurse an, die das Ganze als Vollzeitunterricht von zwölf Stunden und mehr pro Tag in drei bis vier Wochen durchpauken. Erst nach bestandener Prüfung erhält man den begehrten Jagdschein, mit dem man sich dann Langwaffen kaufen darf. Mal eben so auf die Schnelle Jäger werden, damit man an Waffen herankommt – keine Chance.

Die Jagd mit Kurzwaffen ist in Deutschland, anders als etwa in den USA, streng verboten. Und doch dürfen Jäger solche Waffen besitzen und führen. Zwei Pistolen oder Revolver gesteht das Waffenrecht dem Jäger zu, die er allerdings einzeln beantragen muss. Er braucht sie für besondere Aufgaben, beispielsweise zum Erlösen von »krankgeschossenem« Wild oder von verletzten Tieren etwa nach einem Verkehrsunfall. Auf den ersten Blick scheint es seltsam, dass man hierfür eine Pistole einsetzt. Es ist meistens aber so, dass verletzte Tiere sich ins tiefste Dickicht verkriechen, wohin man mit einem sperrigen Gewehr kaum zu folgen vermag. Deswegen bedarf es zum Aufspüren und zur Erlösung vom Leiden handlicherer Waffen. Und es braucht leistungsstarke Kaliber sowie mehrere Patronen, denn es ist nicht immer ein relativ harmloses Reh, dem der Jäger nachspürt. Manchmal folgt er der Fährte eines angeschossenen Wildschweins, das gerade unter Schmerzen hochgradig gefährlich sein kann. So gemütlich die Tiere sonst grunzen mögen, so ungeheure Kraft entfalten sie im Angriff. Handelt es sich gar um einen mächtigen Keiler und kommt er mit vollem Tempo auf einen zu, dann muss der erste Treffer sitzen, sonst bleibt man womöglich selbst »auf der Strecke«.

Auf Kurzwaffen können Jäger also nicht verzichten, auch wenn sie damit nicht direkt jagen. Ohne solche Pistolen und Revolver aber würde waidgerechtes Verhalten ungemein erschwert und in vielen Fällen unmöglich. Gerade angesichts der immer häufiger in Städten anzutreffenden Wildschweine, die erhebliche Schäden verursachen und inzwischen sogar bis in Häuser vordringen oder selbst tagsüber auf Spielplätzen und Schulhöfen auftauchen, sollte man sich vor Forderungen nach einem Verbot von Kurzwaffen für die Jagd hüten.

Aus waffenrechtlicher Sicht gelten für die Jäger selbstverständlich die gleichen Bestimmungen wie für Sportschützen. Auch Jäger müssen ihre Waffen sicher in entsprechend massiven Waffentresoren aufbewahren, auch sie werden streng auf ihre Zuverlässigkeit und ihre Eignung geprüft, und auch sie haben keine unbeschränkten Rechte, sich mit Waffen einzudecken. Eine ganze Reihe von Beschränkungen wurden auf ausdrücklichen Wunsch der Jägerschaft selbst in das Gesetz aufgenommen; viele davon gelten bis heute. So sind Nachtzielgeräte oder Lampen an Schusswaffen verboten; Verstöße dagegen können mit einem Jahr Gefängnis und mehr geahndet werden. Die entsprechenden Passagen im Gesetz waren ursprünglich zur Verhinderung der Wilderei gedacht.

Der Revolver von Walter Scheel

Anfang 2008 betrat der Autor auf der Suche nach preiswerten Gebrauchtwaffen ein Fachgeschäft in Berlin. Dort wurde ihm ein Revolver gezeigt, der zuvor im Besitz des früheren Bundespräsidenten Walter Scheel gewesen war. Der Freizeitjäger hatte diese und einige andere Waffen in Kommission gegeben. Die Sache hatte nur einen Haken: Der Revolver war nicht in die Erlaubnisurkunden eingetragen; es lag also ein Fall von unerlaubtem Waffenbesitz vor. Hier waren die Behörden gefordert. Schließlich kümmerte sich Kriminaldirektor Oliver Tölle höchstpersönlich um die Angelegenheit – per Brief –, und Scheel trat fortan gar nicht mehr sonderlich in Erscheinung. Händler und Autor konnten ihr Geschäft abwickeln, und die Waffe wechselte den Besitzer, ohne dass der Altbundespräsident behelligt werden musste. Ein schales Gefühl freilich blieb: Unerlaubter Waffenbesitz ist kein Kavaliersdelikt, und der »normale Bürger« muss bei derartigen Verstößen mit empfindlichen Strafen rechnen. Gerade Scheel hätte besser Bescheid wissen sollen; er war Jäger und hat das Waffengesetz in der Fassung von 1976 mit seiner Unterschrift selbst in Kraft gesetzt.[165]

Selbstverteidigung

Wer eine Waffe aus Gründen des Selbstschutzes haben will – gemeinhin von Laien als Hauptgrund für Waffenbesitz angenommen –, der wird strengsten Bedürfnisprüfungen unterzogen. Man muss schon nachweisen können, dass man sehr konkret gefährdet ist, und zwar deutlich mehr als die Allgemeinheit. Steht das in Zweifel, wird ein Bedürfnis verneint, oder es werden gegebenenfalls andere Schutzmaßnahmen ergriffen, wie sie etwa für gefährdete Zeugen vorgesehen sind. Da hat sich manches geändert. War der Bewerber Juwelier oder Kassierer, so wurde früher das Bewaffnungsbedürfnis meist umstandslos anerkannt, weil der Betreffende einem höheren Risiko ausgesetzt war, Opfer von Raubüberfällen zu werden. Heute braucht man schon sehr gute Beziehungen und allerhand Kleingeld, will man die Anerkennung des Bedürfnisses tatsächlich erlangen.

Der Revolver des früheren Bundespräsidenten Walter Scheel. Der Freizeitjäger hatte die Waffe nicht in die Erlaubnisurkunden eingetragen.

Und hier kommt der Waffenschein ins Spiel. Die übliche Waffenbesitzkarte berechtigt lediglich zum Erwerb der eingetragenen Waffe und zu deren Besitz in den eigenen vier Wänden. Der viel weiter reichende Waffenschein dagegen ermächtigt dazu, die »tatsächliche Gewalt« über eine Waffe auch in der Öffentlichkeit auszuüben, sie also bei sich zu tragen oder sie zu »führen«. Beim letzteren Begriff gibt es allerlei Verwirrung, an der die Behörden nicht ganz unschuldig sind. Viele ihrer Vertreter sprechen nämlich auch vom »Führen« einer Waffe bei Sportschützen, was aber wesentlich enger auszulegen ist: Sie dürfen die Waffe nur im Sinne eines Transports »führen«, und der wiederum muss dem »bedürfnisumfassten Zweck« dienen, also etwa von der Wohnung zum Schießstand. Außerdem hat die Waffe dabei ungeladen zu sein und darf sich nicht in zugriffsbereitem Zustand befinden.

Die Zahl der Waffenscheine in Deutschland ist derart gering, dass sie praktisch nicht ins Gewicht fallen. Auf durchschnittlich fünf- bis zehntausend Schusswaffen auf Waffenbesitzkarten in einem Landkreis entfallen allenfalls zwei bis drei Waffenscheine. Ein Anteil im Promillebereich. Und die Nutznießer dieser raren Erlaubnisse sind daher in aller Regel nur hochgestellte Persönlichkeiten, prominente Politiker oder gefährdete reiche Bürger mit den entsprechenden Kontakten. Die Erteilung einer solchen Erlaubnis hängt von Gefährdungsanalysen der Polizeibehörden ab.

Wie auch immer man zum Waffentragen stehen mag: Bleibt der dazu berechtigende Waffenschein den »oberen Zehntausend« vorbehalten, wird dem Normalbürger aber verwehrt, dann bekommt die Sache auf gut Schwäbisch »ein Gschmäckle« und will nicht recht zum demokratischen Rechtsstaat passen. Nur in seltenen Ausnahmefällen jedenfalls wird Taxifahrern oder Opfern von Stalkern die erforderliche Erlaubnis erteilt, während man Richtern und Staatsanwälten gegenüber, aktiven wie gewesenen, weit weniger pingelig ist. Eine seltsame Interpretation des Gleichheitsgrundsatzes.

Waffen als Sammelobjekte

Waffensammler haben in Deutschland wegen der hohen Zahl an Schusswaffen in ihrem Besitz das Image von gefährlichen Waffennarren. Die Realität sieht anders aus: Das Waffengesetz verlangt zum Nachweis des Bedürfnisses, Waffen zu sammeln, dass der Antragsteller eine »kulturhistorisch bedeutsame« Sammlung aufzubauen oder zu pflegen gedenkt. Die Behörden legen den Schwerpunkt dabei regelmäßig auf die Historie; Waffen aus der Zeit nach 1945 sind als Sammelgebiet weitgehend ausgeschlossen. Die Sammlung muss also nach einer bestimmten Systematik angelegt und ausgebaut werden; mit einem einfachen Waffenanhäufen ist es nicht getan. Im Gegenteil: Die Sammelgebiete sind häufig sogar thematisch sehr eng begrenzt wie etwa »belgische Taschenpistolen von 1900 bis 1929« oder »Revolver der deutschen Polizeibehörden von 1871 bis 1945«. Wer also die ersehnte Sammlerwaffenbesitzkarte, die »rote WBK« erhält, der kann auch nur innerhalb seines Sammelthemas einkaufen. Weicht er davon ab, macht er sich strafbar. Und eine Erlaubnis für Munition gibt es dabei auch nicht automatisch; lediglich die Waffen selbst dürfen mit dieser Waffenbesitzkarte gesammelt werden.

Ein entsprechend erhebliches Fachwissen müssen Sammler daher nachweisen; es werden von ihnen für gewöhnlich weit mehr Kenntnisse als von Kuratoren in Museen verlangt. Das bezieht sich zwar meistens sehr eng auf das spezifische Sammelgebiet, erreicht aber im Detail ein beträchtliches Niveau. Nicht selten werden Waffensammler herangezogen, wenn es um anspruchsvolle geschichtliche Dokumentationen geht, die Herstellerunternehmen oder Behörden erarbeiten. Wertvolle Hilfe leisten sie auch bei schwierigen Echtheitsgutachten und mithin beim Kampf gegen Fälschungen, die den Markt zu überschwemmen drohen. Sammlerwaffen sind teuer. Faustregel: Alle zehn Jahre verdoppeln solche Waffen ihren Wert.

In manchen Sammlungen steckt der Gegenwert von mehreren Villen. Neben dieser kostspieligen Liebhaberei bleiben vielen Sammlern dann kaum noch Mittel für Urlaub oder Auto. »Waffensammeln ist etwas Elitäres, vergleichbar mit dem Sammeln von Taschenuhren oder Oldtimern«, sagt Claus Jarzombek, Fachhändler für Sammlerwaffen aus Stuttgart. Für ihn sind deswegen auch die ständigen Forderungen unverständlich, solche Waffen aus fragwürdigen Sicherheitserwägungen unbrauchbar zu machen. »Die

Waffen würden sofort ihren Wert verlieren, mehrere Zehntausend Euro würden so in einen Klumpen Schrott verwandelt.« Das wäre so, als machte man einen seltenen Oldtimer dauerhaft fahrunfähig, indem man die Räder festschweißen, den Motor aufflexen und möglichst noch das Lenkrad entfernen ließe. Für so ein Auto gäbe niemand mehr einen Heller.

Damit Missbrauch dennoch so weit wie möglich ausgeschlossen ist, gelten für die Aufbewahrung der Sammlungen strengste Sicherheitsauflagen. Hier verlangen die Behörden seltener Tresore, sondern eher mit Stahltüren gesicherte, gesonderte fensterlose Waffenräume in den Häusern, ähnlich den Tresorräumen von Banken. Manchmal sind sogar bauliche Veränderungen an den Häusern selbst erforderlich, etwa durch Verstärkung des Mauerwerks und Einbau von Alarmvorrichtungen.

Waffensammeln kann extrem teuer werden, wobei die Preise auch von so wohlhabenden Sammlern wie Eric Clapton oder Ralf Schumacher getrieben werden. Für eine Luger-Pistole aus dem Zweiten Weltkrieg müssen inzwischen 800 Euro und mehr eingeplant werden. Doch es geht den Sammlern nicht nur um das Modell, es geht um kleine Feinheiten, etwa um »Nummerngleichheit«, die als Beleg dafür dient, dass die Waffe noch original ist und nicht aus Ersatzteilen zusammengesetzt. Ein kleiner Abnahmestempel einer Polizeibehörde aus der Kaiserzeit – und die Waffe ist gleich ein paar Tausend Euro mehr wert. Entsprechend begreifen die Sammler ihr Hobby oft als Lebensaufgabe und legen hohen Wert auf vollständige und lückenlose Dokumentation. Machtempfinden durch den Umgang mit der Waffe spielt für sie keine Rolle.

Deswegen sammeln sie meistens nicht nur die Waffen, sondern auch das entsprechende Zubehör und Unterlagen über das oft wechselvolle Schicksal des Gewehrs oder der Pistole, die Biografie des Entwicklers und die Geschichte der Herstellerfirma. Verkaufsprospekte aus dem 19. Jahrhundert gehören ebenso zu solchen Sammlungen wie passende Holster oder auch entsprechende Bekleidung. Manchmal handelt es sich dabei um Uniformen, oft aber auch um Zivilkleidung der fraglichen Zeit. Sehr begehrt sind zudem Originalverpackungen, die ohne Inhalt schon ein paar Tausend Euro bei Auktionen bringen können.

Auch auf vieles andere richtet sich das Augenmerk von Sammlern. Sie präsentieren etwa unterschiedliche Verschlusssysteme von Waffen oder andere raffinierte technische Lösungen. Nicht Anhäufung gefährlicher Waffen ist ihr Motiv, sondern ein Faible für Technik. Sammler sind nicht selten Ingenieure und beherrschen problemlos die entsprechenden Formeln, kennen genau die Materialeigenschaften sowie Stärken und Schwächen der diversen Systeme. Aus dem Stegreif können sie darüber fesselnde Vorträge in jeder gewünschten Länge halten. Da reden keine »Waffennarren«, wie das für Außenstehende scheinen mag, sondern von ihrem Thema ganz erfüllte Fachleute, denen ihre »rote WBK« mehr gilt als ein Orden.

8

Die Polizei als Vorbild?

Polizeiliche Erfahrungen spielen im waffenrechtlichen Für und Wider, in der gesellschaftlichen Diskussion eine große Rolle, weil die Gesetzeshüter schon von Berufs wegen mit dem Missbrauch von Waffen am häufigsten konfrontiert sind. Diese Erfahrungen sind das eine, das Verhalten der Dienstwaffenträger das andere. Was dieses angeht, so sind die Beamten aber keineswegs immer das leuchtende Vorbild, wie in der Allgemeinheit angenommen. Und sie können in vielen Fällen noch nicht einmal etwas dafür, jedenfalls nicht von Rechts wegen.

Das beginnt bereits beim Waffengesetz selbst, das für die Bürger, nicht aber oder doch nicht so für die Staatsmacht gilt. Behörden sind nach Paragraf 55 des Waffengesetzes grundsätzlich von waffenrechtlichen Bestimmungen ausgenommen.[166] Für sie gelten interne Regeln. Wer allerdings annimmt, dass diese den gesetzlichen für die Bürger ähneln, der irrt gewaltig. Welche Motive zu den erheblichen Unterschieden geführt haben, lässt sich nur vage mutmaßen. Politische Erwägungen und aus dem Moment heraus gefällte Entscheidungen haben sich offenbar bei den Abfassungen der Regeln gemischt, wie denn mit den Dienstwaffen umzugehen sei. Ein höherer Sinn lässt sich nicht ausmachen.

Nehmen wir beispielsweise die Aufbewahrung von Schusswaffen und Munition, ein seit dem Amoklauf von Winnenden im Mittelpunkt der Debatte stehendes Thema. Das Waffengesetz regelt ausdrücklich, welche Arten von Waffen in wie beschaffenen Tresoren zu lagern sind, schreibt exakt die Höchstzahl dieser Waffen je Safe vor und sieht ein behördliches Kontrollrecht vor, das auch während der Abwesenheit des Waffen- oder Wohnungsbesitzers vollstreckbar ist. Insgesamt handelt es sich bei den Aufbewahrungsbestimmungen um sinnvolle und in ihren Zielsetzungen ohne Frage zu begrüßende Regelungen. Sie beugen der Gefahr vor, dass Unberechtigte Zugriff auf gefährliche Waffen erhalten.

Leider haben die so sorgsam ausgearbeiteten Paragrafen einen Haken: Sie gelten gerade für die Leute nicht, die vom Steuerzahler Waffen dafür bekommen, dass sie auf die Besitzer angemeldeter Waffen aufpassen. Ob eine entsprechende Vorschrift nun vergessen oder für überflüssig befunden wurde, sei dahingestellt. Jedenfalls ist es häufig so, dass Beamte ihre Dienstwaffen nach Feierabend mit nach Hause nehmen, weil sie das Ding reinigen wollen, weil sie vor Dienstschluss nicht noch einmal zur Wache zurückfahren möchten oder weil sie sich mit Schusswaffen eben doch ein klein wenig sicherer fühlen. Die Dienstpistole ist nicht selten ein Begleiter in der Freizeit. Und dann?

Gesetzliche Vorschriften, wie diese Waffen zu lagern sind, gibt es nicht. Nicht selten landet die Dienstwaffe geladen im Nachttisch oder bleibt im Flur auf der Kommode liegen; man ist schließlich die Obrigkeit. Sicherlich, gegen Wegnahme sind auch diese Waffen zu sichern, doch dafür reicht es im Allgemeinen aus, dass die Haustür verschlossen ist. Über Kontrollen einer sicheren Aufbewahrung hat sich da noch niemand Gedanken gemacht wie auch nicht über die Anwendung anderer waffenrechtlicher Vorschriften. Eine befremdliche Einstellung, gehen doch von einer Polizeiwaffe dieselben Gefahren aus wie von einer Bürgerknarre. Dazu noch ein näherer Blick auf die bewaffneten polizeilichen Arbeitsabläufe:

Verloren, gestohlen, verschwunden

Polizisten tragen nicht nur Dienstpistolen am Gürtel, sondern führen im Streifenwagen auch Maschinenpistolen mit, gewöhnlich vom Typ MP5 von Heckler & Koch, die oft in Kunststoffkoffern verstaut sind. Auf Pressebildern und in Fernsehberichten von Banküberfällen, Razzien oder auch Amokläufen sieht man Beamte mit den MPs hantieren. Manchmal brauchen sie eben einen »größeren Knüppel«, dessen Respekt einflößende Wirkung auf das »polizeiliche Gegenüber« oft schon genügt, Schusswaffengebrauch zu vermeiden. Munition liegt in den Streifenwagen gewöhnlich ebenfalls in ausreichenden Mengen bereit.

Maschinenpistolen aus Polizeibeständen verschwinden erstaunlich oft. Genaue Zahlen hierzu werden wohlweislich unterm Hut gehalten, doch macht man es den Langfingern nicht gerade schwer, sich zu bedienen. Zeitungen melden mit unschöner Regelmäßigkeit, dass solche Waffen gesucht werden oder aufgefunden wurden. So am Hamburger Flughafen, als ein Polizist in der Nacht im März 2006 in die verwaiste Dienststelle ging und sich mit einer solchen MP5 das Leben nahm.[167] Oder wie die MP5, die 1998 von einer Polizistin gestohlen wurde, als Liebesbeweis für ihren Lebensgefährten, einen Waffennarren – pikanterweise aus dem Dienstsitz des damaligen Bundespräsidenten Roman Herzog.[168] Wohl nicht von ungefähr wählten die Terroristen der RAF in den 1970er-Jahren diese

Waffe mit dem damals geraden Magazin als ihr Logo für den Kampf der »sechs gegen 60 Millionen« – und gerade nicht das sowjetische AK-47 (Kalaschnikow), wie oft zu lesen. Und manchmal müssen die Waffen auch gar nicht gestohlen werden; es hat bereits Fälle gegeben, in denen Beamte die Waffe aufs Autodach legten und losfuhren. Die vergessenen Waffen verschwanden dann fast immer; nur höchst selten brachten aufmerksame Bürger solche Fundstücke zur Wache.

Verlorene Dienstwaffen sind ohnehin der Klassiker bei diesen Waffenträgern. Kaum einer Berufsgruppe kommen derart viele Schusswaffen abhanden wie Polizeibeamten. Absoluter Spitzenreiter dabei: der Gang zur Toilette. Immer wieder erschrecken Bürger, weil sie auf Toiletten von Raststätten, Bahnhöfen, Einkaufszentren oder Tankstellen Pistolen finden. Von daher kann man verstehen, warum manche Polizeibehörden im Ausland und manche Spezialeinheiten »Fangriemen« verwenden, durch die Mensch und Waffe miteinander verbunden sind. Wie bei den Kindern, die den Schlüssel um den Hals tragen, damit sie ihn nicht verlieren.

Wie häufig solche Waffenverluste sind, zeigt der Blick in einige letzthin erschienene Zeitungsmeldungen: Am 16. September 2008 verliert eine Beamtin des Mobilen Einsatzkommandos (MEK) des Landeskriminalamts Brandenburg ihren Rucksack mit Pistole, Mobiltelefon und sensiblen Daten während einer Übung.[169] Die Glock 19 im Kaliber 9 mm Luger tauchte gut zwei Wochen später wieder auf, nachdem in Radio und Zeitungen Suchanfragen veröffentlicht worden waren. Ein aufmerksamer Bürger hatte sie gekauft und der Polizei freiwillig zurückgegeben – allerdings nicht kostenlos, die Polizei musste die Waffe »zurückkaufen«.[170] Gleich darauf, im Februar 2009, geht eine Polizistin während einer Hausdurchsuchung in Potsdam bei dem Verdächtigen zur Toilette und vergisst dort ihre Dienstwaffe. Das gleiche Problem wie schon 2002, als ein Beamter der Landespolizei Brandenburg seine Waffe auf der Toilette einer Tankstelle in Mecklenburg-Vorpommern vergaß.[171]

Doch nicht nur den Beamten an der Basis gehen die Dienstpistolen verloren. In Münster erwischte es Ende Oktober 2008 den Leiter der Direktion Kriminalität, also einen hochrangigen Beamten, als sein Waffenschließfach leer aufgefunden wurde. Der Täter muss einen Schlüssel verwendet haben, denn das Schloss zum Fach war intakt; die Waffe allerdings blieb trotz intensiver Suche verschwunden.[172]

Auch dies war freilich nicht der einzige Fall bei dieser Polizeibehörde. Erst wenige Monate zuvor, im Mai, ging eine 38-jährige Beamtin anlässlich eines Rockerprozesses im Landgericht Münster zur Toilette und ließ ihre Dienstpistole vom Typ Walther P99 liegen.[173] Weit glücklicher lief da ein Waffenverlust während des Castor-Transports 2006 in Niedersachsen. Ausgerechnet ein Demonstrant fand die Dienstpistole eines Polizisten und gab sie noch während der Proteste bei den Einsatzkräften ab.[174] Ob es Finderlohn gab, ist nicht bekannt.

Wohlgemerkt, das sind nur Fälle, die öffentlich bekannt geworden sind. Wie viele Dienstwaffen jedes Jahr abhandenkommen und wie viele gestohlen werden, darüber schweigen sich die Behörden aus, offizielle Statistiken hierzu existieren nicht. Man bekommt aufgrund der Meldungen aber eine ungefähre Ahnung davon, wie verantwortungslos manche Zeitgenossen mit den gefährlichen Pistolen umgehen und wie sorglos Schusswaffen behandelt werden. Man kann sich des Eindrucks nicht erwehren, dass die, welche Gesetze hüten sollen, diese für sich nicht sonderlich ernst nehmen. Richtig, das Waffengesetz gilt für sie ja nicht! Dann sollten sie wenigstens bedenken, welch verheerendes Vorbild sie abgeben. Ein Sportschütze jedenfalls wäre nach einem solchen Vorfall seine Erlaubnisse für die nächsten zehn Jahre eindeutig los.[175]

Und plötzlich löste sich ein Schuss

Bei so viel Sorglosigkeit nimmt es nicht wunder, dass öfter gemeldet wird, aus Dienstwaffen hätten sich Schüsse »gelöst«. Schon die Wortwahl ist ein Versuch zur Bemäntelung solcher gefährlichen Zwischenfälle. Man tut so, als hätten die Schießwerkzeuge ein Eigenleben entwickelt und sich unvermittelt dazu entschlossen loszugehen. Ohne menschliches Zutun dürfte ihnen das schwerfallen, doch spricht man über den Faktor Mensch im Zusammenhang mit »unbeabsichtigten Schussabgaben« ungern. Man »verkauft« solche Pannen lieber so: Während einer Übung des Mobilen Einsatzkommandos Hamburg in Nordrhein-Westfalen sollen sich aus der Waffe eines Polizeibeamten drei Schüsse »gelöst« haben, als dieser die Waffe entladen wollte. Verletzt wurde glücklicherweise niemand. Der Vorgang aus dem Oktober 2008, so die offizielle Darstellung, werde geprüft.[176]

Das MEK Hamburg bevorzugt Revolver, die nach jedem Schuss entspannt sind. Daher muss zum Lösen eines Schusses ein langer Abzugsweg mit hohem Widerstand, etwa 3,6 Kilogramm für den Abzugsfinger, überwunden werden. Das schafft man dreimal hintereinander nur dann, wenn man es auch wirklich will. Der Finger muss dafür jeweils eine Strecke von 14 Millimetern zurücklegen. Unfälle wie der gemeldete bei gewöhnlichen Ladetätigkeiten sind da kaum vorstellbar. Hinzu kommt, dass der Entladevorgang solches Pech ausschließt: Man schiebt dabei nämlich den Entriegelungsschieber für die Trommel auf der linken Seite des Rahmens in Schussrichtung und drückt anschließend die Trommel heraus. Ein »Schuss, der noch im Lauf war«, kann sich somit gar nicht lösen, und drei Projektile können einem bei solchem Tun schon gar nicht um die Ohren fliegen.[177]

Damit beim Entladevorgang keine Unfälle möglich sind, hat der Hersteller Smith & Wesson bereits 1903 dafür gesorgt, dass beim Öffnen der Trommel alle anderen Bedienfunktionen blockieren.[178] Wir sehen also, die Darstellung der Pressestelle will vertuschen und nicht informieren. Vermutlich kam es zu dem Vorfall, weil ein betrunkener oder durchgedrehter Beamter mutwillig herumgeballert hat. Das kommt so oft vor, dass sich dafür der nassforsche Begriff »mexikanisches Abmunitionieren« gebildet hat. Darüber redet man offiziell nicht gern. Darum schnell wieder Deckel drauf und weiter schweigen. Wer es selbst überprüfen möchte, kann beim freundlichen Fachgeschäft um die Ecke einen solchen Revolver selbst in die Hand nehmen und den Vorgang nachspielen. Übrigens: Der Pressesprecher der Polizei Hamburg war noch vor wenigen Jahren Chef der betreffenden Eliteeinheit. Das könnte die abwiegelnde Verlautbarung erklären.

Schwere Probleme ergeben sich immer dann, wenn Menschen bei solchen Zwischenfällen zu Schaden kommen. Behördenleitungen bemühen sich ebenso intensiv wie Staatsanwaltschaften und Gerichte, solcher Auswüchse Herr zu werden; allerdings mit nur bescheidenem Erfolg. Das Kernproblem: Der »Faktor Mensch« macht Fehler, beim Bedienen seiner Werkzeuge leider auch. Da aber die Beamten unter besonders argwöhnischer Beobachtung der Öffentlichkeit stehen, werden solche Fehler nur höchst ungern eingestanden. Und wenn es doch einmal geschieht, dann lädt man die Schuld beim Einzelnen ab; systemische Fehler werden nicht eingeräumt.

Natürlich herrscht absolute Einigkeit darüber, dass im Umgang mit Schusswaffen höchstmögliche Vorsicht und schärfste Aufmerksamkeit geboten sind. Immer wieder jedoch stößt man auf Meldungen über »unbeabsichtigte Schussabgaben«, bei denen Menschen verletzt worden oder sogar umgekommen sind. Unwillkürlich fragt man sich, wie solche Zwischenfälle bei gut ausgebildeten Profis und höchsten Ansprüchen an die Sicherheit überhaupt möglich sind. Genau da aber liegt das eigentliche Problem: Ganz so vortrefflich geschult, wie man als Außenstehender meinen möchte, sind unsere Waffenträger leider nicht.

Viele Polizisten haben Angst vor der eigenen Dienstwaffe, genauer: vor dem, was passiert, wenn sie wirklich einmal in die Situation geraten, das Teufelsding benutzen zu müssen, und vor den Konsequenzen: aufreibender Papierkrieg, Vorwürfe, Traumatisierung. Die seelischen Folgen eines Schusswaffengebrauchs machen die eigene Waffe zur Bedrohung und führen zu vorauseilender Verunsicherung. Ohnehin schon vorhandene Berührungsängste – viele halten auf der Polizeischule zum ersten Mal eine »echte« Waffe in der Hand – potenzieren sich. Im Grunde möchte man mit so etwas nichts zu tun haben. Tiefsitzende Vermeidungsinstinkte beschädigen Motivation und Selbstbewusstsein: Die Betroffenen gehen nur mit Bammel zum Schießen, entwickeln einen regelrechten Widerwillen gegen die Waffe. Unfälle sind dann fast programmiert.

Ein Beamter der Polizei Köln, zuvor beim SEK, verrichtete seinen Dienst bei einer Einsatzhundertschaft. Im Mannschaftswagen tat er das einzig Richtige, indem er den Ladezustand seiner Waffe prüfte. Eine solche routinemäßige Prüfung (»Press Check«) hilft, Unfällen vorzubeugen. Zwei seiner Kolleginnen reagierten hierauf mit verständnisloser Empörung, beschimpften ihn als »Rambo«.

Wer aber wird wohl eher einen Unfall verursachen, einer, der ständig und sorgfältig prüft, oder einer, der nach dem Grundsatz handelt: »Bloß nicht anfassen«?

Waffenmissbrauch durch Polizeibeamte

Im Februar 1985 lieferte die Polizei Hamburg mehrere Aktenschränke aus dem Keller der Polizeischule zur Reparatur in die Tischlerei der Justizvollzugsanstalt (JVA) Fuhlsbüttel, auch bekannt als »Santa Fu«. Einige Tage später vermisste ein junger Beamter seine Dienstpistole. Ermittlungen ergaben, dass insgesamt zehn Pistolen SIG Sauer P6 und 160 Schuss Munition in den Schränken gelegen hatten und an die Insassen der JVA ausgeliefert worden waren. Nebenbei bemerkt: Aus Sicherheitsgründen tragen die Bediensteten dort keine Waffe, denn Straftäter sollen sich nicht bedienen können.[179]

Weitaus relevanter sind aber die Fälle, bei denen Dienstpistolen missbräuchlich verwendet werden. Diskutieren wir über Jäger und Sportschützen, Kriminelle und Amokläufer, die mit ihren Waffen Straftaten begehen, dann müssen wir gerechterweise auch über Polizisten diskutieren, die dieses tun. Und es drängt sich dabei unweigerlich die Frage auf, wie der Staat denn solche Fälle von Zivilisten verhindern können will, wenn er nicht einmal sein eigenes Personal unter entsprechender Kontrolle zu halten vermag.

Amokläufe von Polizeibeamten? Ja, auch das hat es in Deutschland bereits mehrfach gegeben, so unglaublich es scheinen mag. Am 13. April 1998 erschießt ein Sprengstoffexperte des LKA Thüringen während eines Streits mit seiner früheren Lebensgefährtin einen 25-Jährigen. In den folgenden 13 Stunden wird Großalarm in Thüringen und Bayern ausgelöst, während der LKA-Mann auf einer Irrfahrt einen Zivilbeamten verletzt und schließlich eine Geisel nimmt.[180]

Im März 1997 erschießt ein Polizist seine frühere Lebensgefährtin während einer Gerichtsverhandlung, die Anwältin wird durch drei Projektile schwer verletzt. Insgesamt gibt der Täter 17 Schüsse ab. Obwohl gegen ihn wegen Körperverletzung ermittelt worden ist, hat er die Waffe mit ins Gericht bringen dürfen, die Gesetze gestatten das.[181]

In München erschießt ein Tankwart am 18. Juni 1996 einen Polizisten mit einer illegalen Waffe. Diese hat er sich besorgt, nachdem der Gesetzeshüter seine Tankstelle bereits zweimal mit seiner Dienstwaffe überfallen hat. Der Polizeischüler stirbt noch am Tatort.[182]

Im folgenden Jahr gelingt es einer Bankkassiererin in Berlin, bei einem Überfall dem Täter die Waffe zu entreißen. Anhand der Seriennummer lässt sich der Besitzer ermitteln; der Hauptkommissar wird verurteilt.[183]

Der wohl spektakulärste Fall bisher war aber wohl der des »Hammermörders«: Mitte der 1980er-Jahre beginnt in Schwaben eine bis dahin beispiellose Mordserie. Der Täter lauert seinen Opfern auf abgelegenen Parkplätzen auf, schießt ihnen aus nächster Nähe einfach ins Gesicht und bemächtigt sich ihrer Fahrzeuge. Diese nutzt er dann bei Banküberfällen als Fluchtwagen. Das Markenzeichen des Täters: Mit einem schweren Vorschlaghammer zertrümmert er die Sicherheitsverglasungen in den Schalterhallen, steckt seine Pistole hindurch und verlangt Geld. Schnell bringt ihm das in der Presse den Spitznamen »Hammermörder« ein.

Die Berichterstattung setzt die Ermittler unter enormen Erfolgsdruck. Im August 1985 wird ein Täter präsentiert, der sich aber als unschuldig erweist. Die Beamten wollen nicht wahrhaben, dass sie den wirklichen Täter als freundlichen Kollegen kennen und schätzen: Der 34-jährige Norbert Poehlke arbeitet zu dieser Zeit in der Hundestaffel der Polizei Stuttgart. Mit 30000 DM, die er im Lotto gewonnen hat, wollte er sich den Traum vom Eigenheim erfüllen, für seine Familie, für sich. Doch schnell droht der Traum zu platzen, Poehlke hat sich hoffnungslos übernommen. Zu viele Kredite, zu schnell von den Banken bewilligt, die teure Inneneinrichtung, der Mercedes vor der Haustür, zu viel für ein Polizistengehalt. Immer tiefer gerät die Familie in den bodenlosen Finanzstrudel, am Ende haben sie noch knapp 250 Mark, ihren Lebensunterhalt zu bestreiten.

Poehlke beging die Taten, so rekonstruieren die Ermittler später, um den schönen Schein wahren zu können. Er brauchte dringend Geld, wollte seinen Lebenstraum nicht aufgeben. Die Überfälle sollten ihm zu den nötigen Mitteln verhelfen. Im Verlauf von einigen Wochen kommen ihm seine Kollegen dann doch auf die Spur. Immer mehr Indizien deuten auf den Beamten hin. Der Hundeführer gerät in Panik. Seine Festnahme steht unmittelbar bevor, als er die nächste Entscheidung trifft: Er fährt mit der Familie in Urlaub. Am Ziel erschießt er seine Frau, seine Kinder und anschließend sich selbst. Als die Polizei seine Leiche und die seines Sohnes am Strand von Brindisi findet, liegt neben den Toten eine Pistole Walther P5, Poehlkes Dienstwaffe.[184]

Ein jüngeres Beispiel aus dem Jahr 2009: In Bremen wurde ein 55-jähriger ehemaliger Polizeibeamter zu einer Freiheitsstrafe von fünf Jahren verurteilt. Er hatte unter anderem mit seiner Dienstwaffe eine Bank überfallen.[185]

Waffengeschenke

Dass Sicherheitsbehörden Waffen brauchen, versteht sich von selbst. Wenn allerdings aus den staatlich finanzierten Waffen Ware für einen schwunghaft organisierten Handel wird, sieht die Sache deutlich anders aus.

Im Jahr 1997 gab es einen handfesten Skandal, als Vorwürfe gegen mehrere Offiziere der Luftlandedivision laut wurden. Die Staatsanwaltschaft Tübingen ermittelte gemeinsam mit dem Referat für »Ermittlungen in Sonderfällen«, weil 170 Waffen aus Beständen der ehemaligen NVA und des Ministeriums für Staatssicherheit verschwunden waren. Ursprünglich zur »Fremdwaffenausbildung« beschafft, hatten sich die Stücke in begehrte Geschenke und Dekorationsartikel verwandelt und ihren Weg aus den Waffenkammern gefunden. In mehreren Kasernen und Privatwohnungen kam es zu Durchsuchungen. Beschenkt wurden frühere Soldaten, darunter der Divisionskommandeur Generalmajor a.D. Georg Bernhardt von seinem früheren Adjutanten, einem Oberstleutnant des Kommando Spezialkräfte (KSK) aus Calw.[186] Einen ganz anderen Fall erlebte das KSK am 13. Juni 2000, als ein früherer Kommandosoldat eine Gruppe Feldjäger während der Ausbildung überfiel und dabei mehrere Waffen, Munition und ein Fahrzeug erbeutete. Gerüchten zufolge beabsichtigte der ehemalige Soldat, sich nach Berlin zu begeben und der Regierung »den Krieg zu erklären«.[187]

Gefahrenwahrnehmung ist relativ

Überall in Deutschland setzt die Polizei Sicherheitspersonal ein, sogenannte AiP, »Angestellte im Polizeidienst« oder Hilfspolizisten; vor gefährdeten Einrichtungen wie Konsulaten und Synagogen werden sie postiert. Schwer bewaffnet mit Maschinenpistolen MP5 und Faustfeuerwaffen tun diese Angestellten dort Dienst und sorgen für den Objektschutz.

Bereits nach wenigen Wochen Ausbildung und einer recht oberflächlichen Einweisung an den Waffen werden diese Mitarbeiter auf die Menschheit losgelassen und repräsentieren die Staatsgewalt gegenüber dem Normalbürger. Gewiss, Sicherheit ist ein hohes Gut. Doch gerade deswegen sollte der Staat alle erdenkliche Mühe auf sie verwenden. Gerade da aber fehlt es an genügend Beamten mit sorgfältiger Ausbildung. Also werden hastig Objektschutzkräfte rekrutiert und ausstaffiert. Zu Deutsch: Man drückt ohne viele Skrupel Menschen Waffen in die Hand, die noch wenige Wochen zuvor als Köche, Zimmermädchen oder Gärtner gearbeitet haben. Will ein Bürger eine Sportpistole kaufen, muss er ein Jahr lang trainieren, hat strenge Prüfungen zu bestehen und wird intensiv begutachtet. Braucht aber der Staat selbst dringend bewaffnetes Personal, lässt er Hilfskräfte in Schnellkursen schulen und rüstet sie mit gefährlichen Vollautomaten aus.[188]

Apropos vollautomatische Waffen: Ungefährlich sind sie in unerfahrenen Händen wahrlich nicht. Eine solche Waffe nämlich schießt selbsttätig, solange der Abzug durchgezogen ist und solange sich Patronen im Magazin befinden. Dauerfeuer. Bei Halbautomaten dagegen, auch Selbstlader genannt, muss für jeden einzelnen Schuss der Abzug erneut betätigt werden.[189] Die MP5 erreicht bei Dauerfeuer bis zu 900 Schuss pro Minute, das heißt, das Magazin ist sehr schnell leer. Aus Gründen der Sparsamkeit und um der

Präzision willen gibt man daher nur kurze Feuerstöße von drei bis fünf Schuss ab, die noch halbwegs im Ziel liegen. Die beim Schuss frei werdende Kraft wirkt ja nicht nur auf das Geschoss und treibt es an, sondern genau die gleiche Kraft wirkt auch in Richtung Schütze, der bekannte Rückstoß. Und bei schneller Schussfolge steigt die übertragene Kraft derart, dass eine Waffe bei Dauerfeuer kaum noch kontrollierbar ist und enormer Streuverlust mit entsprechender Gefahr für Unbeteiligte entsteht. Erfahrene Schützen schießen ohnehin nur gezieltes Einzelfeuer.

Zur Vermeidung versehentlichen Umschaltens auf vollautomatische Feuerfolge haben viele Landespolizeibehörden die »MP5 Z« eingeführt, die über eine Zusatzsicherung auf der rechten Seite des Feuerwahlhebels verfügt. Will man auf das »F« für »Feuerstoß« umschalten, muss man einen Knopf auf der gegenüberliegenden Seite des Hebels kräftig hineindrücken. Die Nutzer nennen die »F«-Einstellung zumeist zynisch »Frieden«. Bei der Bundespolizei, dem früheren Bundesgrenzschutz, hat man neuere Versionen gewählt, die über die ökonomische Möglichkeit eines auf drei Schuss begrenzten Feuerstoßes verfügen, allerdings ohne die zusätzliche Sicherung. Genug der Technik, zurück zum Menschen: Schießt man Dauerfeuer und läuft dann etwa ein Kind in die Schusslinie, braucht man rein biologisch bedingt durchschnittlich 0,5 Sekunden, das zu begreifen und das Feuer zu unterbrechen. Schon allein deswegen, weil der menschliche Verstand per se etwa 0,3 Sekunden hinter der Realität herhinkt – es braucht eben Zeit, bis eine Information über die Sinnesorgane auch im Gehirn angekommen und verarbeitet ist. Bis dahin sind aber etwa sieben Projektile schon in die gefährliche Richtung unterwegs. Vollautomatische Feuerfolge hat daher im regulären Polizeidienst absolut nichts zu suchen. Hinzu kommt, dass Polizeibeamte für gewöhnlich, wenn überhaupt, nur etwa zweimal im Jahr mit Maschinenpistolen üben.[190]

In anderen Ländern ist man inzwischen genau deswegen dazu übergegangen, vollautomatische Versionen solcher Waffen grundsätzlich nur noch an Spezialeinheiten abzugeben, die ausgiebig üben können. Reguläre Polizisten und Sicherheitskräfte erhalten dort diese Maschinenpistolen nur noch als Halbautomaten ausgehändigt. Selbst die Special Weapons and Tactics (SWAT) Teams des FBI bekommen keine Dauerfeuerversionen. Deswegen werden die Griffstücke vom Hersteller der MP5 in Oberndorf auch als »FBI-Versionen« bezeichnet.[191] Warum man in Deutschland Sicherheitspersonal nach nur neun Wochen Ausbildung mit Vollautomaten aufmarschieren lässt, wird wohl Geheimnis der verantwortlichen Minister bleiben.

Als der »Anscheinswaffen-Paragraf« im Jahr 2003 aus dem Gesetz verschwand, kamen recht schnell auch halbautomatische Zivilversionen der MP5 auf den Markt. Fast identische Technik, gleiches Kaliber und gleiches Aussehen – Großalarm bei den Sicherheitsbehörden. So etwas in Bürgerhand? Einfach undenkbar. Sofort fühlten sich Vertreter der Staatsmacht bedroht und verlangten ein Verbot solcher Waffen für Zivilisten. Nach heftigen Diskussionen einigte man sich schließlich darauf, dass solche Geräte für Sportschützen tabu sein sollten. Nun dürfen es Jäger, Sammler und Händler haben, für den Schießsport ist so etwas jedoch streng verboten.[192]

9

Vom Grundsatz der Verhältnismäßigkeit

Waffenbesitz ist in den Augen mancher Menschen etwas Anrüchiges und Verdächtiges. Für von Berufs wegen argwöhnische Menschen wie Staatsanwälte und Polizeibeamte in besonderer Weise. Sie sind schnell alarmiert, wenn sie feststellen, dass sich solches Schießzeug in Privathand befindet. Gern statuieren sie dann ein Exempel, manchmal freilich »etwas außerhalb der Legalität« oder doch deutlich übers Ziel hinausschießend.

Josef Hoss führte ein geordnetes Leben. In jahrelanger, mühevoller Arbeit war es ihm gelungen, aus dem Nichts einen florierenden Fliesenlegerbetrieb aufzubauen. Er hatte es zu einem eigenen Häuschen gebracht, fuhr ein großes, aber nicht protziges Auto, kurz: Er hatte es mit eigenen Händen zu etwas gebracht. Im Prinzip war er der Prototyp des erfolgreichen Mittelständlers, der den Politikern vorschwebt, wenn sie vom Rückgrat der deutschen Wirtschaft sprechen. Im Keller leistete sich der Unternehmer einen kleinen Luxus und sammelte Waffen; nichts überragend Gefährliches, ein paar Schwerter und Lanzen, dazu einige Repetiergewehre aus der Zeit des Ersten Weltkriegs, alle angemeldet, ein harmloser

Spleen und sein ganzer Stolz. Wie andere eben eine Eisenbahn im Keller haben oder dort an ihrem Motorrad schrauben.

Alles deutete auf einen erfüllten Lebensabend hin, hätte da nicht im Hintergrund ein Nachbarschaftsstreit geschwelt. Er sollte das Leben der Familie Hoss in den Grundfesten erschüttern. Gewiss, schuld an den Streitereien waren vermutlich, wie so oft, beide Seiten; manchmal stimmt einfach die mitmenschliche Chemie nicht. Und leider bleibt es da oft nicht bei bösen Blicken und bitteren Worten. Jedenfalls verbreitete sich schleichend das Gerücht, Hoss horte in seinem Keller Handgranaten, scharfe Handgranaten.[193] Die Tuscheleien kamen auch einem in der Nähe lebenden Polizeibeamten zu Ohren, der in typisch deutscher Tüchtigkeit umgehend Anzeige erstattete. Eine Lappalie, so möchte man meinen, schnell durch ein Gespräch zu klären und keine wirkliche Aufregung wert in dem kleinen Städtchen in der Nähe von Bonn. Doch der nicht minder tüchtige Staatsanwalt beurteilte die Sachlage ganz anders und mochte nicht ausschließen, dass von Hoss in hohem Maß Gefahr ausgehen könnte. Denn schließlich hatte Josef Hoss ja auch Waffen.

Die Ermittler waren sich einig: Eine einfache Hausdurchsuchung durch Polizisten wäre angesichts der vermuteten Handgranaten und der erteilten Waffenbesitzkarte viel zu gefährlich gewesen. Es hätte die Beamten heillos überfordert, dafür die Verantwortung zu übernehmen. Also entschloss man sich, dass das SEK Köln die Sache übernehmen und den Durchsuchungsbeschluss sowie die Festnahme vollstrecken sollte. Wie Hohn klingen da die Veröffentlichungen der Polizei NRW, das SEK sei zur Bewältigung »qualifizierter Bedrohungslagen« da.[194] Eine Polizeieinheit, die sonst für die Überwältigung von Schwerstkriminellen und bei Geiselnahmen eingesetzt wird, bereitete sich auf die Festnahme des unbescholtenen Mannes vor, dessen Gedanken sich primär mit der baldigen Rente beschäftigten und der sich darauf freute, die Früchte seiner Arbeit in Ruhe und Frieden genießen zu können. Doch daraus wurde nichts.

An einem Dezembermorgen verließ Josef Hoss sein Haus, stieg in sein Auto und wollte wie gewöhnlich in seine Firma fahren. Wenige Meter dieser Strecke hatte er geschafft, als plötzlich von hinten mehrere vermummte Männer auf den Wagen zuliefen. Von vorne kam ein zweiter Trupp. Mit einem Schlagstock schlug einer der Männer die Seitenscheibe der Fahrertür ein, andere öffneten den Wagen und zerrten Hoss heraus. In Panik schrie Hoss nach der Polizei, glaubte an einen Raubüberfall oder eine Entführung, als ihm die Handfesseln angelegt wurden und ihm aufging, dass die um Hilfe gerufene Polizei schon da war. Dann geschah das Unglaubliche: Die Beamten begannen, ihn zu schlagen und zu treten. Immer wieder und wieder. (Zwar wurde dies von den Beamten vehement bestritten, und auch das Gericht stellte dies ausdrücklich nicht fest, doch die Verletzungen bestätigen die Darstellungen von Hoss. Bei einer vorschriftsmäßigen Festnahme können solche Verletzungsbilder ausgeschlossen werden.)

Die Ärzte stellten später in der Notaufnahme des Krankenhauses Verletzungen fest, die sprachlos machen: angebrochene Wirbelsäule, Rippenserienfrakturen, zahlreiche schwere Prellungen und Hautabschürfungen.[195] Der Körper des Unternehmers sah aus wie ein einziger Bluterguss. Diese Spuren der brutalen Misshandlung waren unübersehbar, unsichtbar hingegen blieben die Handgranaten und die angeblich vorhandenen illegalen Waffen im Hause Hoss. Alle Vorwürfe erwiesen sich als haltlos.

Josef Hoss verstand die Welt nicht mehr. Er erstattete Anzeige gegen die Polizeibeamten. Seiner Arbeit konnte er nicht mehr nachgehen, die Schmerzen machen bis heute einen geregelten Tagesablauf nahezu unmöglich. Zudem durchlebt er immer wieder den Albtraum dieses Morgens, ist hochgradig traumatisiert und kann ohne Medikamente den Alltag kaum noch bewältigen. Ein körperliches und seelisches Wrack, Opfer eines völlig überzogenen Feldzugs gegen Waffen.

Ähnlich entschlossenes Vorgehen wie gegen die Phantomwaffen hätte man sich danach auch von den Ermittlern gegen die durchaus realen Schläger gewünscht.[196] Doch die Anzeige von Hoss wurde schleppend behandelt. Eisern schwiegen die Beamten des SEK. Die nicht zu leugnenden Misshandlungen ließen sich nicht einzelnen Beamten zuordnen, was beim individualisierten Schuldbegriff Ahndung schwer macht.[197] Aussprüche des Chefs der Einheit bekommen im Nachhinein einen bitteren Beigeschmack: Der Mann soll in einer Besprechung geäußert haben, es gebe keine falschen Maßnahmen, sondern nur falsche Begründungen. So kam es schließlich zu einer Einstellung des Verfahrens.

Die Bemühungen von Hoss um Ersatz des entstandenen Schadens gerieten denn auch zu einem Spießrutenlauf durch die deutschen Gerechtigkeitsinstanzen. 30 000 Euro sprach das Landgericht Köln schließlich dem Opfer zu. Für seine Schmerzen, für den Vandalismus im Haus, für den Verdienstausfall, für sein ruiniertes Leben und seine enormen Auslagen. 30 000 Euro, so viel war die Existenz eines Waffenbesitzers und seiner Familie für das Landgericht Köln wert. Das Land Nordrhein-Westfalen sah dies allerdings anders, wollte nicht einmal diese Summe anerkennen und legte Berufung ein, Josef Hoss ebenfalls.

Schließlich ließ sich im Jahr 2008 dieser erschreckend gewalttätige SEK-Einsatz nicht mehr kaschieren: Das WDR-Magazin *Monitor* berichtete über den Fall, die *Süddeutsche Zeitung* widmete ihm am

17. Juli 2008 einen großen Artikel (Charlotte Frank, »Ein Gerücht zerstört ein Leben«), und selbst Amnesty International schaltete sich ein.[198] In der Berufungsverhandlung wurde das Urteil des Landgerichts bestätigt, allerdings wurde zusätzlich festgestellt, dass auch alle zukünftig anfallenden Schadensfolgen und Ausfälle vom Staat zu tragen seien.[199] Ein später Sieg für einen Unschuldigen. Wie konnte es dazu kommen?

Wirklich nur ein Einzelfall?

Von jedem Sportschützen und jedem Jäger werden Mindestkenntnisse des Waffenrechts verlangt. Für Staatsanwälte besteht eine solche Pflicht nicht. Und auch angehende Beamte an den Fachhochschulen der Landespolizeibehörden müssen eine Waffensachkundeprüfung nicht bestehen. Für 20-stündige Kurse in Waffenrecht scheinen die Finanzmittel nicht zu reichen. Gut ausgebildet?[200]

Tatsächlich sind die Tageszeitungen voll von Meldungen, in denen Polizeibeamte mit abstrusesten Rechtsvorstellungen zitiert werden. Da werden Erbsenschusspistolen, also Kinderspielzeug, plötzlich zu gefährlichen Mordinstrumenten stilisiert, aus Kombizangen werden bedrohliche Gegenstände, und Vorderladerpistolen aus Reifrockzeiten verwandeln sich unversehens in Selbstladewaffen. Uniform und bedeutungsschwangere Worte ersetzen den Sachverstand – und die weisen Aussprüche werden von Zeitungen und Rundfunksendungen gern aufgegriffen.[201]

Die Folge: sinnlose, sich in Luft auflösende Ermittlungsverfahren, beschnittene Bürgerrechte und drangsalierte Normalbürger. Alles aufwendig und kostspielig. Da kann man sich eine Debatte über teure Unterrichtsstunden in Waffensachkunde an den Polizeischulen halt nicht mehr leisten. Übrigens: In einem Sportverein kostet die Teilnahme an solchen Schulungen meist nur um die 80 Euro, also gerade einmal den Gegenwert einer staatsanwaltlichen Arbeitsstunde. Dass hier, wie so oft, an der falschen Stelle gespart wird, liegt auf der Hand.

Zumindest Thorsten B. dürfte von solchen Sparmaßnahmen nicht mehr wirklich überzeugt sein. Der Schleswig-Holsteiner betreibt als Fachhändler einen Verleih für Filmwaffen, arbeitet an so bekannten Produktionen wie *Tatort* oder *Notruf Hafenkante* mit und sorgt so für unsere Abendunterhaltung. Nebenbei verkauft er auch einige Waffen und Munition an örtliche Jäger. Auch er wünscht sich ein beschauliches Leben wie einst Josef Hoss, verbrächte am liebsten die meiste Zeit in seiner Werkstatt beim Basteln an den Schusswaffen. Doch auch da gibt es Leute, die dem Frieden nicht trauen wollten.

Einige Beamte beim LKA und beim BKA hatten B. offenbar auf dem Kieker, wollten nicht einsehen, dass einer mit so vielen Waffen umgehen darf. Bislang musste der Händler innerhalb von wenigen Jahren 13 (!) Hausdurchsuchungen über sich ergehen lassen; inzwischen dürfte er die Abläufe wohl besser kennen als die eingesetzten Beamten. Vielleicht verwechseln diese das Haus von B. aber auch einfach nur mit einem Truppenübungsplatz und nutzen es entsprechend. Jedenfalls haben sich in den letzten Jahren die Ermittler die Klinke in die Hand gegeben.

Mehr als ein Dutzend Hausdurchsuchungen und die dazugehörigen Ermittlungsverfahren – mit der Zeit summierten sich die finanziellen Schäden für den Unternehmer beachtlich. Und auch die Kosten für den Staat, sinnlos verheizt für Berge von Papier, Mannstunden und Technik. Alle Vorwürfe erwiesen sich ein übers andere Mal als haltlos. Aber man ließ nicht locker. Eines Tages erhielt B. den Anruf eines verdeckten Ermittlers, was er natürlich nicht ahnte. Der Anrufer sagte, er sei ein Grundstücksmakler aus Frankfurt am Main, und erkundigte sich nach einer unbrauchbar gemachten Maschinenpistole des Typs Skorpion. So etwas habe er schon immer haben wollen. 700 DM habe er dafür eingeplant. Eine in ihre Einzelteile zerlegte und nach Vorschrift unbrauchbar gemachte MP mag nicht unbedingt jedermanns Sache sein, als Waffenschrott ist sie jedoch legal. Nach dem Schreddern eignet sich ein Auto ja auch nicht mehr zum Fahren. Der angebliche Makler wollte sofort in Frankfurt losfahren und zu B. kommen. Doch das wollte der Händler nicht, er hatte Wichtigeres zu tun.

Einige Zeit später hielt dann spätabends ein dicker BMW vor der Tür, aus dem ein Mann in reichlich greller Aufmachung ausstieg: am Handgelenk eine ausgewachsene Rolex, Goldkettchen um den Hals, aus dem bis zum Bauchnabel offenen Hemd Brusthaar quellend, obligatorische Vokuhila-Frisur (vorne kurz, hinten lang) und Oberlippenbart im braun gebrannten Gesicht. Der Mann ließ sich beim besten Willen nicht abwimmeln. Er habe doch angerufen, und B. sei ja nun doch da, sodass einem Handel nichts im Wege stehe. Er wolle unbedingt eine MP kaufen. Nach langem Gerede gab der Händler schließlich entnervt nach und ließ den Kunden in seine Werkstatt, damit er sich eine Waffe aussuchen konnte.

Doch unser »Makler« war auf einmal nicht mehr mit einer unbrauchbar gemachten Waffe zufrieden. Schießen sollte sie schon noch können, und dafür wäre er auch bereit, weit tiefer in die Tasche zu greifen, als am Telefon erwähnt: 5000 DM in bar bot er dem Händler nun an. Vergeblich forderte B. den schrillen Vogel mehrfach zum Gehen auf. Doch der stellte sich taub, sodass ihm schließlich mit den Hunden gedroht wurde. Die waren zwar bereits altersschwach und eher narkoleptisch veranlagt, jedoch immerhin groß genug, die Nervensäge zur Heimfahrt zu bewegen.

Nur wenige Tage später klingelte es morgens an der Haustür, und es gehört nicht viel Fantasie zur Vorhersage, wer da schellte: Das BKA in Gestalt mehrerer Beamter wies die üblichen richterlichen Anordnungen auf Zettelchen in den modischen Farben Blau, Grün und Rosa vor: Durchsuchungsbeschluss samt zugehörigem Protokoll. Das Haus wurde von schief auf schräg gestellt, doch illegale Waffen fanden sich keine; offen witzelten die Beamten bei der Suche über den Einsatz ihres Undercover-Agenten. Man hatte selbst nicht davor zurückgeschreckt, im Nachbarhaus einen Observationsposten zu errichten. Doch wer solches Vorgehen schon für Irrsinn hält, der sollte sich auf weitere Eskalation gefasst machen. Durch die schöne Regelmäßigkeit der amtlichen »Besuche« geraten die Betroffenen ins Visier der Sonderermittler von Bund und Ländern und dürfen sich bereits darauf freuen, dass es beim nächsten Läuten an der Haustür wieder nicht der Milchmann ist. Elektronische Datenverwurschtelung eben.

Nach einem Mord an einem Rentnerehepaar entdeckte die Polizei bei ihren Ermittlungen, dass die Opfer eine Waffenbörse im hessischen Kassel besucht hatten. Hier hatten sie einige historische Waffenteile eingekauft, überwiegend aus längst vergangenen Jahrhunderten. Der Zufall wollte es, dass Thorsten B. zur gleichen Zeit in Kassel gewesen war und mal wieder einige Waffen erworben, verkauft und Kontaktpflege betrieben hatte. Grund genug – jedenfalls für die Schreibtischtäter in der ermittelnden Dienststelle –, ihn nun auch noch eines Doppelmordes zu verdächtigen. Prompt erging die Aufforderung an den Händler, umgehend DNS-Proben abzugeben und möglichst auch gleich solche von seinen Angehörigen; man habe da bei den Opfern entsprechende Spuren gefunden.

Das Verfahren erbrachte natürlich auch nichts. Für die Behörde kein Grund zum Aufgeben: Bei einer weiteren Hausdurchsuchung wurden endlich doch Waffenteile gefunden, die eine Anklage rechtfertigen sollten. Darüber wundern kann sich freilich nur der Laie. Wird jemand fürs Unbrauchbarmachen von Waffen bezahlt, müssen diese logischerweise irgendwann zuvor funktionsfähig angeliefert worden sein und könnten bei einigem Übelwollen theoretisch vorübergehend als illegal eingestuft werden. Das sollte ein Gutachter des LKA aus Kiel belegen, also einer von ganz oben. Und das Gutachten fiel denn auch im Sinne der Anklage aus. Es hatte nur einen Schönheitsfehler: Der Gutachter war gar kein Gutachter. Er hatte vor Urzeiten an einem Kurzlehrgang teilgenommen, in dem es um die Spurenanalyse an Geschossen ging. Mehr nicht. Zum Gutachter wurde er dadurch, dass er seinen Vorgesetzten gegenüber, die ihrerseits keine Gutachter waren, nachwies, er könne Gutachten schreiben. Was nicht passt, das wird eben passend gemacht.[202]

Völlig entnervt gab der Beschuldigte schließlich auf und zahlte eine kleine Geldstrafe, um endlich seine Ruhe zu haben. Es hat gewirkt. Jedenfalls gab es in den folgenden Jahren keine Hausdurchsuchungen mehr, keine Vorwürfe und auch keine Untersuchungen. Inzwischen verklagt B. das Land auf Schadenersatz; mehr als 250 000 Euro hat ihn dieser Irrsinn bisher gekostet.[203]

Die Jagdgesellschaft

Am 12. Juli 2007 nahmen fünf Jäger an einer Gesellschaftsjagd in Köln-Ehrenfeld teil; sie schossen Tauben. Ein Spaziergänger bemerkte die Schüsse und rief die Polizei, da ihm die vermummten Gestalten auf dem Feld verdächtig erschienen. Die Beamten nahmen einen terroristischen Hintergrund an und rückten mit gleich elf Streifenwagen aus, das Schießen zu unterbinden. Mit vorgehaltenen Waffen stürmten sie auf die Jäger zu und überwältigten die Männer –

überwiegend Senioren, der Älteste von ihnen war immerhin bereits 70 Jahre alt. Mit massiver körperlicher Gewalt wurden die Jäger auf den Boden geworfen und mit Handfesseln fixiert, die ihnen erst nach über 30 Minuten abgenommen wurden. Es dauerte mehr als eine Stunde, ehe die Beamten begriffen, dass sie keine Terroristen, sondern ganz normale Jäger vor, oder anfangs: unter sich hatten.

Was dann allerdings geschah, wirft ein bezeichnendes Licht auf den behördlichen Umgang mit Besitzern legaler Waffen. Zu einer Entschuldigung konnte sich die Polizei nicht durchringen. Sie sorgte im Gegenteil dafür, dass die Angelegenheit totgeschwiegen wurde. Man konnte kein Fehlverhalten erkennen, denn immerhin hatte man es ja mit einer »zunächst unbekannten Gefahrenlage« zu tun gehabt. Deswegen stellte die Staatsanwaltschaft die Ermittlungen wegen gefährlicher Körperverletzung schließlich auch ein. Erst als sich der erboste Jagdpächter Reinhardt Last an den Petitionsausschuss des Landtags wandte, wurde der Fall im Oktober 2008 publik. Während der parlamentarischen Erörterungen sah der Inspekteur der Polizei in NRW erst bei einem zweiten Termin hinreichenden Anlass, sich bei den Verletzten zu entschuldigen. Der Jagdpächter äußerte sich im Interview mit einer Lokalzeitung: »Es hätte Tote geben können. Es war für uns entwürdigend und erschreckend.«[204] Mit der Entschuldigung betrachtet er die Angelegenheit inzwischen aber als erledigt. Da soll noch einmal einer sagen, Jäger seien nicht gutmütig.

Es hat sogar schon Fälle gegeben, in denen ganze Vereine plötzlich von Hundertschaften der Polizei umstellt wurden, das SEK ins Vereinsheim stürmte, die anwesenden Sportschützen festnahm und penibel kontrollierte. In allen Fällen ohne nennenswerten Erfolg, sieht man davon ab, dass hier unbescholtene Bürger in unwürdigster Weise als potenzielle Straftäter behandelt wurden. In

Berlin ist ein Leiter der dortigen Waffenrechtsabteilung des LKA damit berühmt geworden, dass er urplötzliche Waffenkontrollen auf Schießständen durchführen lässt. »Das ist eine Razzia, Schießen einstellen, Waffenbesitzkarten vorzeigen!«, soll der Sachbearbeiter die Schützen laut Forum Waffenrecht angeherrscht haben. Wären nicht erst einmal freundliche Fragen angebracht gewesen, ehe man sich derartig im Ton vergreift? Vertrauen baut man so jedenfalls nicht auf, und über die Friktionen durch mangelhafte Kommunikation darf man sich dann aufseiten der verantwortlichen Minister und Senatoren wahrlich nicht wundern.

Wer sich also über angeblich nicht ausreichende Kontrolle von legalen Waffenbesitzern beklagt, sollte sich kontraproduktive Übergriffe dieser Art vor Augen führen. Sie schaffen ein miserables Klima im Verhältnis zu einer gesellschaftlichen Gruppe, deren Kooperation beim Vollzug des Waffengesetzes weit mehr brächte, als durch Konfrontation je zu erreichen sein wird. Nur die wenigsten Waffenbesitzer haben etwas gegen angemessene Kontrollen, und selbst gegen begründete Hausdurchsuchungen werden die wenigsten etwas einwenden. Wir werden ja ständig kontrolliert, etwa im Straßenverkehr oder auf gültige Fahrscheine im Bus. Regeln müssen eingehalten werden, im Interesse der Mitmenschen, im Interesse des Staates und auch im eigenen Interesse. Und die im Waffengesetz vorgesehenen Strafen sind wahrlich nicht von Pappe. Man stelle sich vor, Falschparker müssten ihr Auto abgeben und dürften niemals wieder selbst fahren – für Inhaber einer Waffenbesitzkarte sind solche harten Sanktionen gängige Realität. Da wird man automatisch sehr vorsichtig.

Wenn Ihnen also einmal langweilig sein sollte und niemand will zu Besuch kommen, dann beantragen Sie doch einfach mal eine Waffenbesitzkarte.

10

Das Image der Saubermänner

Man denke sich eine Firma, deren Waren im Waffenfachhandel erhältlich sind, die Fördermitglied im Verband der Büchsenmacher (VDB) ist und dem Verband der Hersteller von Jagd-, Sportwaffen und Munition (JSM) angehört, die ihre Gerätschaften auf Waffenmessen wie der Nürnberger IWA und sogar international auf Gun-Shows in den USA anpreist.[205] Kritik an ihren Produkten weist die Firma in Interviews als haltlose Vorwürfe einer nicht näher definierten, in jedem Fall aber böswilligen »Waffenlobby« zurück. Da stellen sich unwillkürlich bohrende Fragen ein: Gehört der VDB nicht dem Forum Waffenrecht (FWR) an? Ja, ist er nicht sogar, wie auf der eigenen Website zu lesen, Mitbegründer dieses Forums, dem von einigen Politikern nachgesagt wird, es verkörpere die deutsche Waffenlobby?[206] Und bedeutet Mitgliedschaft im VDB nicht automatisch auch Mitgliedschaft im FWR? Nach Prüfung dieser Fragen ergibt sich die ebenso einfache wie wirkungsvolle Firmenstrategie: die Waffenlobby angreifen, deren finanzkräftiges Mitglied man selbst ist.

Die Bipolarität dieser Selbstinszenierung wird spätestens dann deutlich, wenn man sich den Geschäftsführer dieser Firma näher betrachtet: Ernst Mauch war 30 Jahre bei der bekannten Firma Heckler & Koch, zuletzt als Geschäftsführer.[207] Mehr Nähe zu dem, was man Waffenlobby nennen könnte, ist gar nicht denkbar.

Viele Leser werden bereits erkannt haben, um welche Firma es hier geht: Um Armatix in München, spezialisiert auf Waffensicherungssysteme. Die von Armatix gefertigten Sperren werden in den Lauf der Waffe eingeführt und dort mit elektronischen Bedieneinheiten verriegelt. Wahlweise klassisch per PIN oder auch biometrisch, worüber in den Monaten nach dem Amoklauf von Winnenden intensiv debattiert wurde. Zu denken gibt dabei, wie extrem empfindlich das Unternehmen auf Kritik an seinen Produkten reagiert. Wer sie öffentlich äußert, findet früher oder später Post von einer namhaften Anwaltskanzlei in seinem Briefkasten.[208] Besteht der Betreffende auf seiner Meinung, dann macht er bald Bekanntschaft mit der Pressekammer eines Gerichts.

Die Sicherungssysteme, so behauptet es der Hersteller, können ohne die Bedienelemente nicht aus der Waffe entfernt werden, ein Missbrauch der Waffen sei somit nahezu ausgeschlossen. Versuche jemand, die Systeme mit Gewalt zu entfernen, werde der Lauf der Waffe unbrauchbar. Für das seit 1. April 2008 gesetzlich vorgeschriebene Sperrsystem bei geerbten Waffen ist dies sogar von der Physikalisch-Technischen Bundesanstalt in Braunschweig zertifiziert worden.[209] Auch auf die Gefahr einer neuerlichen Begegnung mit einer Pressekammer hin soll an dieser Stelle doch deutliche Kritik an der Darstellung des Herstellers geäußert und die Melange aus Firmeninteressen und Politik nicht ausgespart werden:

Die Idee der Waffensicherungen ist keineswegs neu. Schon seit Jahrzehnten wird an technischen Methoden getüftelt, die einen Waffenmissbrauch unmöglich machen sollen. Dazu gehören auch Überlegungen zur Sperrung des Waffenlaufs, wodurch das Laden von Patronen und ihr Verfeuern mit größtmöglicher Sicherheit unterbunden werden könnte.

Die ersten Patente der Firma Armatix aus München-Unterföhring kamen als Reaktion auf die Waffenrechtsänderungen nach dem Amoklauf von Erfurt 2003 heraus. Damals noch im Rahmen des Unternehmens SimonsVoss.[210] Zu der Zeit ging es freilich nicht um alle Großkaliberwaffen; man wollte mit derartigen Systemen vor allem eine Blockierung von Erbwaffen möglich machen. Hierzu wurde 2003 in den Gesetzestext eine Regelung aufgenommen, nach der Hersteller binnen fünf Jahren entsprechende Maßnahmen zu entwickeln hätten.[211] Das Vorhaben erwies sich als zu ehrgeizig, weswegen das Waffenrecht 2008 nochmals »verschärft« werden musste, ehe die Frist ablief. Logisch, dass dann die Zertifizierung just wenige Tage vor Ablauf dieser Frist erfolgte.

Im Jahr 2006 wurde über die Frankfurter Firma Brockhaus Private Equity eine Finanzierung arrangiert. Die Landeskreditbank Stuttgart gewährte Armatix einen Kredit von 2,5 Millionen Euro[212], der inzwischen zurückgezahlt wurde. Unter den Kunden des Frankfurter Unternehmens befindet sich nach Auskunft der eigenen Website vom Mai 2009 auch der Softwarehersteller CDV Software Entertainment, zu dessen größten Erfolgen das »Killerspiel« *Doom* mit seinen Nachfolgern gehörte, das intensiv von Robert S., dem Amokläufer von Erfurt, vor seiner Tat gespielt wurde.[213] Die Verquickung von CDV und Brockhaus Private Equity ist kein Zufall, denn Uwe Steinbacher, Geschäftsführer des Finanzanlegers, sitzt gleichzeitig im Aufsichtsrat des Spieleherstellers. Inzwischen wurden die Verlinkungen zu dem Internetauftritt von CDV von der Homepage entfernt, doch Letzterer hat es in sich: Gleich mehrere dieser stark umstrittenen Spiele werden dort derzeit beworben, beispielsweise das Spiel *Necrovision*, das von CDV so beworben wird:

»Heftiger Horror-Ego-Shooter in einem ansprechenden WW1/Horror-Setting ... Willkommen in der Hölle, Soldat!«[214]

Am 4. Februar 2009 gab Marco Brockhaus bekannt, der Stimmrechtsanteil von Brockhaus Private Equity an CDV habe die Schwelle von 25 Prozent mit 599730 Stimmrechten überschritten. Marco Brockhaus ist immerhin Geschäftsführer und Gründer des Finanzunternehmens.[215] Berührungsängste scheinen vonseiten Armatix' jedenfalls nicht zu bestehen.

Problematische Biometrie

Eine erstaunliche Kombination: Man macht einerseits Geld mit Entwicklung und Vertrieb von Gewaltmedien. Andererseits verdient man zugleich dadurch, dass man Waffensicherungssysteme finanziert, die Amokläufe verhindern sollen. Dass übermäßiger und unkritischer Konsum von »Killerspielen« zumindest zu den Faktoren gehört, die einen Waffenmissbrauch begünstigen, ist inzwischen unbestritten. Natürlich mutiert niemand nur deswegen zum Mörder oder Amokläufer, weil er solche Spiele spielt. Allerdings kann sich bei seelisch gestörten Personen das Kurzschlussrisiko deutlich erhöhen, wenn sie fast süchtig den Dauerkonsum von Gewaltspielen suchen. Kommen dann noch Zugang zu Waffen aller Art und womöglich Psychopharmaka dazu, entsteht eine hochexplosive Mischung. Immer dringlicher stellt sich daher die Frage, warum der Realitätsgehalt solcher Spiele derart hoch sein muss, dass sie sich ausgezeichnet zum Trainieren tatsächlicher Abläufe eignen: Taktik, schnelles Einstellen auf unverhofft auftauchende Ziele, Schulung des Reiz-Reaktionsmusters – das alles verschafft einem Amokläufer letztlich Vorteile gegenüber Polizisten, die nicht täglich acht Stunden oder mehr üben können.[216]

Noch interessanter als die geschäftlichen Verquickungen sind die Verbindungen von Armatix in die Politik. Die Produkte der Firma waren für manche Politiker geradezu ein gefundenes Fressen, als es nach dem Amoklauf von Winnenden um wirksame Schutzmaßnahmen gegen Waffenmissbrauch ging. Biometrisch gesicherte Waffensperren – das hört sich hochmodern und zugleich solide an. Solche Vorrichtungen schienen eine akzeptable Kompromisslinie zu versprechen im Streit zwischen den harten Verbotsvertretern und denen, die mehr Sicherheit erneut mit mehr Regulierung erreichen wollten. Am 3. April 2009 präsentierte Berlins Innensenator Ehrhard Körting, dem wir schon mehrmals begegnet sind, in den Räumen des Berliner Waffenfachgeschäfts Kettner am Alexanderplatz die neuartigen Sicherungen mit den biometrischen Bedienelementen. Stolz ließ sich der Senator gemeinsam mit Armatix-Geschäftsführer Bernd Dietel vor einigen so gesicherten Waffen ablichten.[217]

Unvorhergesehenerweise war zu diesem Pressetermin auch ein Fachjournalist der Jagdzeitschrift *Die Pirsch* erschienen. Er stellte kritische Fragen nach den biometrischen Sperren, für die sich der Senator so sehr einsetzte. Schließlich musste der Senator, den sein Chef, Bürgermeister Wowereit, einmal als »Zwerg Allwissend« bespöttelt haben soll, kleinlaut bekennen, dass solche Sperren einen Amoklauf wohl auch nicht verhindern könnten. Nach der Veranstaltung, so berichtete der Journalist in seinem Blatt, sei die Pressesprecherin des Senators auf ihn zugekommen und habe gefragt, was er bei diesem Termin zu suchen habe; er sei ja gar nicht akkreditiert. »Leute wie Sie« seien ganz bestimmt nicht eingeladen worden. Mit solchen »Leuten« meinte die Dame offenbar fachkompetente Journalisten, die sich nicht so ohne Weiteres mittels verordneter »Informationen« ruhigstellen lassen.[218]

Zu dem Zusammenstoß kam es nicht von ungefähr: Schon seit Jahren hagelt es Kritik an den Waffensperren. Mehrere Versuche der Zeitschrift *Visier* haben gezeigt, dass sich Sperrelemente in vielen Fällen relativ problemlos und rasch entfernen lassen, ohne die Funktionstüchtigkeit der Waffe zu beeinträchtigen. Die Angaben des Herstellers haben sich als zu vollmundig erwiesen, und die politischen Unterstützer als schlecht informiert. Das bestätigte sich am 23. April 2009 im Bundestag, als Gabriele Fograscher, SPD-Mitglied des Innenausschusses, ausführte: »Die Entwicklung technischer Sicherungssysteme für Waffen hat in den letzten Jahren Fortschritte gemacht. Waffen können sowohl im Lauf als auch im Abzug und auch im Patronenlager elektronisch, mechanisch und biometrisch gegen unbefugten Zugriff gesichert werden. Die Kosten hierfür halten sich inzwischen in einem überschaubaren Rahmen. Eine so erreichte Schussunfähigkeit der Waffe bietet das größte Maß an Sicherheit vor unberechtigtem Zugriff.«[219]

Während Politiker aus CDU wie SPD sich optimistisch gaben, schwoll die Kritik seitens der betroffenen Verbraucher an. Ausgerechnet in der Märzausgabe 2009 der Fachzeitschrift *Visier* war zu lesen, wie man den Sperrbolzen durch Anschweißen eines Nagels mit wenig Kraftaufwand ziehen könne. Die Waffe soll dabei voll funktionsfähig geblieben sein. Der Autor hat es ausprobieren lassen, man muss gar nicht mal schweißen, es geht sogar mit handelsüblichem Klebstoff![220]

Das fragliche Heft befand sich also just zu der Zeit im Handel, als sich der Amoklauf von Winnenden ereignete. Und sofort reagierten die Anwälte des Herstellers. Sie erhoben nicht nur Zivilklage und erwirkten eine einstweilige Verfügung (EV), sondern sie erstatteten auch Strafanzeige und erhoben hanebüchene Vorwürfe wie »Anleitung zum Völkermord« und andere Absurditäten. Man

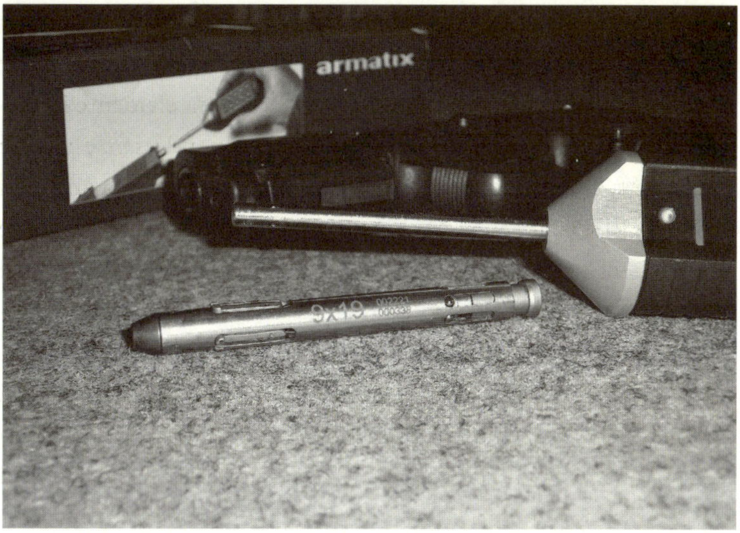

Die Abbildung zeigt eine biometrische Sicherungsvorrichtung der Firma Armatix.

braucht nicht unbedingt Rechtswissenschaften studiert zu haben, um solchen juristischen Aberwitz zu durchschauen, manchmal hilft schon der gesunde Menschenverstand weiter. Dass ein derartig widersinniges Verfahren nicht sofort eingestellt wurde, dürfte an den politischen Implikationen gelegen haben.[221] Dass die verantwortlichen Redakteure nunmehr solche Vorwürfe in ihrem staatsanwaltschaftlichen Verfahrensregister wiederfinden können, versteht sich von selbst.

Auch das ZDF nahm sich der Sache an, die Redaktion von *Frontal21* ließ die Waffensperren prüfen und kam zu ähnlichen Ergebnissen wie die Zeitschrift *Visier*.[222] Prompt meldeten sich dieses Mal die Armatix-Anwälte und beantragten eine einstweilige Verfügung. Doch dieses Mal hatten sie nur begrenzten Erfolg: Die Pressekammer Hamburg lehnte hinsichtlich der biometrischen Produktvariante »Quicklock« den Erlass einer einstweiligen Verfügung ab und sah die Einlassungen der Herstellerfirma als unbegründet an. Und während die Anwälte noch schrieben und dabei zu allerlei seltsamen Verleumdungen griffen, schien man firmenseitig politische Klinken geputzt zu haben.[223]

Milliardengeschäft Waffenzubehör

Wenn Sicherungen wie die genannten per Gesetz zur Pflicht für Waffenbesitzer werden, geht es nicht einfach nur um zusätzlichen Aufwand, es geht vor allem um Geld. Bei durchschnittlich fünf Schusswaffen im Besitz von Sportschützen oder Jägern bedeutet dies für den jeweiligen Verbraucher eine vorgeschriebene Investition von mindestens 500 Euro für die Waffen und nochmals etwa 200 Euro für die Bedieneinheit. Und das in Zeiten der Wirtschaftskrise und angesichts der Tatsache, dass die Sperren keinen entsprechenden Gegenwert darstellen. Bei einem Waffensammler, der vielleicht 200 historische Pistolen sein Eigen nennt, wären bereits Größenordnungen von mindestens 20 000 Euro erreicht. Bei geschätzten zehn Millionen legalen Schusswaffen in Privatbesitz ergäbe das ein Marktvolumen von ein bis zwei Milliarden Euro; schon fast ein Konjunkturpaket, nur nicht aus Steuermitteln, sondern von Sportlern und Jägern allein aufzubringen.

In zahllosen Briefen wurden die Bundestagsabgeordneten auf die Berichterstattungen hingewiesen und darauf, dass Waffensperren auf der Basis von Biometrie der Weisheit letzter Schluss nicht sein können. Die Waffen zur Aufbewahrung zu zerlegen und so die Hauptbestandteile zu trennen, dazu erklärten sich gleich zahlreiche Initiativen von Waffenbesitzern freiwillig bereit und boten so von sich aus eine weitaus tragfähigere Lösung an.

Auch die Politik reagierte. So schrieb der damalige Bundesminister des Innern, Wolfgang Schäuble, nur einen Tag nach Ausstrahlung des Beitrags einen Brief an die Abgeordneten, um die Position der Bundesregierung nochmals zu verdeutlichen:

»... in der aktuellen Diskussion um die Reform des Waffenrechts werden in der Öffentlichkeit Argumente und Bedenken vorgebracht, die den Kern und die Intention der beabsichtigten Änderungen nicht widerspiegeln. Deshalb möchte ich Ihnen die Gründe für unsere Vorschläge erläutern ... Eine Verbesserung der Sicherheit ... könnte durch zusätzliche Sicherungssysteme erreicht werden ... In der Regel sind diese Sicherheitsbehältnisse allerdings nur mit Doppelbart- oder Zahlenschlössern (mechanisch oder elektronisch) ausgestattet und betreffen auch nicht die Waffe als solche. Deshalb wird künftig durch Rechtsverordnung die Möglichkeit eröffnet, nach dem Stand der Technik Anforderungen an Sicherungssysteme zur Verhinderung einer unberechtigten Wegnahme oder Nutzung von Schusswaffen näher auszugestalten. Mit dem Gesetz wird also kein spezielles System vorgegeben. Es wird darauf ankommen, ob geeignete Systeme in Zukunft verfügbar sind oder nicht.«[224]

Der frühere Bundesinnenminister forderte also unverhohlen solche Systeme, die die »Waffe als solche« sichern. Zwar hob er ausdrücklich hervor, dass kein spezielles System vorgegeben werde, doch bezog sich dies erkennbar auf den einzigen Anbieter von Systemen dieser Art, der darauf Patente hält und damit über eine gewisse Monopolstellung verfügt.

Seltsam in diesem Zusammenhang: Abzugsschlösser sind bereits seit Jahrzehnten Stand der Technik. Viele Hersteller liefern dieses

Waffenschlösser an einer Beretta 92, wie sie beim Amoklauf von Winnenden verwendet wurde.

Zubehör wie selbstverständlich mit neuen Waffen aus, weil die strengen Produkthaftungsgesetze in den USA dies verlangen. Viele Waffen werden heute mit integrierten Schlössern hergestellt und auch von namhaften Herstellern angeboten. Die Revolver von Smith & Wesson haben, auch für Laien deutlich erkennbar, ein kleines Schlüsselloch auf der linken Seite hinter der Trommel; eine »Kindersicherung« gegen Missbrauch. Die Firma Glock bietet ihre Pistolen natürlich ebenfalls mit eingebauten Schlössern an,[225] wie inzwischen auch viele weitere Firmen. Warum also tut man so, als gäbe es nur die biometrische Lösung eines De-facto-Monopolisten?

Proteste und Berichte bewirkten immerhin einen Aufschub und schufen Raum für die Diskussion – so sie nicht gerichtlich untersagt wird. Vor der Einführung einer Pflicht zum Erwerb von Waffensperren sollten entsprechende Produkte erst einmal Marktreife erlangen; eine Expertengruppe müsste dann die Eignung solcher Systeme prüfen. Allerdings wurde der Gesetzestext dennoch geändert, jedoch keineswegs so deutlich, wie man es der Öffentlichkeit verkaufte. Die tatsächlichen Änderungen von Paragraf 36 sind sogar recht marginal.[226] Vergleicht man die Texte von 2003 und von 2009, findet man nur eine entscheidende Veränderung: Die Zustimmung des Bundesrats für erweiterte Sicherungspflichten wurde gestrichen, das Innenministerium zog die Sache ganz an sich. Es wird also im Alleingang über ein Marktsegment von zwei Milliarden Euro entscheiden, für das es in Deutschland derzeit nur einen einzigen Hersteller gibt. Bereits im Jahr 2000 waren die Verbindungen des späteren Bundesinnenministers zu Waffenlobbyisten im Zusammenhang mit Spenden an seine Partei Gegenstand einer Affäre, in deren Folge Wolfgang Schäuble nicht mehr als Partei- und Fraktionsvorsitzender kandidierte.[227]

Es gibt also zwei Strömungen in dieser Angelegenheit: Einerseits die als »Waffenlobby« pauschal diskriminierten Konsumenten und ihre Interessenvertreter, die sich vehement zur Wehr setzen gegen die unsinnige Gesetzeserweiterung. Und auf der anderen Seite die selbst ernannten angeblichen »Gegner der Waffenlobby«, die mit ausgezeichneten Kontakten und wirklichem Lobbying ihre profitablen Waffensperren per Gesetzespflicht an den Mann zu bringen trachten. Politiker, die sich vor einen solchen Werbekarren spannen lassen, haben die Lektion aus dem Scheitern der 2003 verabschiedeten Gesetzesverschärfung nicht gelernt.

Abgesehen davon bleiben Fragen der Logik bislang unbeantwortet: Was bringt eine biometrische Waffensicherung gegen Amokläufe, wenn, wie in Erfurt, der legale Besitzer der Waffe selbst Täter ist? Er hätte das Mordwerkzeug mit seinem Fingerabdruck problemlos freischalten können. Selbst Trennungen nach dem Vier-Augen-Prinzip, also die Verteilung der Sicherung auf zwei zur Freischaltung erforderliche Personen, wären immer noch nicht der Weisheit letzter Schluss: Der Vierfachmord von Eislingen hat gezeigt, dass wir es keineswegs immer nur mit Einzeltätern zu tun haben.[228]

Will man mehr Sicherheit schaffen, dann sollte man auf bestehende Sicherheitssysteme und vor allem ein schlüssiges Gesamtkonzept setzen. Beides gibt es. Da braucht es keine langwierigen Zertifizierungsverfahren und keine Kommissionen, sondern nur die konsequente Umsetzung dessen, was im Gesetzestext gefordert ist, und einen umgehenden Vollzug. Abzugsschlösser etwa könnten durch einfachen Beschluss zur Pflicht für jede Waffe werden. Warum passiert genau das nicht, und warum werden statt einer solchen Pflicht unausgereifte Projekte ventiliert, die noch nicht einmal als Zukunftsmusik etwas taugen? Was bringen Waffensicherungen in fünf Jahren, wenn es darum geht, den Amoklauf von morgen zu verhindern? Und was erzählt das Innenministerium in einem neuen Fall dann den Hinterbliebenen?

Dass Armatix nicht die einzige Firma in Deutschland ist, die sich bester Kontakte in die Politik erfreut und auf dem Waffenmarkt verdient, versteht sich. Weit weniger klar ist den meisten Zeitgenossen hingegen, wer die dahinterstehenden Personen sind, deren Taschen auf solche Weise gefüllt werden.

Die Geschäfte des O.

Eine der beiden Tatwaffen beim Amoklauf von Erfurt am 26. April 2002 war eine Vorderschaftrepetierflinte Mossberg Mariner, die Robert S. laut Kommissionsbericht wenige Wochen vor der Tat bei der Erfurter Filiale der Firma Frankonia legal erworben hatte.[229] Die Firma Frankonia verfügt über derzeit 19 Ladengeschäfte in Deutschland und ist eine der ältesten Versandhandlungen für Waffen und Munition hierzulande. Frankonia ist in der Waffenbranche eine Institution als größtes Fachhandelsunternehmen in Europa überhaupt. Nicht nur in Deutschland hat die Firma Zweigstellen, sondern auch in Frankreich.[230]

Im Jahr 1988 beteiligte sich Frankonia an der Gründung der Norconia Jagd und Sport GmbH mit Sitz in Rottendorf.[231] Fünfzig Prozent des neuen Unternehmens gehörten Frankonia. Die andere Hälfte sicherte sich das chinesische Herstellerunternehmen Norinco, die North China Industries Corporation, der staatliche Rüstungskonzern der Volksrepublik China. Und dessen Produkte haben es in sich, im wahrsten Sinne des Wortes.

Norinco kooperiert beispielsweise bei Multifunktionsfahrzeugen mit den Entwicklungsabteilungen von Daimler Benz und produziert in China gefertigte deutsche Lkw mit chinesischem Markenzeichen. Sie sind offen als Waffenträger konzipiert, etwa für Raketensysteme.[232] Daneben sind es vor allem Kleinwaffen, mit denen der chinesische Staat über Norinco verdient, also Gewehre und Pistolen, die eigentlich nach den Vorstellungen der Vereinten Nationen strikterer Kontrolle unterzogen werden sollen.[233] Das Praktische daran ist tatsächlich die striktere Kontrolle, allerdings die durch den chinesischen Staat: Norinco hat sich darauf spezialisiert, Raubkopien westlicher Waffensysteme in Serie zu produzieren. Vorbei die Zeiten, in denen eine Mauser-Pistole noch in chinesischen Hinterhofwerkstätten zusammengebaut wurde.[234] Inzwischen wurden ganze Produktionsstraßen für hochwertige Westprodukte eingerichtet. Nicht nur bei Handtaschen und Damenschuhen scheint diese Masche zu funktionieren, auch bei Waffen muss es dafür einen Markt geben. Die chinesische Regierung hatte im Jahr 2006 offiziell verkündet, sie wolle die Produktpiraterie vehement bekämpfen. Offenbar war das so gemeint, dass die Plagiate westlicher Waffen künftig nicht mehr von irgendwem, sondern ausschließlich vom chinesischen Staat hergestellt werden.

Die Kopien sind tatsächlich erstaunlich genau. Bei einem einfachen Test mit einer Pistole Sauer & Sohn P 226 und einer chinesischen Norinco NP 226 ließen sich die Teile untereinander problemlos austauschen, und die Waffen funktionierten damit anstandslos.[235] Bereits geringste Toleranzen hätten unweigerlich Störungen zur Folge haben müssen; hier wurde also 1:1 abgekupfert. Die Verarbeitung ist zwar insgesamt erkennbar schlechter, und die Unterschiede zwischen deutschen und chinesischen Qualitätsstandards fallen nicht nur Experten auf. Zum Töten aber reichen die Kopien allemal. Und zu nichts anderem werden diese Waffen hergestellt. Bei Dumpingpreisen und der billigeren Fertigung hat Norinco nicht die finanzkräftigen Freizeitschützen im Visier, die auch schon mal 2000 Euro und mehr für eine Sportpistole zahlen, sondern Nutzer ganz anderer Art, die entweder zu wenig Geld für die Originalprodukte haben oder aus politischen Gründen nicht an diese herankommen: zweifelhafte Regime, Aufständische und kriminelle Banden.

Und genau diese Kunden sind es, an die nach kritischen Berichten von Amnesty International aus dem Jahr 2006 die chinesischen Produkte ausgeliefert werden.[236] Die Waffen stellen ein erhebliches Problem für die Kleinwaffenkontrolle dar. Für die Bundesrepublik sind die Raubkopien zudem politisch bedenklich, denn die besten Kontrollen deutscher Waffenexporte bringen nichts, wenn sich die Interessenten dann ohne Schwierigkeiten bei den Kopisten bedienen können.

Amnesty International hat festgestellt, dass die billigen Kleinwaffen von Norinco gerade in den unruhigen Regionen Afrikas und Asiens wesentlichen Anteil an der Waffenkriminalität haben. Ein besonders schwieriger Fall ist Südafrika mit einer enormen Missbrauchsquote von Schusswaffen; nach internationalen Statistiken gehört das Land zu den dadurch hochgefährdeten.[237] Mehrfach haben Polizeibehörden geschmuggelte Waffen von Norinco sichergestellt. Auch in den friedlichen Gesellschaften von Neuseeland und Australien verbreiten sich diese Waffen, und selbst im eigentlich völlig waffenlosen Japan wächst das Problem. Peking aber ignoriert die internationalen Bestrebungen zu effektiver Kleinwaffenkontrolle. Politischer Druck auf China ist also durchaus angebracht, damit die deutsche Waffenpolitik nicht weiter beschädigt wird durch die Versorgung von Krisengebieten mit kopierten Waffen.

Ein Fall von Schmuggel verbotener vollautomatischer Waffen durch Angehörige Norincos im Jahr 2000 in die Vereinigten Staaten führte zu Spannungen zwischen Peking und Washington.[238] Und als obendrein bekannt wurde, dass China in großem Umfang Waffen in den Iran exportiert, verhängten die USA ein striktes Importembargo für chinesische Waffen aller Art; durchaus bemerkenswert für die angeblich so waffenvernarrten Amerikaner.[239]

Dass ausgerechnet ein Staatskonzern wie Norinco in Deutschland eine Europavertretung aufbaut, nimmt auch ohne diesen Hintergrund wunder. Bei näherem Hinsehen dann verschlägt es einem glatt die Sprache:

Deutschlands größter Waffenversender, die Frankonia Handels GmbH & Co. KG, war seit 2001 eine hundertprozentige Tochter des Heine Versands, der zur Otto Group gehört. Am 1. April 2007 wurde Frankonia ausgegliedert und so eine direkte Tochter der

Otto Group.[240] Zwar ist Frankonia schon im Jahr 2006 kurz vor Bekanntwerden von Vorwürfen gegen die Norinco als Partner der Norconia Jagd und Sport GmbH aus diesem Unternehmen ausgeschieden, doch stellt sich die Frage, warum volle sechs Jahre lang eine Geschäftsbeziehung bestehen konnte zwischen dem umstrittenen chinesischen Rüstungskonzern und dem renommierten Versandhaus des Michael Otto.[241] Als Unternehmer genießt Otto einen vorzüglichen Ruf, spielt in seiner Heimatstadt Hamburg eine bedeutende Rolle und wurde 2006 auf Vorschlag von Bundespräsident Köhler mit dem Bundesverdienstkreuz mit Stern ausgezeichnet für seine Bereitschaft, gesamtgesellschaftliche Verantwortung zu übernehmen.[242]

Öffentlich gab es zum Fall Norinco keine Stellungnahmen, sang- und klanglos wurde die Kooperation seitens der Frankonia, sprich: Otto, beendet. Das Geschäft war abgewickelt, profitabel für beide Seiten, wie zu vermuten steht. Als preiswerte Einsteigerwaffe im Schießsport gibt es seitdem die Norinco M1911 A1, eine Kopie der amerikanischen Dienstpistole von Colt, zu Dumpingpreisen von knapp über 200 Euro auf dem deutschen Waffenmarkt (Handelspreise bei eGun, Stand September 2009). Die Produktpalette von Norinco umfasst dabei so ziemlich alles, was an erfolgreichen westlichen Kleinwaffen hergestellt wird: Kopien der amerikanischen Sturmgewehre M14 und M16 in ihren Varianten, der Waffen des deutschen Herstellers Sauer & Sohn in Eckernförde, der tschechischen CZ 75 Armeepistolen, US-Pump-Guns – für jeden Geschmack ist etwas dabei. Natürlich hat man auch Ostblockwaffen im Programm; die Kalaschnikow ist da ein Muss. Der chinesische Nachbau ist am charakteristischen Klappbajonett unter dem Lauf und dem geschlossenen Korntunnel leicht erkennbar und augenblicklich eines der Hauptprobleme deutscher Soldaten in Afghanistan; auch die somalischen Piraten schätzen das Sturmgewehr in der billigen Kopie.

Staatlicher Waffenhandel

Die Maxime »So wenig Waffen wie möglich ins Volk!« ist eine alte politische Forderung, die immer wieder erneuert wird. Angesichts der Gewinnmargen im Waffenhandel gerät sie aber doch dann und wann ins Wanken. Einerseits wird die Waffe in der Hand des Bürgers als Sicherheitsrisiko angesehen. Andererseits verdient man natürlich gern daran, dass man sie ihm in die Hand drückt. Dieser Zwiespalt, der behördliches Handeln prägt, lässt nur zwei Deutungen zu: Entweder sind die Sicherheitsargumente nur vorgeschobene und mithin zu vernachlässigen, oder aber die Behörden haben aus Profitstreben selbst Zehntausende von Waffen in den Handel gebracht und das Problem damit überhaupt erst mitverursacht.

Auf dem Markt ist dabei aus amtlichen Beständen nahezu alles erhältlich. Der Autor staunte nicht schlecht, als ihm in einem Waffenfachgeschäft in Bad Reichenhall 2002 sogar genau die Waffe, ein Selbstladegewehr Ruger Mini 14, angeboten wurde, mit der beim Amoklauf in Bad Reichenhall 1999 der Schauspieler Günther Lamprecht schwer verletzt worden war.[243] Die beschlagnahmten Waffen aus dem Besitz des Vaters des Täters waren zur Verwertung an Händler abgegeben worden und befinden sich inzwischen wieder in den Waffenschränken regionaler Waffenbesitzer.

Man kann es auf eine recht einfache Formel bringen: Wenn eine Behörde behauptet, niemals Waffen verkauft zu haben, dann ist das höchstwahrscheinlich gelogen. Neben Walther P5 oder Heckler & Koch P7 im Kaliber 9 mm Luger aus Beständen des Landes Baden-

Württemberg sind Waffen aus Beständen der Bundesbank ebenso erhältlich wie die SIG Sauer P6 aus Nordrhein-Westfalen; von ihr wurden etwa 32 000 Stück in den Handel gegeben, als man dort auf die Walther P 99 wechselte.[244] Noch weitaus mehr Pistolen wurden aus Beständen der Bundeswehr verkauft. Allein 13 500 Stück erwarb ein Fachhändler aus Stuttgart auf nur einen Schlag und verkaufte sie überwiegend ins Ausland, weil der innerdeutsche Markt unter der Flut zusammengebrochen war; die P1 gab es laut Claus Jarzombek im September 2009 stellenweise zu einem Preis von nur noch 14 Euro!

Mitverkauft werden auf dem Markt Waffen des BKA, der GSG 9 und der Spezialeinheiten der Polizei.[245] Dazu gehören die Glocks der bayerischen SEKs und sogar Scharfschützengewehre des SEK Baden-Württemberg.[246] Glocks finden sich aber ebenso mit der Beschriftung der Stasiunterlagenbehörde BstU, die P6 gibt es auch aus Beständen des Zolls.[247] Niedersachsen verkaufte etwa 13 000 Pistolen Heckler & Koch P7 in 9 mm Luger, und Posten zu mehreren Hundert P9 aus dem Saarland finden sich selbstverständlich ebenso in den Auslagen der Fachhändler wie Revolver aus Beständen des SEK Niedersachsen.[248] Die passende Munition im Kaliber .38 Special wurde ebenfalls zum Kauf angeboten, der Posten umfasste mehr als 60 000 Schuss Patronenmunition.[249]

Dabei sind das nur die Waffen, die wegen der jüngsten Umrüstungen ausgesondert wurden. Die vorherige Waffengeneration ist dabei noch gar nicht mit aufgeführt. Denn bei Einführung der zweiten Generation von Dienstwaffen Ende der 1970er-Jahre unter dem Eindruck der Terroristengefahr wurden Tausende zuvor genutzter Pistolen entsorgt, von den Beständen gar nicht zu reden, die nach den Auflösungen von Behörden der ehemaligen DDR in den Handel gelangten.[250]

Zusammengenommen – die genaue Zahl vermag niemand mehr festzustellen – wurden mehrere Hunderttausend Schusswaffen durch Behörden in Deutschland verkauft; etwa 200 000 Stück in den letzten zehn Jahren sind ein realistischer Ansatz. Wohlgemerkt handelt es sich dabei um Kurzwaffen, deren Anteil an den legalen zehn Millionen Waffen in Deutschland eher gering ist.

Angesprochen auf die Dienstwaffenverkäufe äußerte sich der Pressesprecher der Polizei Hamburg sehr eindeutig dahingehend, dass Dienstwaffen vernichtet würden (theoretisch zumindest), schon damit von ihnen keine Gefahr für Polizeibeamte ausgehe.[251] Dabei kann das im Grunde ausgeschlossen werden: Seit Bestehen der zentralen Waffenrechtsbehörde in Hamburg, also immerhin seit 2002, gab es nicht einen einzigen Fall, in dem eine legale Waffe bei einer Straftat Verwendung fand, wie Niels Heinrich, der stellvertretende Leiter der Waffenrechtsbehörde, anlässlich einer Pressekonferenz zur Vorstellung der Waffennachweisdatei (WANDA) am 1. April 2009 bekannt gab. Mithin könnte auch von verkauften Ex-Dienstwaffen keine realistische Gefahr ausgehen. Der Pressesprecher warnt also vor etwas, von dem die zuständige Behörde bei einer Pressekonferenz durch Heinrich erklären lässt, dass es gar nicht vorgekommen ist. Sorgen sind demnach so oder so unbegründet. Und ob nun ausgemusterte Dienstwaffen verkauft oder vernichtet werden, bleibt weiterhin von Behörde zu Behörde unterschiedlich gehandhabt. Doch Doppelbödigkeit erzeugt das Gegenteil von Glaubwürdigkeit.

Und sie produziert weitere Widersprüche: Der niedersächsische Innenminister Uwe Schünemann setzt sich offiziell für eine deutliche Verminderung der Waffenzahl ein. Einerseits. Andererseits befürwortet er den Verkauf von Dienstwaffen, denn diese gäbe man ja ausschließlich an legale Besitzer ab.[252] Hier liegt ein so schreiender Zielkonflikt vor, dass ihn auch der Minister bemerken muss oder nur vorsätzlich übersehen kann.

Gewiss, die öffentlichen Kassen sind leer. Das aber kann allenfalls dann ein tragfähiger Grund für derart zwiespältiges Verhalten sein, wenn die durch Verkäufe von Dienstwaffen eingenommenen Gelder zweckgebunden verwendet würden: Für einen effektiven Vollzug des Waffengesetzes und für eine vernünftige waffenrechtliche Informationspolitik, kurz: für den Kampf gegen Waffenmissbrauch. An Geldmangel nämlich scheitern alle Bemühungen um mehr Sicherheit. Es gibt nicht einmal Mittel, die bestehenden Gesetze überhaupt zu vollziehen. In allen 570 Waffenrechtsbehörden in Deutschland mangelt es an Personal, viele gesetzlich vorgeschriebene Kontrollen müssen daher entfallen oder doch zeitlich gestreckt werden. Vorschläge zu einer Verbesserung des Schutzes vor Waffenmissbrauch werden stereotyp mit der Frage gekontert, wovon so etwas denn bitte finanziert werden solle. Ist da der Gedanke so abwegig, den Erlös aus Waffenverkäufen zur Gefahrenvorbeugung einzusetzen? Bei den Verkäufen der letzten Jahre kamen zweistellige Millionenbeträge zusammen. Und da soll es nicht einmal finanzierbar sein, in Fußgängerzonen Flyer zu verteilen oder wenigstens die sichere Waffenaufbewahrung zu überprüfen?

Was die Dienstwaffen wert sein können, zeigt sich am Beispiel des MEK Hamburg. Die dort heftigem Gebrauch ausgesetzten Revolver von Smith & Wesson wirken auf den ersten Blick recht unscheinbar. Unter den im Jahr 2006 in den Handel abgegebenen etwa drei Dutzend dieser Waffen befanden sich aber mehrere Versionen, die speziell auf Wunsch deutscher Behörden 1972 entwickelt worden waren.[253] Nicht einmal 500 Exemplare hatte man herstellen lassen. Sammler historischer Waffen und Museen sind an solch seltenen Stücken brennend interessiert; das letzte aufgetauchte Stück wurde vor ein paar Jahren aus der Schweiz in die USA exportiert – zu einem Vielfachen ihres damaligen Anschaffungspreises.[254] Wie schon erwähnt, verdoppeln seltene Waffen ihren Wert alle zehn Jahre. Für eine Luger-Pistole im Kaliber .45 ACP aus der amerikanischen Dienstwaffenerprobung zu Beginn des 20. Jahrhunderts liegt die derzeitige Schmerzgrenze bei über einer Million Dollar.

Dem Kenner und dem Philanthropen kommen die Tränen, wenn sie daran denken, dass selbst solche Stücke vernichtet werden. Die Legalisierung durch Verkauf an anerkannte Sammler hätte Unsummen erbracht, die für die Krebshilfe oder für Waisenhäuser so dringend benötigt werden. Stattdessen stellen sich die Verantwortlichen hin und sind noch stolz auf ihre Vernichtungsaktionen. Als könnte man Amokläufe verhindern, indem man eine Pistole von 1912 einschmelzen lässt. Das ähnelt der Verschrottung eines neuwertigen Rolls-Royce aus den 1930er-Jahren aus Gründen des Umweltschutzes. Zu solchem amtlichen Vandalismus sind nur Ignoranten fähig, die offenbar auch bei Waffenvernichtungen das Sagen haben. In der Schweiz konnten Kenner eine alte Luger-Pistole von 1899 in letzter Minute vor der Vernichtung bewahren; die Waffe wurde bei einer anschließenden Versteigerung mit einem Auktionserlös von 280 000 Franken weitergegeben.[255] Würde nur eine einzige solche Waffe amtlich versteigert, gleich mehrere Schulgebäude könnten von dem Erlös mit technischen Mitteln gegen zukünftige Amokläufe gesichert werden.

Seltsam ist allerdings, dass die eifrigsten Vernichter zuvor gern noch fleißig Kasse machen mit dem Verkauf von Waffen. In Niedersachsen verkündete das Innenministerium in einer Pressemitteilung stolz, nach dem Amoklauf von Winnenden seien 9500 Waffen abgegeben und vernichtet worden.[256] Vorher allerdings waren

13 000 Dienstpistolen vom Typ P7 zum Stückpreis von 70 Euro verkauft worden; nach der Abgabe hatte man also immer noch 3500 Waffen mehr in den Handel gegeben, als durch die Amnestie zurückgegeben wurden.[257] Der Sammlerwert der vernichteten Waffen dürfte allerdings beim Vielfachen des Erlöses aus dem Verkauf der Dienstwaffen gelegen haben. Für Selbstlob der verantwortlichen Minister besteht also weder so noch so Anlass, nicht bei der Waffenvermehrung und auch nicht beim Waffenvernichten. Das bei den Verkäufen eingenommene Geld nämlich ist ganz offensichtlich nicht dem Vollzug des Waffengesetzes zugutegekommen; er liegt weiter im Argen. Das Waffengesetz verpflichtet Waffenhändler dazu, Handelsbücher zu führen. In den Unterlagen der Fachgeschäfte ist der staatliche Waffenhandel bestens dokumentiert, mit Stempeln und Unterschriften. Die Fachhändler gewähren inzwischen gern auch Journalisten Einsicht in die Bücher, denn sie haben die politischen Eiertänze zwischen Waffenhandel und Gesetzesverschärfungen ebenso satt wie ihre Kunden. Hinweise auf staatliches Dealen mit Waffen empfinden einige von ihnen inzwischen als Akte »politischer Notwehr«.[258]

Spezialausrüstung an Neonazis

So recht traut man da der Behauptung des Verwertungsunternehmen des Bundes, der VEBEG GmbH, nicht, man verkaufe keine Waffen.[259] Natürlich kann dies einem Beamten auch schon mal entgehen. Wenn die Knarren aber gleich containerweise die Besitzer wechseln, darf man misstrauisch werden. Tatsächlich verkaufen Behörden über dieses Unternehmen so ziemlich alles, was sich noch halbwegs in Geld verwandeln lässt. Schon zu Zeiten der 1973 gegründeten und 1980 verbotenen Wehrsportgruppe Hoffmann kamen öffentliche Diskussionen darüber auf, wie staatliche Dienstwaffen in den Händen militanter Neonazis landen konnten.

Viel gelernt hat man seitdem offenbar nicht. Auch heute noch verkauft die VEBEG Waffen und sicherheitsrelevante Ausrüstung an den Meistbietenden. Offiziell gibt sich das Unternehmen bieder und verweist auf den Verkauf alter Turnschuhe und Unterhosen aus Kasernen; die Wirklichkeit sieht anders aus:

Einige Top-Neonazis in Deutschland betreiben florierende Versandhandelsgeschäfte im Internet, die neben einschlägigen Hetzschriften, Tonträgern und Kleidungsstücken mit eindeutiger Symbolik auch Schutzausstattung aus Polizeibeständen anbieten. Bei den Betreibern handelt es sich um Neonazis, die wegen einschlägiger Waffen- und Sprengstoffdelikte vorbestraft sind – und die dennoch in den Bundesvorstand der NPD gelangen konnten. Sie vertreiben beispielsweise beschusshemmende Helme aus Beständen von Spezialeinsatzkommandos und sogar der GSG 9, Helme, die problemlos den Geschossen aus Dienstpistolen von Streifenpolizisten standhalten können. Die passenden Schutzwesten kann man selbstverständlich ebenso beziehen. Bei einem Beschussversuch zeigte sich, dass diese Ausrüstung tatsächlich nicht deshalb ausgesondert wurde, weil sie nicht mehr funktionierte, sie war nur veraltet und erfüllte die heutigen Ansprüche der Polizeibehörden an eine garantierte Sicherheit nicht mehr.[260] Ihre Aufgaben erfüllt sie aber, trotz des Restrisikos, noch immer ausgezeichnet, von 10 Schuss 9 mm Vollmantel aus einer MP5 drang kein einziges Projektil durch eine der angebotenen Schutzwesten.[261] Wofür diese Schutzausstattung vorgesehen ist, findet sich auf der Homepage des »WB (Witwe Bolte) Versand« des Rechtsextremen Thorsten H. deutlich beschrieben: »Hier findet ihr das, was ihr braucht, wenn Krawalle, wie in den Pariser Vororten 2005, auch bei uns an der Tagesordnung sein werden.«[262] Und ein paar Zeilen weiter unten wird dann gezeigt, was »SEK« wirklich bedeuten soll: »Skinhead Einsatz Kommando«; deutlich ist eine Person mit dieser Schutzausstattung und einem Schlagstock zu sehen. Nur gut, dass die Ausstattung ja nicht alles ist, sondern dass man auch die notwendige Ausbildung im Umgang mit solchen Dingen braucht. Nur schlecht allerdings, dass sich bei den Schutzwesten ein Hinweis auf einen Beschusstest jener Firma aus Munster findet, die genau die dafür notwendigen Ausbildungen angeboten hat.[263]

Und was für ein Zufall: Kurz zuvor waren etwa 200 der genannten beschusshemmenden Titanhelme vom SEK Baden-Württemberg über die VEBEG veräußert worden.[264] Wir fassen zusammen: Genau die Behörden, die sich als Weltverbesserer dafür feiern lassen, dass sie hochwertige Sammlerwaffen vernichten, sorgten dafür, dass sich hochkarätige Rechtsextreme mit wirklich sensibler Ausrüstung eindecken konnten. Reguläre Dienstwaffen der Polizei sind diesen gegenüber praktisch wirkungslos.[265] Und wenn sich nur ein einziger Amokläufer vor seiner Tat so etwas besorgt, dann greifen die mühsam von Experten erarbeiteten Konzepte der Amokintervention in keiner Weise mehr. Dabei hätten die Verfassungsschutzbehörden von Bund und Ländern bei Bekanntwerden der Verkäufe noch rechtzeitig die Notbremse ziehen können. Doch nichts geschah, und so wurde ein unvorstellbar hohes Risiko für die innere Sicherheit geschaffen.

Sogar Spitzenpolitiker mischen mit

Doch nicht nur durch unauffällige Verkäufe von Dienstwaffen aus deutschen Behördenbeständen mischt die Politik im Waffenhandel mit. Manchmal geschieht dies auch öffentlich und scheint sogar politisch vertretbar zu sein, wird es nur mit den richtigen Scheinargumenten vorgetragen.

In den vergangenen Jahren hat das Problem des Waffenmissbrauchs im mittelamerikanischen El Salvador erschreckende Dimensionen angenommen. Nach Schätzungen von Experten, darunter auch das International Action Network on Small Arms (IANSA), eine NGO gegen Waffenbesitz und Waffenmissbrauch, sind etwa 30 Prozent der Bevölkerung im Besitz mindestens einer Schusswaffe. Von den zwischen 13 und 19 Jahre alten Schülern, so ergab eine Studie aus dem Jahr 1999, nehmen immerhin etwa sieben Prozent regelmäßig eine Schusswaffe mit in den Unterricht. Dabei ist nur ein gutes Drittel aller im Land vorhandenen Waffen überhaupt registriert.[266]

Der Anteil der Schusswaffenopfer an den Tötungsdelikten in El Salvador liegt inzwischen bei über siebzig Prozent. Das Verblüffende dabei: Nur 1746 Schusswaffen wurden seit 1998 überhaupt über den legalen Handel abgegeben, während im gleichen Zeitraum 16 305 registriert wurden. Nur etwa zehn Prozent der Waffen stammen also aus legalen Quellen. Inzwischen machen die durch Waffengewalt entstandenen Schäden in dem kleinen Land etwa vierzehn Prozent des Bruttoinlandprodukts aus; allein 80 Frauen kamen im ersten Halbjahr 2008 bei häuslichen Gewalttaten durch Schüsse ums Leben.[267] Doch wo kommen diese vielen Waffen her?

Der jahrelange Bürgerkrieg hat in El Salvador nicht nur deutliche und schmerzliche Spuren hinterlassen, sondern er hat auch die Waffenzahl emporschnellen lassen. Es handelt sich überwiegend um Sturmgewehre des Typs AK-47 (Kalaschnikow) und M16. Als dann nach dem Friedensabkommen von Chapultepec die Rebellenarmee 1992 demobilisiert wurde, verblieben die Waffen einfach in Händen der ehemaligen Kämpfer. Eine Untersuchung der Vereinten Nationen zeigte, dass im ganzen Jahr 1995 überhaupt nur etwa hundert Waffen wieder eingesammelt werden konnten. Irgendwie kommt einem dieses Problem aus dem eigenen Land seltsam vertraut vor. Es bedarf keiner hellseherischen Gaben zur Voraussage, dass die Bevölkerung in diesem armen Land noch über Jahrzehnte unter diesen Waffen zu leiden haben wird.

Wer trägt die Verantwortung dafür? Die Antwort wird einigen Lesern vermutlich ganz und gar nicht gefallen, denn auch wir Deutsche haben unseren Anteil am Problem: Bei Beginn des bewaffneten inneren Konflikts 1980 initiierte die *tageszeitung* (*taz*) eine Spendenaktion zugunsten der Sandinisten unter dem Thema »Geld für Waffen für El Salavador«. Was immer man je nach politischem Standpunkt davon halten mag: Die Aktion hat dazu beigetragen, dass Waffen in großer Zahl beschafft werden konnten. Einer der führenden Protagonisten war seinerzeit Hans-Christian Ströbele, der sich als Bundestagsabgeordneter und stellvertretender Vorsitzender der Fraktion Bündnis 90/Die Grünen sonst sehr engagiert gegen Waffen in Privathand einsetzt.[268]

Dabei sieht sich Ströbele selbst nicht als Pazifist, und er steht – eine angenehme Ausnahme in der Politik – bis heute zu dieser Aktion aus dem Jahr 1980. Rückgrat hat der Mann jedenfalls. In einem Interview erinnerte sich Ströbele: »Die *taz*-Spendenaktion ›Waffen für El Salvador‹ war vom ersten Tag an umstritten. Von den Kirchen über die Unis bis zur *taz*-Redaktion wurde heiß diskutiert: Geld für Waffen für den Befreiungskampf zu sammeln, ist das legitim, ethisch und politisch zu vertreten? Ich fand: ja. ... Zur Geldübergabe flog immer einer von uns rüber, mit 200 000 Dollar in Plastiktüten. Die Commandantes von vier Guerillagruppen zählten Schein für Schein und quittierten per Unterschrift.«[269]

Insgesamt wurden aus diesen Spendenaktionen 4737755 DM und 10 Pfennig ausgezahlt, die Aktion endete erst 1992 und finanzierte so die Waffenbeschaffungen kommunistischer Rebellen in einem Bürgerkrieg gegen eine seit 1984 demokratisch legitimierte Regierung. Der bekannte Journalist Burkhard Schröder stellte dazu in seinem Blog fest: »Erinnert sich noch jemand an die Kampagne der *taz* im Jahr 1980 ›Waffen für El Salvador‹? Das Geld hat also langfristig geholfen. Und was propagiert die *taz* heute? ›Weg mit den Waffen!‹ So ändern sich die Zeiten. Die Linke, wer auch immer das sei, forderte übrigens früher, in den Zeiten, als man meinte, das Wünschen würde helfen, die Bewaffnung des Volkes – als Garantie dafür, dass ›die Herrschenden‹ sich nicht zu unangenehm aufführten. Das ist heute nur in den USA verwirklicht worden – eine hübsche Ironie der Geschichte.«[270]

Und auch in den USA sind es Saubermänner, denen man so etwas niemals zutrauen würde, die mit Waffen ihre Geschäfte machen. Im Oktober 2009 wurde bekannt, dass die amerikanische Cerberus-Group, ein international erfolgreiches Private-Equity-Unternehmen, auch mit Waffen erhebliche Umsätze tätigt.[271] Trotz Wirtschaftskrise oder genauer: in ihrem Windschatten kaufte sich Cerberus ein regelrechtes Waffenimperium zusammen, darunter namhafte Firmen wie Bushmaster und Remington, bekannt für Schnellfeuergewehre, Armeewaffen und Präzisionsgewehre. Erstklassige Namen in der Branche. Ein plakativer Name für dieses Firmenkonglomerat war rasch gefunden: »Freedom Group«. Einer ihrer Großkunden ist das Pentagon; auch Bestellungen vieler Staaten (insgesamt 60) werden abgewickelt. Doch das Gros des Umsatzes macht das Unternehmen mit der Sorge vieler Amerikaner, unter Präsident Barack Obama könnte es zu Waffenrechtsverschärfungen kommen. Da decken sich viele noch schnell mit Waffen ein.

Die meisten Selbstladegewehre aus dem Hause Bushmaster sind in Deutschland für Privatpersonen tabu, da sie als Kriegswaffen gelten. Wer hierzulande solche Waffen möchte, ist auf AR15 aus Zivilproduktion angewiesen, der Gesetzgeber ist schließlich umsichtig. Eine Version aus deutscher Produktion hat sich derart gut bewährt, dass inzwischen monatelange Lieferzeiten gelten; selbst einige Behörden im Ausland bevorzugen die Version.

Auf der offiziellen Liste der Beteiligungen taucht diese Position jedoch nicht auf; zu diesem Thema schwieg man sich auf der Homepage des Unternehmens augenscheinlich lieber aus. Kein Wunder, denn Kritik könnte auch die Geschäfte in der Bundesrepublik schädigen: 7500 Mietobjekte der Wilhelmshavener Jade Immobilien GmbH gehören seit 2004 ebenso zu Cerberus wie auch die Gemeinnützige Siedlungs- und Wohnungsbaugesellschaft Berlin mbH, die gemeinsam mit dem Whitehall Fonds von Goldman Sachs erworben wurde. 20 000 Wohnungen in Niedersachsen übernahm Cerberus von der Gewerkschaftsholding BGAG im Jahr 2005; 3000 Wohnungen waren es dann im Folgejahr in Nordrhein-Westfalen. Von der Gesellschaft für Gewerbeimmobilien wurden 2006 über drei Dutzend Objekte erworben, zu denen zehn Gewerkschaftshäuser in den neuen Bundesländern sowie in Berlin und in Hannover gehörten.[272] Wenn es ums Geld geht, scheuen selbst ausgewiesene Gegner des Schießsports nicht die Nähe zur Waffenlobby. Nur bekannt werden sollte darüber tunlichst nichts.

2004 gelang es der Firma Ströer Out-of-Home Media AG, dem Marktführer in Deutschland, die Deutsche Städte-Medien GmbH zu übernehmen. Die 400 Millionen Euro dafür wurden von Cerberus vermittelt – und im Ergebnis gehören zu den Kunden der durch das Waffenunternehmen geförderten Großfirma nun auch wieder die Parteien. Sie lassen sich ihre Wahlkämpfe gern von den Medienprofis entwerfen. Deren geschäftliche Verbindungen zur Waffenlobby muss man ja nicht an die große Glocke hängen.[273]

Wie Yuri Orlov (Nicolas Cage) im Film *Lord of War – Händler des Todes*, so trägt also auch im richtigen Leben der Waffenlobbyist eher maßgeschneiderte Anzüge und ist nur selten in Schützenvereinen anzutreffen. Und wie Orlov steht er vor dem Problem: »Jeder zwölfte Mensch auf der Welt besitzt eine Schusswaffe; die Frage ist: Wie bewaffnet man die anderen elf?« Die beste Lösung liegt anscheinend darin, dem zwölften sehr genau auf die Finger schauen zu lassen, während man an die anderen elf verkauft. So rollt der Rubel ungestört. Das hätte man sich auch selber denken können: Warum werden ständig Verbote für Käufer von Waffen gefordert? Warum verlangen wohl die Verbotsverfechter nicht ein Verbot ihrer Herstellung?

11

Die geforderte Verschärfung

In den vergangenen Jahren sind immer wieder Änderungen am Waffengesetz vorgenommen worden, die wenig durchdacht erscheinen und eher hastige Reaktionen auf öffentlichen Druck waren als sorgfältig ausgearbeitete Vorschriften. Mehr Sicherheit haben sie jedenfalls nicht gebracht, im Gegenteil: Die heiße Nadel hat das Paragrafenwerk mehr beschädigt als ausgebessert. Das Schielen auf Wählerstimmen ist dabei nicht zu übersehen.

Wie es dazu gekommen ist, das beschreibt der Waffenrechtsexperte der Gewerkschaft der Polizei, Wolfgang Dicke. Er hat seine berufliche Laufbahn als Volontär bei einer Tageszeitung begonnen und kennt die medialen Mechanismen auf der einen und die waffenrechtliche Realität auf der anderen Seite: »Es gibt bei solchen Taten wie Winnenden einen Aufschrei des Entsetzens in der Bevölkerung, dann springen die Medien an, und natürlich will jeder Journalist besser sein als seine Kollegen. Die Bilder werden immer drastischer, immer schärfer werden die Töne, und schon bald kann sich die Politik diesem Druck nicht mehr entziehen. Aber ob das, was dabei dann herauskommt, wirklich zielführend sein kann, da habe ich meine berechtigten Zweifel.«[274] Warum hat sich diese Erkenntnis bei den Gesetzesmachern nicht herumgesprochen? Warum hört die Politik nicht hin? Die Antwort ist wenig erfreulich: In der Mediendemokratie diktiert die öffentliche Meinung das Tempo, und das ist für Sorgfalt heutzutage dann oft einfach viel zu hoch – nicht allein beim Thema Waffenrecht.

Was wurde nach dem Amoklauf von Winnenden nicht alles gefordert! In der einen Woche war es die zentrale Waffenlagerung, in der nächsten schon war ein Verbot aller großkalibrigen Waffen der Favorit, und selbst der Bund Deutscher Kriminalbeamter (BDK) sprang darauf an und setzte sich damit in Szene.[275] Funktionäre desselben schafften es sogar in die Anhörungen im Bundestagsinnenausschuss. Wirklich gebracht hat das aber nichts. Es wurde nur wertvolle Zeit vergeudet, die man beim obwaltenden Druck gar nicht hatte und die, wenn man sie sich denn trotzdem hätte nehmen wollen, dann auch für sachgerechtere Diskussionen hätte genutzt werden müssen.

Die Hinterbliebeneninitiative von Winnenden hat fraglos recht mit der Feststellung, dass das Grundrecht auf Leben Vorrang hat vor privaten Interessen Einzelner.[276] Aber: Um diese privaten Vorlieben oder Abneigungen geht es im Kern der Sache überhaupt nicht. »Ob man also den Schießsport mag oder nicht, ob man privat Waffen mag oder nicht, ob man die Jagd mag oder nicht, ob man Gotcha-Spiele mag oder nicht, das alles kann nicht die Gesetzgebung bestimmen.« So zumindest stellte es Dieter Wiefelspütz (SPD) fest, und man muss ihm uneingeschränkt zustimmen.[277] Gerade deswegen erscheinen viele der Verbotsforderungen gekünstelt, wirken die hinzugezogenen Begründungen zwar plakativ, können aber genaueren Prüfungen einfach nicht standhalten: Man will erst das Verbot und sucht dann die passenden »Fakten«, statt zunächst die Fakten zu prüfen und dann genau zu schauen, was gefordert werden sollte. Funktionieren kann es so jedenfalls nicht.

Waffenmesse

Bemerkenswerte Beispiele solcher Laienargumentationen lieferten zahlreiche skandalisierte Berichterstattungen in den Wochen nach dem Amoklauf. Mit teilweise verdeckten Aufnahmen auf der Waffenmesse IWA in Nürnberg oder auch bei Waffenbörsen wurden Angstbilder inszeniert. Dabei wurden Zuschauern und Lesern wesentliche Fakten unterschlagen, wie beispielsweise die Zielgruppe der IWA: Die dort zu bestaunenden Maschinenpistolen, Sturmgewehre oder auch martialischen Darstellungen von militärischem Zubehör sind nicht für zivile Käuferschichten gedacht, die IWA ist auch eine Ausstellung für den Behördenmarkt. So finden dort beispielsweise die Fachkonferenz der Deutschen Hochschule für Polizei in Münster und die Polizeitrainerkonferenz statt.[278]Von Angeboten für »Waffennarren« kann also keine Rede sein. Die finden sich eher in den Hallen nebenan, aber dort erscheinen die Bilder der Aussteller einfach zu unspektakulär, also bedient man sich einfach der Behördenaussteller und schon hat man die »Belege« für eindrucksvolle Geschichten.

Von Übel wird die Sache, wenn man zu denen gehört, die gesetzliche Regelungen für diesen Umgang formulieren und erlassen sollen. Der Bürger und Wähler darf von den Politikern erwarten, dass sich diese im gebotenen Maß mit der Materie beschäftigen. Sie dürfen sich nicht mit Verweis auf persönliche Abneigungen oder Präferenzen aus der Affäre ziehen, sondern müssen sich kundig machen und dann genau abwägen, was wie ins Gesetz geschrieben wird und welche Auswirkungen es auf Millionen von Betroffenen haben kann. Angesichts der Komplexität des Themas braucht es schon intensive Arbeit, ehe jemand sagen darf, dass er sich hinreichend im Stoff auskennt. »Das Kernproblem in Deutschland ist, dass Waffengesetze von Menschen gemacht werden, die keine Ahnung von Waffen haben«, stellte der Leiter der Waffenrechtsbehörde Hamburg, Niels Heinrich, fest.[279]

Mehr noch: Das Waffenrecht ist mit seinen zahlreichen Nebengesetzen, Ausführungsbestimmungen und Definitionen mit einem hochkomplizierten Räderwerk vergleichbar, in dem alle Teile mit allen anderen zusammenhängen.[280] Dreht man nur ein klein wenig an einem Zahnkranz, kann das auf der anderen Seite Abläufe in Gang setzen, die am Ende genau das Gegenteil von dem bewirken, was bezweckt worden ist. Hinzu kommt erschwerend, dass das Waffenrecht inzwischen an völliger Überregulierung krankt. Man beschließt aufgrund des öffentlichen Drucks Verschärfungen und stellt hinterher fest, dass damit weitaus größere Gesetzeslücken geschaffen worden sind. Das geht den Verfassern und der erschrockenen Öffentlichkeit meistens erst dann auf, wenn die Lücken durch erneuten Waffenmissbrauch offenbar werden. Wer also medienwirksam Verschärfungen fordert oder gar Gesetzesvorschläge artikuliert und dabei keine soliden Kenntnisse der Materie besitzt, der gefährdet grob fahrlässig Menschenleben.

Im vergangenen Jahr erlebten wir eine Diskussion über die hohe Zahl von Waffen in Deutschland (wie schon mehrfach erwähnt rund vierzig Millionen, davon nur ein Viertel legale). Wie ein Pawlow'scher Reflex wird dann die Theorie nachgebetet, weniger Waffen bedeuteten weniger Waffenmissbrauch, ergo müsse einfach nur die Zahl gefährlicher Schusswaffen reduziert werden. Kurz, bündig und falsch. Jedes Jahr lesen wir von neuen Rekorden bei den Zulassungen von Fahrzeugen, aber niemand warnt vor steigenden Unfallrisiken. Verständlicherweise, denn die Zahlen sind trotz der wachsenden Kfz-Dichte rückläufig oder stagnieren. Warum sollte für die Zahl der Waffen eine andere Logik gelten?[281]

Wer so fragt, riskiert öffentliche Prügel. Nach dem Schock von Winnenden hat ein Wettlauf der Empörung, der Schuldzuweisungen und der Maximalforderungen eingesetzt. Für ruhige Betrachtung und überlegtes Reagieren gibt es keinen Bedarf, im Gegenteil: Mahner zur Besonnenheit setzen sich dem Verdacht aus, das Geschäft einer nebulösen »Waffenlobby« zu betreiben.[282]

Scheinlösungen bevorzugt

Ein ähnliches Klima behinderte die Sachdiskussion auch nach dem Amoklauf von Erfurt 2002. Umgehend wurde ins Gesetz geschrieben, dass Waffenbesitzern unter 25 Jahren eine psychologische Untersuchung abzuverlangen sei, zur besseren Abschätzung der Risikofälle in dieser Altersgruppe. Darüber gerieten andere Überlegungen an den Rand, wie etwa die Entflechtung von Waffengesetz und Kriegswaffenkontrollgesetz oder die Forcierung der sicheren Waffenaufbewahrung durch geeignete Behördenpflichten. Winnenden war sozusagen die Quittung. Die Opfer dieser Tat sind nicht auf zu lasche Waffengesetze zurückzuführen, und sie sind auch kein Beleg für die Waffenverrücktheit unserer Bevölkerung. Sie sind vielmehr trauriger Beweis für das Versagen der Politik, die nicht die nötigen Mittel für den Vollzug des Gesetzes bewilligt, und für das Versagen der Behörden, die nicht energischer eben diese Mittel und entsprechende Personalausstattung eingefordert haben.

> »Ich werde morgen meine neue Waffe abholen, eine Kettner GHP 35. Ich bin 24 Jahre alt ... Ich darf als Wachoffizier auf einem Marineschiff fahren. Ich stehe auf der Brücke, während der Kommandant Nachtruhe hält oder andere Dinge erledigt. Ich habe das Kommando über 4500 Tonnen, 50 000 PS, eine Waffenkammer mit ein paar Dutzend Pistolen, Sturmgewehren und Maschinengewehren und einigen Tausend Schuss Munition. Außerdem 2-x-20-mm-Geschütze, eine 76-mm-Schnellfeuerkanone, zwei RAM-Starter mit je 21 Flugkörpern, 16 NSSM Flugkörper und vier Exocet-Flugkörper. Das ist mehr Feuerkraft als die aller Schützen in Deutschland zusammen. Ich soll eventuell meine Waffe abgeben, aber ich darf den roten Knopf polieren. Wo ist die Logik? Ich bin mit der Waffe in der Hand durch Sarajevo marschiert, im Stress und ängstlich. Niemand hatte was dagegen, außer ein paar Träumern. Aber mein Sportgerät muss weg ...«[283]

So beschrieb es ein betroffener Sportschütze, unmittelbar nachdem 2002 die Einführung der psychologischen Eignungsprüfungen und eine Hebung der Altersgrenze für das Großkaliberschießen auf 25 Jahre diskutiert wurden. Kann man ihm verübeln, dass er am Verstand der Gesetzesmacher zweifelt? In einem Alter, in dem man Abgeordneter werden und parlamentarisch mitbestimmen kann über Krieg und Frieden, soll es an der seelischen und geistigen Reife zum sportlichen Schießen mangeln? Die wenigen Menschen, die sich in der Politik beim Thema Waffen noch einigermaßen auskennen, wagen kaum noch, sinnvolle Vorschläge öffentlich zu unterbreiten – Mehrheiten finden sie ja doch nicht dafür. Wer der Versachlichung das Wort redet, macht sich als Waffenfreund verdächtig und muss sich vorhalten lassen, das Ansehen seiner Partei zu schädigen.

Weiter: Die innenpolitische Sprecherin der Bundestagsfraktion Bündnis 90/Die Grünen, Silke Stokar, stellte am 15. Juni 2009 im Innenausschuss fest: »Das Problem der Bewaffnung der Bevölkerung mit gefährlichen Schusswaffen ist ein Männerproblem in unserer Gesellschaft.« Zum Beleg präsentierte sie eine Stimme aus dem Internetforum *Waffen online*: »Wenn ich da so Dinge lese ... ›habe gestern in wenigen Minuten 150 Schuss aus meiner Waffe rausgerotzt ... ehrlich geiles Gefühl‹ – also sind das die gesetzestreuen, seriösen Schützen, mit deren Risiko wir hier weiterleben müssen?«[284]

Nun, das Zitat, das den lebensgefährlichen Machismo von Sportschützen belegen sollte, stammte von einer Frau, die damit lediglich ihre Begeisterung für eine von ihr erstmals ausprobierte Schießdisziplin ausdrückte. Die 42-jährige Ingenieurin lebt im Rheingau, arbeitet in der Pharma-Industrie und ist in ihrer Freizeit Sportschützin.[285] Das angebliche »Männerproblem« ist ohnedies ein reines Fantasiegebilde. In allen Schützenvereinen sind ebenso auch Frauen vertreten, und das wirklich nicht zu knapp. Inzwischen gibt es sowohl bei Sportschützen als auch bei Jägern rein weibliche Vereine.[286] Szenen wie die in den zahlreichen Actionfilmen mit Stars wie Angelina Jolie oder auch mit unserer heimischen *Tatort*-Kommissarin Ulrike Folkerts haben neue Bilder der Weiblichkeit geschaffen. Frauen probieren heute wie selbstverständlich aus Eigeninteresse das sportliche Schießen aus und bleiben dann in vielen Fällen auch dabei.

Man muss sogar eingestehen, dass die Damen nicht selten die weitaus besseren Schützen sind. Schießen kann jeder, aber zum Treffen bedarf es feinmotorischer Fähigkeiten beim Abziehen – und da haben Frauen in der Praxis einfach Vorteile den Männern gegenüber. Und die weibliche Kundschaft haben die Hersteller bereits vor Jahrzehnten für sich entdeckt. Smith & Wesson beispielsweise hat eine Fertigungslinie eigens für Frauen eingerichtet, die Modellreihe »Ladysmith«.[287] Inzwischen ein alter Hut; das Neueste sind derzeit Fertigungsreihen für Homosexuelle, die in den USA sogar eine eigene Vereinigung gegründet haben, die »Pink Pistols«.[288] Abgesehen davon: Die Pistole im Strumpfband ist keine Hollywood-Erfindung, sie ist seit Jahrhunderten tödliche Realität. Und der hohe Anteil bewaffneter Damen bei Terrorgruppierungen wie der RAF oder der Bewegung 2. Juni darf ebenfalls zu denken geben. Natürlich ist die weitestgehend unkontrollierte Verbreitung von Waffen in unserer Gesellschaft ein erhebliches Problem, aber sicher keines, das etwas mit dem sogenannten Geschlechterkampf zu tun hat.

Und auch nichts mit den beliebten politischen Schubladen mit den Etiketten »links« und »rechts«. Versucht worden ist eine solche Zuordnung natürlich dennoch, weil so schön praktisch. Sportschützen und Jäger, so die Argumentation, seien eben konservativ und dementsprechend habe man hier ein »rechtes« Problem vor sich. Danach ergäbe sich, dass Ablehnung privaten Waffenbesitzes eine typisch »linke« Position sei. Ganz so einfach ist die Welt denn doch nicht.

Wieder einmal bestes Beispiel: Der Berliner Innensenator Körting, der sonst eher als Verfechter strengster Waffengesetzgebung in Erscheinung tritt, lockerte den Widerstand gegen ein zentrales Waffenregister, dessen Einführung er vor dem Amoklauf von Winnenden sogar aktiv behindert hatte.[289]

Kunstprodukt Waffenlobby

Wollte man beispielsweise ein völliges Verbot des privaten Waffenbesitzes verordnen, kämen Entschädigungsforderungen in Milliardenhöhe auf die öffentlichen Kassen zu. Außerdem verlören knapp 40 000 Menschen ihre Arbeit in der Waffenbranche und müssten vom sozialen Netz aufgefangen werden. Hört sich der Entwurf einer entwaffneten Gesellschaft auch recht verlockend an, so ist er bei solchen »Nebenkosten« einfach nicht realisierbar. Zudem hätte dies ohnehin nur einen Einfluss von vier Prozent bedeutet, auf weniger als 96 Prozent Waffenmissbrauch hätte sich das Problem damit beim besten Willen nicht reduzieren lassen. Ein bemanntes Mondlandeprogramm der Bundesrepublik erscheint da realistischer. Kein Wunder, dass über so große Lösungen wie ein Gesamtverbot nicht lange nachgedacht wurde, sondern dass man auf bequemere Optionen auswich, wie biometrische Waffensicherungen, die den Staat nicht einmal etwas kosten, oder bessere Datenerfassung durch ein zentrales Waffenregister. Diese Neuheiten im Gesetz verkauften die einen als glänzende Erfolge über die »Waffenlobby«, während die anderen sie als deren Sieg über die Politik kritisierten. Beides ziemlich daneben:

Es gibt in der Bundesrepublik, anders als etwa in den USA, keine Waffenlobby. Eine Interessenvertretung, die Hersteller, Schützen, Jäger und Fachhändler unter einem Dach vereint und politisch vertritt, existiert in Deutschland nicht. Versuche, etwas Derartiges zu schaffen, hat es in den vergangenen Jahrzehnten zwar nicht wenige gegeben, doch alle scheiterten bis heute entweder an finanziellen Problemen oder an unvereinbaren Vorstellungen der diversen Gruppierungen. Die eine mächtige Waffenlobby, der man politische Erfolge oder Misserfolge zurechnen könnte, ist hierzulande nicht auszumachen.

Berichte aus den USA aber, wo eine solche Lobby erheblichen Einfluss auf die Politik ausübt und mit Spenden Wahlkandidaten regelrecht kauft, beflügeln die Fantasie von notorischen Verschwörungstheoretikern auch bei uns, obwohl keinerlei Indizien etwas dafür hergeben: keine Telefonnummer, kein Internetauftritt, keine Mitglieder und auch keine Interviews mit Leuten, die man bei weiter Auslegung des Begriffs als Waffenlobbyisten bezeichnen könnte. Hier und da ein paar Vertreter von Vereinen und Verbänden, das war es auch schon. Da stellt sich die Frage, mit wem Parteienvertreter da überhaupt geredet haben wollen. Irgendwie erinnert das an den Film *Mein Freund Harvey* über einen imaginären hasenartigen Begleiter von James Stewart. Wie der unsichtbare Harvey erfüllt die erfundene Lobby die Funktion des Spekulationsbeschleunigers. Man kann sie publikumswirksam zum Popanz aufblasen und diesen dann wie einst Siegfried den Drachen in heldenhaftem Kampfe niederringen.

Das inszenierte Feindbild bietet obendrein die Annehmlichkeit, dass die Inszenierer nicht genötigt sind, die getroffenen Entscheidungen zu erklären. Will man überhaupt von Lobbyarbeit reden, dann allenfalls in dem Sinn, als die unterschiedlichen Verbände, die vom Waffengesetz betroffen sind, natürlich versucht haben, Einfluss zu nehmen und Gespräche zu führen. Da sie aber untereinander nicht nur oft uneins sind, sondern nicht selten gegeneinander arbeiten, halten sich ihre Möglichkeiten zur Überzeugung von Politikern in engen Grenzen.

Von entscheidendem Einfluss aber kann keine Rede sein. In Berlin informierte die SPD die Betroffenen lediglich über die beabsichtigten Änderungen, die Entscheidungen waren im Grunde bereits vorher gefallen. Die CDU hielt sich vornehm zurück, ließ die Experten reden und teilte mit, es sei noch nichts entschieden und man sei in alle Richtungen offen.[290] Und dieses zarte Anklopfen soll der Auftritt einer allmächtigen Waffenlobby gewesen sein, vor der man auf politischer Ebene eingeknickt sei?

Eher lassen sich Zeitschriften und Internetforen wie »Waffen Online« als Lobbyisten bezeichnen. Aus deren Redaktionen kamen gezielte Aufrufe, sich an die Parlamentarier zu wenden und gegen die beabsichtigten Verschärfungen zu protestieren.[291] Damit und auch mit Kampagnen wie jener der Zeitschrift *Visier* im Jahr 2002 (»Wir sind die Waffenlobby«) lassen sich einige Menschen mobilisieren. Die so fortgesetzte Konfrontation jedoch verhärtete die Positionen nur unnötig: War auch Kritik überwiegend zivilisiert und sachlich vorgetragen worden, so fühlten sich noch einige wenige dazu animiert, wütende Protestbriefe an die Abgeordneten zu verfassen. Dabei machten sie leider auch vor Beleidigungen und Drohungen nicht halt.[292] Sympathien lassen sich mit solchem Vorgehen nicht gewinnen; die Sache, um die es geht, nimmt durch Konfrontation unnötig Schaden. Dies führte dann dazu, dass diese Plattformen in den Medien und Teilen der Politik zu Unrecht als anrüchig wahrgenommen wurden und die mehr oder weniger berechtigten Verbraucherproteste in den falschen Hals gerieten.

Die nicht sonderlich kompetente Berichterstattung in den Medien heizte die Diskussion weiter an und verengte den Spielraum für wohlüberlegte Änderungen zusehends. Das Waffenrecht sank zu einem zerredeten Wahlkampfthema herab. Kleine Fehler bei Recherchen verbreiteten sich rasant durch Abschreiben, und plötzlich dominierten Scheinfakten die Diskussion. Auf solcher Grundlage und in solchem Klima konnte es bestenfalls zu Scheinlösungen kommen, die dann am 15. Juni 2009 im Innenausschuss des Bundestags in einer letzten Expertenanhörung debattiert werden sollten.

Normalerweise ist der Zweck von Expertenanhörungen die Diskussion etwaiger Fehler, der nochmalige Vortrag von Bedenken und das letzte Abwägen von Argumenten. Bei dieser Sitzung konnte davon keine Rede sein. Hier ging es nur noch um ein Schaulaufen der jeweiligen Positionen. Es gab tatsächlich mahnende Stimmen, was die geplante Amnestie anging. Aber hörte jemand auf die Mahnung, nicht nur die Abgabe von Waffen straffrei zu stellen, sondern dies auch auf die Abgabe von Patronen auszudehnen?[293] So kam es später zu so absurden Vorgängen, dass ein Bürger seine Pistole ohne Angst vor Strafe abgeben konnte und sich anschließend mit einem Strafverfahren konfrontiert sehen musste für die Patronen, die noch im Magazin waren.[294] Die ganze Expertenanhörung war vollkommen umsonst, gratis war sie leider nicht.

Straffreie Waffenabgabe: Der Ehrliche ist der Dumme

In Niedersachsen wurde die straffreie Abgabe von Waffen sogar auf besonders eigenwillige Art interpretiert: Gleich reihenweise wurden Ermittlungsverfahren gegen Bürger eingeleitet, die ihre Waffen im Rahmen der Amnestie abgaben. Der Grund: Niedersachsen interpretierte die Amnestie nur auf die Abgabe als solche bezogen und sah im Transport der Waffe von den Heimen ihrer Besitzer zur nächsten Polizeiwache ein strafbares »Führen«. Also musste man, das Legalitätsprinzip zwang schließlich dazu, entsprechende Verfahren einleiten.[295] Wer also aus Verantwortungsgefühl seine Waffe abgab, war der Dumme.

Dass diese irrsinnige Gesetzesauslegung völlig am Willen des Gesetzgebers vorbeiging und sogar im Gesetzestext ausdrücklich darauf verwiesen wurde, die Waffe bei einer Polizeidienststelle abzugeben, schien in Hannover niemanden wirklich zu interessieren; man hielt sich für besonders streng und irgendwie anscheinend auch besonders clever. In Berlin war man da pragmatischer, dort rief man über den Internetauftritt der Polizei zum simplen Transport zum nächsten Polizeirevier auf, wie es auch sein sollte. Aus niedersächsischer Sicht war das dann wohl eine »Anstiftung zum unerlaubten Führen«, aus Sicht des Rests der Republik betrieb man in Hannover »groben Unfug« – nur leider gibt es diesen Paragrafen nicht mehr.

Wahlkampfgetöse statt Sacharbeit

Wirkliche Expertise war ohnehin eine rare Ausnahme. Manche der Experten in der Arbeitsgruppe von Bund und Ländern zum Waffenrecht sind nicht Experten, sondern schlicht Fachbeamte, von denen gründliche Kenntnisse der Materie nicht zu verlangen sind. Entsprechende Ergebnisse produzieren solche Gruppen dann auch, von den noch in den Nachwehen des Amoklaufs von Erfurt geforderten Fachleuten im »Fachbereit Schießsport« gibt es dann solche und solche und manchen Bundesländern reicht es anscheinend aus, wenn ihre Vertreter rechtlich nur genug beschlagen sind. Das setzte sich dann auch in der Expertenanhörung konsequent weiter fort. Sogar das Bundeskriminalamt hat erhebliche Probleme mit den waffenrechtlichen Feststellungsbescheiden.[296] Immer wieder treten Fehler auf, die mehrmals schon von Gerichten beseitigt werden mussten. Zum Experten wird niemand durch wohlklingende Titel einer Universität, und auch höchste Dienststellungen in Behörden reichen nicht. Es bedarf erheblicher Rechtskenntnisse, aber eben auch großer Erfahrung und umfassender technischer Detailkenntnisse, ehe sich jemand in die Diskussion zielführend einbringen kann. Begriffen hat man dies im politischen Durcheinander bislang jedenfalls nicht ausreichend.

Es verdient da fast schon Bewunderung, wie der damalige Vorsitzende des Innenausschusses, Sebastian Edathy (SPD), die Anhörung mit stoischer Ruhe leitete. Es ging turbulent los: Der Journalist Roman Grafe von der Initiative »Keine Mordwaffen als Sportwaffen« griff gleich eingangs zu Herabwürdigungen der anwesenden Politiker und musste vom Vorsitzenden freundlich, aber bestimmt zur Ordnung gerufen werden.[297] Erst dann konnten die unterschiedlichen Positionen der versammelten »Sachverständigen« vorgestellt werden. Dabei war recht schnell klar, dass es mit deren Expertentum nicht sonderlich weit her war: Bernd Carstensen, Vorsitzender des Bundes Deutscher Kriminalbeamter (BDK), erschien sichtlich unvorbereitet und merkte gegen Ende seines Statements selbstkritisch an, dass seine Einlassungen noch nicht zu Ende gedacht seien.[298] Wortreich, inhaltlich aber wenig gehaltvoll trug dann der Beamte des BKA Verschärfungsideen vor. Als Kenner der Materie erwies er sich nicht.

Das Gleiche traf auf Professorin Britta Bannenberg zu, immerhin Deutschlands führende Kriminalwissenschaftlerin von der Universität Gießen. Sie gestand unumwunden ein, dass sie von Waffentechnik und Waffenrecht wenig verstünde.[299] Das hinderte sie allerdings nicht daran, eine Reihe seltsamer Behauptungen und Forderungen aufzustellen. So konstatierte sie ohne jeden Beweis beispielsweise, dass Amokläufer stets männlich seien, keine Möglichkeiten der Waffenbeschaffung auf dem Schwarzmarkt hätten und noch einiges mehr.[300] Die Fälle, die das Gegenteil ihrer Hypothesen belegten, ignorierte die Sachverständige souverän; auch eine Methode. Große Sorgen äußerte sie zudem darüber, dass automatische Waffen in Deutschland für Sportschützen legal erhältlich seien. Es war der Expertin entgangen, dass solche Waffen schon seit 1973 für Schützen strikt tabu sind.[301]

Und die Innenminister Holger Hövelmann (SPD) und Joachim Herrmann (CSU) aus Sachsen-Anhalt und Bayern konnten ohnehin nichts anderes vortragen als das, was die Parteilinie vorgab. So verkam die Anhörung zu einer Wahlkampfshow, und das Gesetz wurde in einer Weise novelliert, die bei Kennern tiefe Enttäuschung hervorrief.

Sportschützen und Jäger sahen sich von den großen Parteien im Stich gelassen. Einzig bei der kleinen FDP fanden sie Verständnis für ihre Positionen. In Sorge vor einer Enteignung der Waffenbesitzer kam es zu einem politischen Erdrutsch bei den Betroffenen. Schon im Mai 2009, als die politischen Positionen formuliert waren, entwarfen findige Aktivisten Wahlplakate mit der Kernaussage, dass Waffenbesitzer nur noch die Liberalen wählen könnten.[302] Die Plakate hingen bald auf beinahe allen Schießständen in Deutschland, in Waffengeschäften und bei Büchsenmachern. Die Fachzeitschriften riefen dazu auf, die Wahlentscheidung von der Position der Parteien beim Waffenrecht abhängig zu machen. Wer seinen Sport oder die Jagd liebe, der solle auch bei seinen Angehörigen für die Liberalen werben.

Wahlsieg durch Zuhören

Am 10. September 2009 kam es im badischen Forst zu einer Podiumsdiskussion. Die Schützenvereine hatten in die Waldseehalle geladen; etwa 1500 Menschen drängten sich darin und wollten sich die Stellungnahmen der Parteienvertreter zur Waffengesetzgebung anhören. Politiker aller Parteien (außer der Linkspartei) waren erschienen, die aufgewühlten Gemüter von Sportschützen und anderen Waffenbesitzern zu beruhigen. Tatsächlich nutzten einige auch die Gelegenheit, von ihren massivsten Forderungen abzurücken. So war nach Angaben der damaligen Fraktionsvorsitzenden der SPD in Baden-Württemberg, Ute Vogt, das geforderte Großkaliberverbot vom Tisch. Sie verstieg sich sogar zur Formulierung, dies sei im Grunde nie Gegenstand parteipolitischer Forderungen gewesen. Interessant auch die Ausführungen von Ilka Neuenhaus (Grüne), die ihre Forderung nach einem Verbot großkalibriger Waffen so begründete:

»Es gibt nicht nur Sie, die Schützen. Wir haben es auch mit schwersttraumatisierten Hinterbliebenen zu tun. Menschen haben Angst vor Waffen. Das müssen wir berücksichtigen, diese Menschen müssen wir mitnehmen.«[303] Wobei Ilka Neuenhaus unumwunden zugab, von Kalibern und Kalibermaßen nichts zu verstehen. Ihr war das Verstehen der Gefühle von besorgten Bürgern wichtiger. Dass es da auch Brücken geben könnte und man statt gegeneinander auch miteinander kommunizieren könnte, wäre für eine Wahlkampfveranstaltung ein viel zu weites Feld gewesen.

Wie Hohn wirkte bei Abschluss der Veranstaltung die Aufforderung von Ute Vogt und Stefan Mappus (CDU), die Waffenbesitzer sollten doch ihre Kompetenz in die Diskussion zur Gesetzgebung frühzeitig einbringen. Angesichts der Tatsache, dass Vereine und Verbände ihre Argumente vor dem Innenausschuss zwar hatten vortragen dürfen, aber kein Gehör gefunden hatten, musste das die Betroffenen erbittern. Zudem waren die Briefe der Betroffenen doch noch wenige Wochen zuvor als »Waffenlobbying« vom Tisch gefegt worden. Die Quittung: Die FDP erzielte bei der Bundestagswahl am 27. September 2009 das beste Ergebnis ihrer Geschichte mit einem Stimmenzuwachs von annähernd fünf Prozent. Gewiss, das war nicht nur den Schützen und Jägern geschuldet. Doch einen Teil des Erfolgs dürfen sie sicherlich auf ihr Engagement zurückführen. Nicht eine mächtige Waffenlobby war hier am Werk gewesen. Vielmehr hatte sich die Eigeninitiative betroffener Bürger, die in Heimarbeit Wahlplakate gedruckt und emsig verteilt hatten, als Machtfaktor erwiesen. Die Politikverdrossenheit in der übrigen Bevölkerung verstärkte die Wirkung dieser Wahlaufrufe für die Liberalen. Wen immer man heute in Deutschland bei einem Schützenverein oder in einem Waffengeschäft fragt – nahezu alle haben FDP gewählt. Mag das Thema bei Waffengegnern auch kritikwürdig erscheinen, als basisdemokratischer Vorgang nötigt dies Respekt ab.

Im Wahlkreis Waiblingen, in dem der Amok-Schauplatz Winnenden liegt, verlor die SPD mit dem Direktkandidaten Hermann Scheer etwa zehn Prozent der Stimmen im Vergleich zu 2005. Scheer hatte sich als besonders kompromissloser Verbotsforderer in Sachen Waffengesetz profiliert. Und die FDP? Deren Kandidat Hartfrid Wolf, Befürworter einer verbraucherfreundlichen Waffengesetzgebung, konnte um sieben Prozent zulegen, aller Betroffenheit der Wähler wegen des Amoklaufs zum Trotz. Die Annahme, gerade dort werde die Forderung nach rigorosen Verboten von Waffen auf Zustimmung stoßen, hatte getrogen.[304] Und das, obwohl gerade dort die Bevölkerung noch immer von der Tat tief erschüttert war.

So gesehen nimmt es nicht wunder, dass die FDP darauf drang, in den Koalitionsverhandlungen das Thema Waffengesetz gleich zu Anfang zu behandeln. Man einigte sich darauf, das neue Gesetz nach zwei Jahren auf den Prüfstand zu stellen. Das war zwar weniger, als sich viele Waffenbesitzer erhofft hatten, und eigentlich nicht mehr als ein Alibi gegenüber den Unterstützern, doch dass die Liberalen hier eine Priorität sahen, bewies Gespür für die Stimmung.[305]

Die Aussichten auf eine tragfähige Waffengesetzgebung in den kommenden Jahren sind dennoch düster. Den Ländern fehlt es an

Geld und Personal für eine nennenswerte Verbesserung des Waffenrechtsvollzugs; das bestehende Defizit dürfte sich eher noch verschärfen. Es steht daher zu befürchten, dass es erneut zu schweren Fällen von Waffenmissbrauch kommen wird.

Der Versuch, das Problem auf Gesetzestexte zu verlagern und so zu tun, als gäbe es kein Vollzugsdefizit, hat sich als untauglich erwiesen. Spätestens bei der nächsten Mordtat an einer Schule mit einer Schusswaffe, ob nun legal oder illegal, wird es zu neuerlichen Diskussionen über Verschärfungen des Waffengesetzes und mithin zu einer weiteren Runde in den Auseinandersetzungen zwischen Waffengegnern und Waffenbesitzern darüber kommen, wo und wie die Gesetzesschrauben anzuziehen sind. Dann hätten wir wieder nur eine hektische Anlassgesetzgebung und es bliebe erneut viel zu wenig Raum für sachgerechte Lösungen. Überlegte und ruhige Änderungen brauchen ihre Zeit, weswegen dringlich zu einer Fortsetzung der Debatte in ruhiger Atmosphäre zu raten ist, ehe der nächste Schock die Gemüter erhitzt und besonnenes Vorgehen unmöglich macht. So sind denn auch die im Koalitionsvertrag vorgesehenen Prüfungen der Wirksamkeit des Gesetzes nach zwei Jahren nicht mehr als ein vorsichtiges Signal der FDP an ihre Wählerschaft. Weitaus wichtiger wäre es, die angepeilte Frist zur Entwicklung eines vernünftigen Präventionsrahmens zu nutzen.

Was wirklich getan werden muss

Konkrete Verbesserungsvorschläge sucht man heute vergeblich. Die Diskussion scheint gefangen im Für und Wider von Verbotsforderungen, sodass die Spielräume für eine zielgerichtete Politik zu eng geworden sind. Dabei drängt die Zeit. Eine sinnvolle Waffenrechtsverschärfung war schon lange vor Erfurt überfällig. Dazu aber wäre zunächst eine Diskussion auf gänzlich anderer Ebene als bisher in Gang zu bringen.

Anfangen könnte man etwa mit der Frage, weshalb es in Deutschland keine vorgeschriebene Promillegrenze für das Führen von Waffen gibt – ein typischer Mangel im Waffenrecht. Es finden beispielsweise Waffengesetz (WaffG) und Kriegswaffenkontrollgesetz (KrWaffKontrG) gleichermaßen Anwendung auf Schusswaffen, ein Unding, das noch auf veraltete Überlegungen der 1960er-Jahre zurückgeht. Untersagt bereits das Waffengesetz den Besitz vollautomatischer Maschinengewehre, dann müssen sich die Behörden nicht obendrein damit herumschlagen, dass diese Waffen nach dem KrWaffKontrG ebenfalls verboten sind, was aber in andere Zuständigkeit fällt.

So etwas ist »Firlefanz« aus vergangenen KLIMBIM-Tagen (bissige Abkürzung für die Konferenz der LandesInnenMinister und des BundesInnenMinisteriums). Ähnlichkeiten mit der Fernsehserie drängen sich auf. Warum vereint man die Rechtsgebiete nicht und grenzt sie sinnvoll gegeneinander ab? Das erleichtert die behördliche Arbeit, unterbindet unsinnige Ermittlungsverfahren und schafft Freiräume für tatsächlich erforderliche Strafverfolgung. Möglich ist solches Vorgehen. Die Neuregelung im Waffengesetz von 2003 für Maschinenpistolen und Sturmgewehre mit Entwicklungsmuster vor dem 2. September 1945 belegt es. Alles unter einem Kaliber von 20 Millimeter wäre dann keine Kriegswaffe; einfach, logisch und allgemein verständlich. Groß- und Kleinkaliber, wie es auf internationaler Ebene militärisch definiert ist.

Wird ein Gewehrlauf fürs Militär gefertigt, gehört er zu einer Kriegswaffe; nimmt der Arbeiter am Fließband nach der Mittagspause die Nachmittagsproduktion auf, die in einem anderen Container landet, wird derselbe Lauf einer Zivilwaffe zugeordnet. Ob sich jemand strafbar macht, wird so zur reinen Definitionsfrage und deren Beantwortung zur Geschmackssache. Seit Generationen wird solcher und ähnlicher Unsinn kritiklos von einer Novellierung zur nächsten mitgeschleppt.

Ebenso fragwürdig sind die Grundlagen des Bedürfnisprinzips, das seit inzwischen über 70 Jahren Kerngedanke des Waffengesetzes ist. Dabei muss jedem klar sein, dass nicht von Waffe Nummer 14 oder von Waffe Nummer 104 eines Waffenbesitzers die entscheidende Gefahr ausgeht. Die kritische Waffe, bei der Intervention überhaupt nur greifen kann, ist und bleibt Waffe Nummer eins. Hier tritt der künftige Besitzer erstmals in Erscheinung. Deswegen sollte die Aufmerksamkeit vor allem der Person und weniger dem Gegenstand gelten. Die Zugangshürden für die erste Waffe müssen daher, verglichen mit denen für die dritte oder vierte, deutlich verändert werden, wenn wir ein Mehr an Sicherheit für unsere Gesellschaft erreichen wollen. Angst vor jemandem, der 30 oder 300 Waffen haben will, ist unangebracht. Vor einer Person aber, die nur eine einzige will, sollten wir auf der Hut sein. Ein Beispiel:

Ein Sportschütze, Ende 20, beantragte bei einer Waffenrechtsbehörde in Schleswig-Holstein eine Pistole im Kaliber 9 mm Luger und erhielt diese problemlos. Er war nicht vorbestraft, die Sachkundeprüfung hatte er erfolgreich bestanden und auch das Bedürfnis nachgewiesen durch ein Jahr regelmäßiger und erfolgreicher Teilnahme am Schießen. Im waffenrechtlichen Sinne ein Bilderbuch-Antragsteller. Alle Sicherheitsforderungen des Gesetzes waren erfüllt. Und doch war der Waffenrechtsbehörde viel Wichtigeres verborgen geblieben:

Der junge Mann ist arbeitslos, spielt in seiner üppig bemessenen Freizeit täglich stundenlang »Killerspiele«. Etwa bis zu seinem

21. Lebensjahr befand er sich lange in psychotherapeutischer Behandlung, zeitweilig mussten ihm Psychopharmaka verschrieben werden.[306] Eine tickende Zeitbombe? Vielleicht. Und wie reagiert man auf einen solchen und viele ähnlich gelagerte Fälle in Berlin, was fordert die »Expertenkommission« in Baden-Württemberg? Die Prüfung, ob so jemand auch ja regelmäßig schießt, soll intensiviert werden.[307] Und wenn dann wirklich etwas passiert, dann waren es wieder die bösen »Sportschützen als Mordschützen«.

Wofür also der Verwaltungsaufwand und die Besorgnis gegenüber der vierten Kurzwaffe oder der zehnten Langwaffe? Am Ende machen diese Regelungen keinerlei praktischen Sinn. Es wäre erkennbar wichtiger, den Begriff des Bedürfnisses zu streichen oder ihn doch wenigstens nicht länger auf einzelne Waffen, sondern auf die jeweilige Person zu beziehen. Das nähme den Behörden allerhand Lasten, wie zum Beispiel überflüssige Prüfungen, ab. Und mit einem solchen Personenbezug würde ein Hindernis für weiterreichende Regelungen ausgeräumt. Einer dringend gebotenen weiteren Meldeamnestie nämlich steht das Bedürfnisprinzip entgegen. Nur durch Beseitigung dieses alten Zopfes gewinnt man die Freiheit, sich stärker auf die Hürden beim Erwerb der ersten Waffe zu konzentrieren. Hier sollten psychologische Prüfungen nicht ausgeschlossen sein, im Gegenteil: Es wäre sogar zu überlegen, das Bedürfnisprinzip hierdurch zielgerichtet zu ersetzen und damit tatsächlich das besagte Mehr an Sicherheit zu schaffen. Zumindest hat man dies in Österreich so realisiert, und scheinbar funktioniert es dort. Ob ein Antragsteller charakterlich und seelisch geeignet ist oder nicht, hat jedenfalls erheblich höhere Relevanz als die Feststellung, ob die beantragte Waffe die Voraussetzungen der Sportordnung erfüllt und ob das rechtlich geforderte volle Jahr Schießtraining nachgewiesen werden kann.

Wir müssen erkennen: Das Bedürfnisprinzip hat ausgedient. Die Überlegungen, die zu seiner Formulierung geführt haben, können heute nicht mehr Richtschnur des waffenrechtlichen Handelns sein. Die dahinter stehende Maxime: »So wenig Waffen wie möglich im Volk!« hilft niemandem bei der vordringlichen Aufgabe, Waffen aus den falschen Händen herauszuholen. Außerdem lässt sich belegen, dass die Zahl der Waffen für die Sicherheit allenfalls eine nachrangige Rolle spielt. Die dargestellten Fallzahlen des Waffenmissbrauchs belegen das eindrucksvoll.

Begründungen für Waffenbesitz, wie sie auch im europäischen Recht vorgesehen sind, werden dadurch nicht überflüssig. Sie haben aber nur dann einen Sinn, wenn sie nicht auf jede einzelne Waffe bezogen werden. Begründung muss schließlich nicht zwangsläufig einen Papierkrieg bedeuten – auch wenn wir Deutschen dies augenscheinlich erfunden haben. Wichtiger wäre es, Kontingentierungen zu schaffen, eingeteilt in Klassen, vergleichbar mit dem Führerschein. Sie könnten ein bisschen Frieden in das Verhältnis zwischen Waffenrechtsbehörden und Verbrauchern bringen, die in einer Art Kleinkrieg verstrickt sind. Sprüche wie die eines Sachbearbeiters des LKA Berlin würden sich dann erübrigen: »Wenn Ihnen das nicht passt, können Sie ja klagen. Das dauert dann drei bis vier Jahre, und bis dahin haben Sie die Lust verloren.«[308] Gerade im Bundesland Berlin wäre solche Entspannung zu begrüßen. Hier nämlich sind die Beziehungen zwischen Behörden und Waffenbesitzern aufgrund manch schwer verständlicher Auslegung des Waffenrechts fast schon zerrüttet.

Den Vollzug verbessern

Und hier haben wir einen weiteren springenden Punkt: Es kann und darf nicht sein, dass Sachbearbeiter bei den Behörden ihre Materie nicht von Grund auf beherrschen. Hier darf es kein Kenntnisgefälle zwischen Bürger und Beamten geben. Sonst kommt es zu tragischen Fehlentscheidungen wie der Erteilung einer Erlaubnis für Robert S., den Amokläufer von Erfurt. Müssten die Beamten, quasi als Einstiegsqualifikation, eine Waffensachkundeprüfung ablegen, so könnten sie den Waffenbesitzern und Antragstellern ganz anders gegenübertreten. Ihre »Kunden« hätten in ihnen zudem kompetente Partner, bei denen sie Rat suchen könnten. Solcherart vorgebildete Sachbearbeiter würden außerdem manches Ermittlungsverfahren überflüssig machen.

Inzwischen ist das Rechtsgebiet derart überreguliert und kompliziert, dass sich einem Laien der Gesetzestext kaum noch erschließt. Die Sachkundeprüfung, ursprünglich als Zugangsvoraussetzung für den Umgang mit erlaubnispflichtigen Waffen geschaffen, wurde zu einem Schlüsselelement des Textverständnisses.[309] Das erleichtert zwar dem Kundigen den Umgang mit dem Gesetz erheblich, schließt aber den Normadressaten vom Verständnis weitgehend aus. Ohne detailliertes waffentechnisches Wissen steht ein normalsterblicher Bürger hilflos vor dem Gesetz und erhält keinen Aufschluss darüber, was nun erlaubt ist und was konkret verboten. Die Folge: Rechtsirrtümer und undurchschaubare Bestrafungen. Es ist wie beim Autofahren, man sieht die Schilder vor lauter Schilderwald nicht mehr; Unfälle sind programmiert.

Kernforderung muss daher sein, einen einfachen, leicht verständlichen Text zu schaffen, der eine klare Linie vorgibt für den praktischen Vollzug. Das hilft dem Sachbearbeiter in der Waffenrechtsbehörde, und es bewahrt den Sportschützen und Jäger vor juristischen Fallen. Über die angeblich im Gesetz von 2003 erreichte verbesserte Lesbarkeit könnte man schmunzeln, wenn einem angesichts der verschwurbelten Sätze nicht die Tränen kämen. Wer soll begreifen, warum ein Antragsteller für eine Gaspistole ohne Probleme einen »kleinen Waffenschein« erhält, während derselbe Mensch vor dem Kadi landet, wenn er ein Klappmesser führt, um damit sein Frühstücksbrot zu schmieren?

Ebenfalls ein Fortschritt wäre es, müsste die Sachkundeprüfung nach dem jeweils gültigen Gesetz in größeren Abständen erneut abgelegt werden. Es besteht die gesetzliche Pflicht, Kenntnisse über das Waffengesetz nachzuweisen. Bei Neuregelungen des Gesetzes aber ist niemand verpflichtet, die Kenntnisse entsprechend zu aktualisieren. Wer 1976 eine Sachkundeprüfung bestanden hat, der gilt auch heute noch als sachkundig, obwohl inzwischen erhebliche Änderungen in Kraft getreten sind. Regelmäßige Nachschulungen, und seien es nur kurze Auffrischungskurse auf dem Schießstand, trügen mehr zur Sicherheit bei als Diskussionen über Bedürfnisnachweise oder die Teilnahme an der letzten Landesmeisterschaft. Hier ist der Gesetzgeber also erkennbar auf einem verwaltungsrechtlichen Holzweg.

Die einfachste Lösung, nämlich entsprechende Klassifizierungen von Waffen personenbezogen zu genehmigen, setzt sich bislang nicht durch. Und ebenso wenig hat sich durchgesetzt, was seit Jahren im Gesetz vorgesehen ist: das Waffenverbot im Einzelfall. Die jeweilige Waffenrechtsbehörde kann ein solches Verbot aussprechen, wenn in der Person des Waffenbesitzers liegende Umstände einen Missbrauch befürchten lassen. Die damit verbundenen Restriktionen reichen sehr weit: Dem Betroffenen ist dann selbst das Schießen mit Luftgewehren auf dem Rummelplatz verboten. Waffenverbote sind also kein unwirksames Mittel. Es wird aber nahezu kein Gebrauch davon gemacht. Nur in Ausnahmefällen verhängt man gegen jugendliche Intensiv- oder gegen mehrfach vorbestrafte Gewalttäter solche Verbote, obwohl sie sich zur Vorbeugung gegen Waffenmissbrauch vorzüglich eignen. Stattdessen dreht man lieber ein um das andere Mal an der Gesetzesschraube. Warum werden nicht automatisch nach rechtskräftigen Verurteilungen wegen Gewaltdelikten Waffenverbote verhängt? Damit hätte sich das hochkomplizierte Messerverbot von 2008 problemlos vermeiden lassen, schließlich ging es ja um Intensivtäter.

Seit Jahren bemühen sich Gesetzgeber und Behörden, der Anhäufung von Waffen mit verschiedenen Methoden entgegenzuwirken. Das hat inzwischen ein ziemliches Durcheinander an Regelungen geschaffen. So dürfen beispielsweise von Sportschützen nur zwei Waffen je Halbjahr erworben werden, und es gibt bereits Forderungen nach Höchstgrenzen der Waffenzahl für Sportschützen und Jäger; auch hier wäre eine Kontingentierung und eine damit einhergehende Verwaltungserleichterung durchaus erwägenswert. Die Regelungen für die sichere Aufbewahrung der genehmigten Waffen erlauben das problemlos. Bis zu fünf Kurzwaffen dürfen in einem entsprechendem Tresor liegen. Warum also eine Begrenzung auf zwei Kurzwaffen im Gesetzestext? Für die dritte und jede weitere Waffe ist über dieses Regelkontingent ein unverhältnismäßiger Verwaltungsaufwand erforderlich. Der belastet die Betroffenen mit unsinnigen Behördenwegen und bindet amtlicherseits Kräfte, die dringend für die Kontrolle der sicheren Aufbewahrung gebraucht würden. Sinn ergeben solche Bürokratiemonster im Gesetz momentan jedenfalls keinen.

Auch eine Reihe kleinerer Schritte könnte helfen, die Sicherheitslage zu verbessern: Hinterbliebene stehen oft ratlos vor geerbten Waffen, verkaufen sie womöglich unbedacht oder nutzen sie gar ohne die erforderliche Erlaubnis. Da wäre es doch nicht zu viel verlangt, wenn Waffenbesitzer für den Fall, dass sie nicht mehr ansprechbar sind oder sterben, die Erreichbarkeit ihrer Waffenrechtsbehörde hinterlegen müssten, etwa im Testament oder brieflich. Gerade bei diesem Punkt sind die Überlegungen zu einer biometrischen Waffensicherung noch nicht so ganz ausgereift: Was will man nach dem Ableben des Waffen- und Fingerabdruckbesitzers machen? Finger abschneiden und damit den Waffenschrank öffnen?

Ernsthafter Handlungsbedarf besteht

Der Kerngedanke, die Waffen an die Kette der Legalität zu legen, hat sich seit 1973 als geeignetes Mittel erwiesen, die Zahl der Waffenmissbräuche zu vermindern. Es lässt sich aber absehen, dass bei Festhalten an der bisherigen Waffenrechtspolitik weitergehende Reduzierungen nicht mehr gelingen werden. An einer Neujustierung kommen wir nicht vorbei. Sie mithilfe von Experten zu entwickeln braucht Zeit. Und für die nachfolgende Umsetzung müssen vorweg entsprechende Mittel, personell wie finanziell, bereitgestellt werden. Der Vollzug darf nicht wieder den ohnedies überlasteten Kommunen aufgebürdet werden, ohne die entsprechenden Voraussetzungen geschaffen zu haben. Unverrückbares Ziel muss es sein, alle Waffen an die Kette zu legen, und dazu gehören dann vor allem auch die illegalen.

Da stellt sich als Erstes die Frage nach einer effektiven Informations- und Werbestrategie. Was das betrifft, herrscht bisher völliges Schweigen. Es gibt Werbefilme für den Gebrauch von Kondomen zur Aids-Prävention, riesige Werbetafeln an den Autobahnen warnen vor dem Rasen und Anti-Tabak- sowie Anti-Alkohol-

Kampagnen begegnen uns tagtäglich. Für eine Aufklärung über Schusswaffen dagegen fehlt offenbar das Geld. Kleine Zeitungsnotizen, die auf die Möglichkeit der straffreien Abgabe illegaler Waffen hinwiesen, waren bisher alles. Selbst auf der Homepage des Bundesministeriums des Innern findet sich keine nennenswerte Werbung für die Abgabe illegaler Waffen.[310] Und bei der Vorstellung der Konsequenzen aus Winnenden kein einziges Wort zur Amnestie.

Soll Erfolgversprechendes gegen illegale Waffen unternommen werden, dann muss der Bürger dafür gewonnen werden. Werbeflyer sind dabei ebenso notwendig wie Aufklärung im Rahmen der politischen Bildung. Momentan aber tut die Politik wieder so, als gäbe es das Problem gar nicht. Geld wird in großem Stil zur Bankenrettung, für Steuersenkungen (»Wachstumsbeschleunigung«) oder in Abwrackprämien gesteckt; für Botschaften und Aufklärung über Schusswaffen und ihr rechtliches Umfeld mag sich anscheinend niemand engagieren. Jeder kennt die Kampagne »Keine Macht den Drogen!«, das nicht minder gefährliche Missbrauchspotenzial von illegalen Waffen wird dagegen völlig ausgeblendet.

Und weiter: Unsere Schulen engagieren sich wie selbstverständlich in der Verkehrserziehung, Kenntnisse über Waffen und den Umgang mit ihnen vermitteln sie nicht. Hier ist natürlich nicht an vormilitärischen Drill wie in der DDR gedacht. Es wäre aber sehr zu begrüßen, wenn gerade kleine Kinder lernen, dass eine Waffe kein Spielzeug ist. Das Programm »Eddie Eagle« aus den USA, produziert ausgerechnet von der dortigen Waffenlobby, wäre auch in Deutschland nicht fehl am Platze.[311] Es bringt kurze Filme, in denen beispielsweise Kinder beim Spielen eine Waffe finden. Spannend wird damit die Botschaft vermittelt, dass Waffen gefährlich sind, dass man als Kind tunlichst Abstand zu ihnen hält und einen Erwachsenen zu Hilfe holt. Es wäre höchst verdienstvoll, wenn sich die Polizei der Sache annähme und damit ein Gegenstück zum Verkehrskasper und zur sehr erfolgreichen Verkehrserziehung für Kindergärten und Schulen entwickelte.

Der Gedanke der Unfallverhütung hat den Gesetzgeber bisher augenscheinlich wenig interessiert. Nicht an einer einzigen Stelle im Waffengesetz findet sich ein Hinweis darauf. Die wenigen Menschen, die hierzulande eine Waffe tragen dürfen, unterliegen lediglich einer Versicherungspflicht. Immerhin. Ansonsten: Fehlanzeige. Kein Wunder also, dass immer wieder Menschen durch eine herunterfallende oder falsch behandelte Waffe zu Schaden oder gar ums Leben kommen. Besonders Jäger scheinen hier eine gefährdete Spezies zu sein, wenn man den häufigen Zeitungsmeldungen Glauben schenken kann. Das ist aber ebenso wenig hinnehmbar wie Waffenmissbrauch. Dabei ist es als Problem durchaus er- und bekannt. Nicht von ungefähr gelten für Dienstwaffen der Behörden erhöhte Sicherheitsanforderungen nach genauen Definitionen in den Pflichtenheften.[312] Für Sicherheitsunternehmen aber machen solche Regelungen tatsächlich Sinn.

Die bereits beschriebene Amnestie für die Anmeldung bisher illegaler Waffen auf Dauer in Geltung zu setzen, vergleichbar der straflosen Selbstanzeige im Steuerrecht, könnte dazu beitragen, mehr Waffen unter Kontrolle zu bekommen. Das wird aber nur dann gelingen, wenn man davon absieht, die so bekannt gewordenen Gewehre und Pistolen einzuziehen. Dürften die Besitzer sie nach der Anmeldung behalten, wüchse die Bereitschaft zur Legalisierung entscheidend, was eine deutliche Verbesserung der Sicherheitslage mit sich brächte. Die Waffen und ihre Besitzer träten damit endlich aus der Anonymität, würden bei den Behörden registriert und unterlägen künftig ihren Kontrollen. Der Fehler, eine Amnestieregelung nur als Abgabemöglichkeit zu sehen und dies auch nur zeitlich befristet zu ermöglichen, darf sich in Zukunft keinesfalls mehr wiederholen.

Zur Optimierung des Waffenrechts bedarf es dringend wissenschaftlicher Untersuchungen über seine bisherige Wirksamkeit und vor allem über die tatsächliche Ausprägung des Waffenmissbrauchs in all seinen Erscheinungsformen. Nur dann werden sich die neuralgischen Punkte finden lassen, an denen Änderungen anknüpfen können. Dabei darf es kein Schielen auf Wählerstimmen und keine ideologischen Vorurteile geben. Nur auf der Basis von unbestreitbaren Tatsachen muss geurteilt werden. Bisher liegen für eine solche Untersuchung in der Bundesrepublik allerdings nicht einmal die erforderlichen Zahlen vor. Es existiert also immer noch keine Ausgangsbasis für eine tragfähige Erforschung der Probleme. Und das in einem Land, in dem jede Kuh registriert ist und in dem ungestempelt nichts und niemand davonkommt.

Wer glaubt, ein totales Verbot sei eine denkbare Lösung, dem sei der Blick nach Großbritannien empfohlen: Am 13. März 1996 erschoss im schottischen Städtchen Dunblane der psychisch kranke Amokläufer Thomas Hamilton 16 Kinder und eine Lehrerin. Seit dieser Tat sind Kurzwaffen und viele moderne Waffen – abgesehen von Jagdwaffen – auf der Insel nahezu vollständig verboten.

Erfolg? Die Rate von Straftaten unter Verwendung von Schusswaffen steigt seitdem ungebremst an, um geschätzte 200 Prozent seit Verhängung dieses Verbotes. Nach Angaben der britischen Innenministerin Jacqueline (»Jacqui«) Smith liegt die jährliche Fallzahl (rund 10 000) doppelt so hoch wie in Deutschland. In den britischen Großstädten hat sich eine regelrechte Subkultur der Bewaffnung unter Jugendlichen herausgebildet. Es gehört dort zum

Selbstverständnis von Kleinkriminellen, sich zu bewaffnen. Statt abzuschrecken, hat das Totalverbot die labile Lage nur noch weiter destabilisiert. Die Jugendlichen, zu einem hohen Prozentsatz aus Kulturen mit ganz anderen Wertsystemen, sehen den Staat als Feind an und missachten seine Regeln bewusst. Pistolen werden in London für umgerechnet 1500 Euro angeboten, Schnellfeuergewehre kosten an die 6000 Euro. Sparsame Straftäter mieten Waffen für etwa 350 Euro pro Nacht![313]

Im Jahr 2007 beschlagnahmte eine Sondereinheit der Londoner Polizei insgesamt mehr als 900 Schusswaffen im Drogenmilieu. Im gleichen Zeitraum wurden in der deutschen Hauptstadt 1098 Waffen sichergestellt, allerdings insgesamt und nicht nur in Drogenkreisen. Man sollte sich also sehr genau überlegen, ob man sich in Deutschland »britische Zustände« wünscht.[314]

Anmerkungen

1 *Polizeitrainer Magazin*, 7/2000.
2 Pressekonferenz zum Amoklauf von Winnenden, 11. März 2009.
3 Bericht der Kommission Gutenberg-Gymnasium, S. 74.
4 http://www.stadt-zuerich.ch/pd/dc/index/stadtpolizei_zuerich/WD_WFD/die_spuren/schusswaffen/system-_und_individualmerkmale.html.
5 www.eric-t-langer.de/index.php4?pre_cat_open=2&id=172.
6 Einstellungsbeschluss der Staatsanwaltschaft Gera, AZ 840 Js 23398/04, 3. August 2004.
7 Bericht der Kommission Gutenberg-Gymnasium, S. 333.
8 Bericht der Kommission Gutenberg-Gymnasium, S. 310 ff.
9 Dicke, Wolfgang: Von Waffen, Amokläufen, Gotcha-Spielen und Gewalt, Referat an der VHS Kamen-Bönen, 15. September 2009.
10 Prof. Dr. Britta Bannenberg, Justus-Liebig-Universität Gießen, Innenausschuss, Ausschussdrucksache 16(4)637 E.
11 www.einsatz-netz.de/fachwissen/fachartikel/technische-hilfeleistung/die-psychologie-des-gaffens.
12 Grossman, Dave: *On Killing. The Psychological Cost of Learning to Kill in War and Society*, London 1996.
13 DeGaetano, Gloria/Grossmann, Dave: *Wer hat unseren Kindern das Töten beigebracht?*, Stuttgart 2002.
14 www.3sat.de/dynamic/sitegen/bin/sitegen.php?tab=2&source=/nano/news/44000/index.html.

15 Peter Gruber wertet diesen in dem *Focus*-Artikel »Keiner hat sie gemocht«, 17/1999, denn auch als Vorbild für die Amokläufer von Littleton.
16 www.rogermoore.cba.pl/newsen_05.htm.
17 »Terminator kennt keine Gnade«, *Spiegel*, 12. Dezember 2005.
18 www.nra.org/aboutus.aspx. www.nraila.org/issues/articles/read.aspx?id=105&issue=011.
19 §37 WaffG (alt), gültig bis 1. April 2003.
20 §42a WaffG vom 1. April 2008.
21 Eine Wassermelone besteht durchschnittlich zu 95,8 Prozent aus Wasser, während beim Menschen die Hirnrückenmarksflüssigkeit etwa 150 Milliliter beträgt – verteilt auf 3200 bis 4100 Gramm Kopfgewicht. Selbst beim Krankheitsbild des Wasserkopfs käme man nicht annähernd an die Dimensionen der Wassermelone heran.
22 Heard, Brian J.: *The Killer Catcher*, Brandon 2008.
23 *Polizeitrainer Magazin*, 5/1999.
24 Beförderungsbedingungen der BVG, Stand 2007.
25 Innenausschuss, Ausschussdrucksache 16(4)354 F. Sitzung des Innenausschusses des Bundestags, 13. Februar 2008.
26 www.visier.de/1542a.html.
27 Bericht der Kommission Gutenberg-Gymnasium, S. 322.
28 Bekanntmachung des BKA auf der Homepage bka.de unter »Fragen zum neuen Waffenrecht«; die Stellungnahme wurde inzwischen gelöscht.
29 www.tagesschau.de/inland/libyen10.html.
30 Bereits nach dem alten Waffengesetz, §44, Abs. 3, waren solche Schießübungen verboten, nach dem 1. April 2003 wurde dies in §27, Abs. 7, geregelt. Ergo wird politisch ein Verbot von etwas gefordert, was bereits seit Jahrzehnten verboten ist.
31 Übereinstimmend geben dies Quellen aus dem Bereich des Personenschutzes von Bundeskanzlerin Angela Merkel, Angehörige von nationalen und internationalen Spezialeinheiten sowie private Schießausbilder wieder.
32 www.ipsc.org.
33 www.idpa.com.
34 www.bds-western-schiessen.de/html/kategorien.htm.
35 www.waffen-ferkinghoff.de/alben/1_Western09/w2.jpg.
36 www1.ndr.de/nachrichten/niedersachsen/waffenfunde104.html.
37 Pressemeldung der Polizei Hildesheim, 8. September 2009.
38 Hierzu gehören beispielsweise auch parlamentarische Anfragen, Länderanhörungen nach dem Waffengesetz für die Feststellungsbescheide des

BKA, Presseanfragen etc. Ein Sachbearbeiter stellte nach dem Amoklauf von Winnenden gegenüber dem Autor fest: »Sie können sich nicht vorstellen, was bei uns los ist. Zum Waffengesetzvollzug kommen wir derzeit überhaupt nicht mehr.«

39 Münkler, Herfried (Hrsg.): *Lust an der Erkenntnis. Politisches Denken im 20. Jahrhundert*, München 1987.

40 Aust, Stefan: *Der Baader-Meinhof-Komplex*, Hamburg 2008.

41 Einleitung WaffG in der Bekanntmachung vom 8. März 1976 (BGBl I 433).

42 Aktionsbündnis Amoklauf Winnenden, Interview, BR, 15. Juni 2009.

43 Bundesrat Drucksache 577/2/09, Antrag des Landes Baden-Württemberg, 8. Juli 2009.

44 www.dielinke-bremen.de/index.php?id=7240&type=123&no_cache=1&tx_ttnews%5Btt_news%5D=11152&cHash=e2fbd689d9.

45 Rede des Bundespräsidenten, Berlin, 3. Dezember 2007.

46 www.gdp.de/gdp/gdp.nsf/id/DE_GdP-Baden-Wuerttemberg_Waffenkontrolle_ist_kein_Nebenjob_auf_400_-Euro-Basis.

47 Neuregelung des § 36 WaffG vom 25. Juli 2009.

48 Uwe Füllgrabe, Psychologieoberrat a.D. und ehemaliger Fachlehrer für Psychologie, Pädagogik und Soziologie an der Landespolizeischule Niedersachsen, bezeichnet ein solches kooperatives Beziehungsgeflecht als »Tit-for-tat-Strategie«.

49 Etwa § 244 des Strafgesetzbuches »Diebstahl mit Waffen« oder § 250 »schwerer Raub«.

50 Etwa 2000 Schwerbewaffnete waren an diesem Putschversuch beteiligt, zu ihrer Ausstattung gehörte vor allem Kriegsgerät, also auch schwere Maschinengewehre.

51 *Allgemeine Schweizerische Militärzeitschrift*, Dezember 2001.

52 Longerich, Peter: *Die braunen Bataillone. Geschichte der SA*, München 1989, S. 232.

53 Brakelmann, Günter: *Evangelische Kirche und Judenverfolgung*, Waltrop 2001, S. 47 f.

54 Hahn, Fritz: *Waffen und Geheimwaffen des deutschen Heeres 1933–1945*, Koblenz 1987.

55 www.visier.de/2243.html.

56 Kontrollratsbefehl Nr. 2 vom 7. Januar 1946.

57 Die vielfach geäußerte Auffassung, das Schießen mit Großkaliberwaffen sei erst in den 1980er-Jahren von der Bundesregierung genehmigt worden, ist nicht zutreffend.

58 Vgl. auch Prantl, Heribert: »Wisniewski? Stefan Wisniewski?«, *Süddeutsche Zeitung*, 22. April 2007. »Buback-Sohn fragt nach der Verwicklung von Geheimdiensten«, *Spiegel Online*, 14. Oktober 2007.
59 »SPD: Innenbehörde fehlt der Überblick über 1500 Waffen«, *Die Welt*, 30. März 2005.
60 Weissert, Frank: *Halbautomaten für Schützen, Jäger, Security und Sammler*, Blaufelden 2005, S. 113.
61 Bericht der Kommission Gutenberg-Gymnasium, S. 310 ff.
62 www.dsb.de/sport/disziplinen/wurfscheibe/trapschiessen.
63 Bericht der Kommission Gutenberg-Gymnasium, S. 310 ff.
64 Bericht der Kommission Gutenberg-Gymnasium, S. 21/22.
65 Bericht der Kommission Gutenberg-Gymnasium, S. 317.
66 ZDF, *Frontal21*, 17. März 2009.
67 § 6, Abs. 1, WaffG.
68 Mitteilung des Bremer Senats zur Aufgabenerfüllung im Stadtamt, Drucksache 17/ 225, 16. September 2008.
69 § 36 WaffG.
70 Bundeslagebild Waffenkriminalität 2007 (BKA).
71 Interview mit Wolfgang Dicke, ZDF, 16. März 2009.
72 Tatbestands- und Verbotsirrtümer können nach § 17 des Strafgesetzbuches zu Strafmilderungen für die Betroffenen führen, bei Unvermeidbarkeit auch bis hin zum völligen Entfallen der Schuld.
73 Deutscher Bundestag, Drucksache 16/ 6889, 31. Oktober 2007.
74 Ebenda.
75 Bundeslagebild Waffenkriminalität 2007 (BKA).
76 www.hermannscheer.de/de/index.php?option=com_content&task=view&id=634&Itemid=173.
77 Antwort des Innenministeriums Rheinland-Pfalz auf Anfrage vom 12. März 2009.
78 Antwort des Innenministeriums Nordrhein-Westfalen auf Anfrage vom 12. März 2009.
79 Antwort des Innenministeriums Mecklenburg-Vorpommern auf Anfrage vom 12. März 2009.
80 Antwort der Innenbehörde Bremen auf Anfrage vom 12. März 2009.
81 Im Interview mit *Frontal21*, ZDF, 17. März 2009.
82 Ebenda.
83 Antwort des Innenministeriums Baden-Württemberg auf Anfrage vom 12. März 2009.

84 Erster Polizeihauptkommissar Niels Heinrich, Pressekonferenz der Polizei Hamburg, 1. April 2009, zum Waffenregister WANDA.

85 www.zoll.de/fo_veroeffentlichungen/eo_sonstiges/xo_2007/j95_softair_pistolen/index.html (Stand: Januar 2010).

86 Durie, William/Jeschonnek, Friedrich/Riedel, Dieter: *Alliierte in Berlin*, Berlin 2007, S. 144. Zwingenberger, Kurt: »Zur Wehrpflichtentziehung durch Wohnsitzverlegung nach Berlin«, *Juristische Rundschau*, 1967, Heft 2, S. 54 ff.

87 Aust: *Baader-Meinhof-Komplex*.

88 Deutscher Bundestag, Innenausschuss, Ausschussdrucksache 16(4)354D.

89 Die Zahl ergibt sich verteilt auf die Bevölkerungsteile, die volljährig sind und als Staatsbürger wahlberechtigt, nicht gesehen auf die Gesamtbevölkerung der Bundesrepublik.

90 Alle Zahlen Deutscher Bundestag, Innenausschuss, Ausschussdrucksache 16(4)354D.

91 Mit Geltung vom 1. Januar 1973, 8. März 1976, 1. April 2003, 1. April 2008 und 25. Juli 2009, jedes Mal weitergehende Verschärfungen als Grundtenor.

92 *Visier Special* (»Taschenpistolen, Taschenrevolver«), Nr. 52.

93 Etwa Patronenentwicklungen um 1900 wie 6,35 mm Browning oder 7,65 mm Browning.

94 Kopietz, Andreas: »Witwen geben die Gewehre ihrer Männer ab«, *Berliner Zeitung*, 14. November 2009. Oder: »Viele ältere Frauen geben Waffen ab«, *Hannoversche Allgemeine*, 2. Januar 2010.

95 Erkennbar am sogenannten PTB-Stempel der Physikalisch-Technischen Bundesanstalt.

96 Tatsächlich existieren eine Vielzahl von solchen »illegalen« Gaspistolen, bei denen ein Umbau in eine »scharfe« Waffe schon rein technisch überhaupt nicht möglich ist, weil der Waffenlauf in die falsche Richtung zeigt. Bestraft wird man bei unerlaubtem Besitz dennoch, Gesetz ist schließlich Gesetz. Bekannter Vertreter ist beispielsweise die Walther UP1 im Kaliber 6 mm.

97 Vgl. Mohr, Reinhard: »Schrecken aus dem braunen Sumpf«, *Spiegel Online*, 6. Dezember 2009.

98 Beim Vormarsch der West-Alliierten fanden von der Eroberung Aachens am 21. Oktober 1944 bis zur Kapitulation am 8. Mai 1945 unzählige Gefechte statt, der davon betroffene Bereich erstreckt sich im Norden etwa bis zur Elbe, im Osten bis nach Thüringen hinein und im Süden bis an die Alpen. Eine solche enorme Waffenmenge kann nicht »nebenbei« durch den Kampfmittelräumdienst eingesammelt werden; hier sollte man fragen, ob nicht ein »Waffenräumdienst« geschaffen werden müsste.

99 Zum ersten Mal mit dem War Department Circular No. 155, Mai 1945.
100 »Ein MG vom Dachboden«, *Mainpost*, 9. Dezember 2009.
101 Pressemeldung der Polizei Hamburg, 15. August 2005.
102 www.kreiszeitung.de/nachrichten/deutschland/dieses-waffenarsenal-hortete-bombenleger-451014.html.
103 Gegenüber dem Autor mehrfach vorgebracht.
104 *Visier Special*, Nr. 52.
105 Ebenda.
106 Deutscher Bundestag, Innenausschuss, Ausschussdrucksache 16(4)637(D).
107 Mitteilung eines Lübecker Fachhändlers an den Autor, März 2007.
108 ARD, *Report München*, 15. Juni 2009.
109 In Berlin dauerte es übrigens etwa vier Stunden, in einem vergleichbaren Geschäft auf Waffen und Munition zu stoßen, so Recherchen für das Magazin *Akte* auf SAT.1.
110 § 20, Abs. 1 bis 7, WaffG.
111 Bundeslagebild Waffenkriminalität 2007 (BKA).
112 »Bewaffnete Republik Deutschland«, *Der Spiegel*, 13/2009.
113 Antwort der Bundesregierung, Bundestagsdrucksache 16/6889, 31. Oktober 2009.
114 Deutscher Bundestag, Innenausschuss, Ausschussdrucksache 16(4)637(D). Wolfgang Dicke, Gespräch mit dem Autor, 2009.
115 Dicke, Wolfgang: Referat.
116 Zitiert nach *Deutsches Waffen-Journal*.
117 Das Interview wurde im Juli 2008 in der *Hamburger Morgenpost* veröffentlicht, der Händler gewährte zudem Interviews für SAT.1 und Kabel1.
118 Bundeslagebild Waffenkriminalität 2007 (BKA).
119 Ebenda.
120 »Bewaffnete Republik Deutschland«, *Der Spiegel*, 13/2009.
121 www1.ndr.de/nachrichten/niedersachsen/goettingen114.html.
122 Anlage 1, Abschnitt 1, Unterabschnitt 1, Punkt 1.4 zu § 1, Abs. 4, WaffG.
123 www.amazon.com/Home-Workshop-Guns-Defense-Resistance/dp/0873648234.
124 Änderungsbedarf im Waffenrecht, Positionspapier, Senator für Inneres und Sport der Freien Hansestadt Bremen, 24. März 2009.
125 Gisela Mayer (Aktionsbündnis Winnenden) am 15. Juni 2009 anlässlich der öffentlichen Anhörung von Sachverständigen zur Änderung des Waffenrechts im Innenausschuss des Deutschen Bundestags, Protokoll Nr. 16/100.

126 Kneubühl, Beat: *Geschosse*, Bd. 2, Stuttgart 2004.
127 Waffenrechtsänderung vom 1. April 2008 infolge einer Initiative der Freien und Hansestadt Hamburg.
128 Aus einem Fragenkatalog des Bundesverwaltungsamts zur Waffensachkundeprüfung, Januar 2006; nicht einer der Autoren dieses Katalogs nahm übrigens an der Anhörung der Sachverständigen im Innenausschuss des Bundestags am 15. Juni 2009 teil. Die Kompetenz ist da, sie müsste nur entsprechend genutzt werden.
129 Preuß, Richard: »Mythos Schalldämpfer«, *Visier*, 1/2007, S. 10.
130 Betser, Muki/Rosenberg, Robert: *Soldat in geheimem Auftrag*, Hamburg 1996.
131 http://www.sportmordwaffen.de.
132 Artikel 23 des Abkommens betreffend die Gesetze und Gebräuche des Landkrieges vom 18. Oktober 1907, Den Haag.
133 Beispielsweise die beiden beim Amoklauf von Winnenden mit Kopfschüssen schwer verletzten Polizeibeamten.
134 Leistler, Matthias Josef: *Tötungsdelikte durch Schusswaffen aus dem Sektionsgut der Rechtsmedizin Münster 1993–1999*, Dissertation, Münster 2006.
135 www.un.org/events/smallarms2006/pdf/factsheet_4.pdf.
136 www.mondediplo.com/2001/01/03arms2.
137 § 1 KrWaffKontrG definiert sie als »Mittel, (die) der Gewaltanwendung bei bewaffneten Auseinandersetzungen zwischen Staaten dienen«.
138 www.unric.org/html/german/kleinwaffen/publ.htm.
139 http://hkpro.com/forum/showthread.php?t=30320&page=4.
140 Freundliche Mitteilung der Redaktion von *Visier*, Juni 2009.
141 § 14, Abs. 1, WaffG vom 1. April 2003, fortgesetzt über Änderungen vom 1. April 2008 und 25. Juli 2009.
142 Bei einem Versuch mit der Laborierung »Yellow Jacket« wurden Werte bis maximal 240 Joule erreicht.
143 »Schäubles Waffenpläne stoßen auf heftigen Widerstand«, *Der Spiegel*, 3. September 2007.
144 Freundliche Mitteilung von Wolfgang Dicke, wonach nicht einige wenige, sondern alle Waffen an die Kette gelegt werden müssten, Juni 2006.
145 Ein Ausweichen bei der Verwendung von Tatwaffen durch fehlerhafte Eingriffe gesetzlicher Strukturen ist beispielsweise in Dänemark bei der häufigeren Verwendung von Schrotwaffen feststellbar, wie das Institut für Rechtsmedizin des Universitätsklinikums Münster feststellte.
146 Wilfried Albishausen (BDK) in NDR *Panorama*, 26. März 2009.
147 Jürgen Kohlheim (DSB) im ZDF, *Maybrit Illner*, 12. März 2009.

148 www.dwj.de/Artikel/Artikel.php?id=605X78VPDR68957.
149 www.sportmordwaffen.de/pressestimmen.html.
150 Deutscher Bundestag, Innenausschuss, Ausschussdrucksache 16(4)354D.
151 Ebenda.
152 Potrykus, Gerhard/Steindorf, Joachim: *Waffenrecht*, München 1982 (Nr. 2 zu § 32 WaffG).
153 Zusammenfassung der im Vergleich zum geltenden Recht wesentlichen Neuregelungen, Bundesministerium des Innern, 26. April 2002.
154 Gästebucheintrag der SLG Hameln: »Diese Seite ist super Klasse! Hier findet mann immer die neusten Ergebnisse und Termine.« Geschrieben von dem militanten Neonazi Thorsten H. am 20. Juni 2006. Ein Hinweis hierzu findet sich auf der Homepage des »Witwe Bolte Versand« zu einem »Beschusstest der Firma Dezentral« vom 10. August 2006, rein zufällig mit Waffen, die der entsprechenden Sportordnung zugerechnet werden können und bei der SLG Hameln auch geschossen werden.
155 www.mafialand.de/Members/roth/die-polizei-wusste-nichts-vom-neonazi-bombenbauer.
156 § 5, Abs. 2, WaffG.
157 »Neonazis als Reservisten«, ZDF, *Frontal21*, 27. Mai 2008.
158 Blood & Honour Field Manual, S. 22.
158 Das Angebot stammt von der inzwischen gelöschten Website der »Warrior School«.
160 Interview mit dem Autor, Juni 2008.
161 Ley, Thomas: »Privatarmee-Sumpf Unteroffiziere: Deutsche sind schuld«, *Blick*, 17. September 2008.
162 »Rechte Engel«, *Der Spiegel*, 5. Januar 2009.
163 »Mangelnde Kontrolle«, ZDF, *Frontal21*, 17. März 2009.
164 Stellungnahme von Jürgen Kohlheim (DSB) vor dem Sonderausschuss des Landtags Baden-Württemberg zu »Konsequenzen aus dem Amoklauf von Winnenden und Wendlingen: Jugendgefährdung und Jugendgewalt«.
165 Waffengesetz in der Fassung vom 8. März 1976.
166 § 55 WaffG: »Ausnahmen für oberste Bundes- und Landesbehörden, Bundeswehr, Polizei und Zollverwaltung, erheblich gefährdete Hoheitsträger sowie Bedienstete anderer Staaten«.
167 Hirschbiegel, Thomas: »Er erschoss sich mit Polizei-MP!«, *Hamburger Morgenpost*, 3. März 2006.
168 *Visier*, 12/1998.
169 *Der Tagesspiegel*, 25. September 2008.

170 *Berliner Morgenpost*, 1. Oktober 2008.
171 *Potsdamer Neueste Nachrichten*, 28. Februar 2009.
172 »Polizei-Chef: Dienstpistole weg«, *Münsterländische Volkszeitung*, 31. Oktober 2008.
173 www.echo-muenster.de/node/29088?mini=kalender/2008/4/all&.
174 www.ndr.de/nachrichten/niedersachsen/nds3182.html.
175 § 5, Abs. 1, WaffG.
176 *Hamburger Morgenpost*, 16. Oktober 2008. Kleine Anfrage des Abgeordneten Andreas Dressel (SPD), Drucksache 19/1319, 16. Oktober 2008.
177 Selbst bei einer unbeabsichtigten Schussabgabe ist die Waffe nach dem Schuss automatisch entspannt, vor dem Lauf befindet sich eine leere Patronenhülse, und es besteht im Prinzip kein Unfallpotenzial mehr.
178 Hogg, Ian V.: *Pistolen aus aller Welt*, Stuttgart 1988, S. 277.
179 »Tödliches Trennungsdrama«, *Rhein-Zeitung Online*, 14. April 1998.
180 »Amoklauf im Amtsgericht«, *Süddeutsche Zeitung Online*, 14. März 1997.
181 Kellner, Nicolas: »Polizist wollte Tankstelle überfallen – erschossen«, *Berliner Zeitung*, 18. Juni 1996.
182 Averesch, Sigrid: »Dienstwaffe verriet den Bankräuber«, *Berliner Zeitung*, 7. September 1995.
183 www.daserste.de/kriminalfaelle/sendung_dyn~uid,ow47f44f8pn2ssjhnztam7w1~cm.asp.
184 Zier, Jan: »Ein Polizist, der zum Bankräuber wurde«, *die tageszeitung*, 31. März 2009.
185 Szandar, Alexander: »An der Wand«, *Der Spiegel*, 31. März 1997.
186 Offiziell soll der Stabsunteroffizier nicht in Kommando-Verwendung gewesen sein, doch gleich zwei Quellen aus dem KSK gaben anderes an.
187 »Schuss vor US-Konsulat: Polizist verletzt«, *Hamburger Abendblatt*, 15. Dezember 2004.
188 Anlage 1, Abschnitt 1, Unterabschnitt 1, Punkt 2.2 zu § 1, Abs. 4, WaffG.
189 Berndt, Thomas/Ekberg, Gita: »Kaputte Autos, veraltete Technik – gefährlicher Sparkurs bei der Polizei«, NDR *Panorama*, 2. November 2000.
190 http://hkpro.com/index.php?option=com_content&view=article&id=129:the-trigger-groups&catid=4:special-topics&Itemid=5.
192 § 6, Abs. 1, WaffG.
193 Frank, Charlotte: »Ein Gerücht zerstört ein Leben«, *Süddeutsche Zeitung*, 17. Juli 2008.
194 *Streife*, Sonderausgabe »Spezialeinheiten«, Herausgeber: Innenministerium NRW.

195 Frank, Charlotte: *Süddeutsche Zeitung*.
196 www.focus.de/magazin/archiv/polizeiskandal-auf-boese-nachbarschaft_aid_205883.html.
197 Man könnte fast meinen, der Gesetzgeber hätte die »gemeinschaftliche Körperverletzung« nach § 224, Abs. 1, Nr. 4, im Delirium erfunden und dieser Tatbestand könne folglich nicht ernst genommen werden. Zumindest dann, wenn es nach den Ergebnissen des Justizministeriums in NRW geht. Dass dort auch das Unterlassen des Unterbindens einer Körperverletzung eine Straftat darstellt, scheint sich noch nicht bis Düsseldorf herumgesprochen zu haben.
198 »Der Fall Hoss – Kein Geld für Polizeiopfer«, *WDR Monitor*, Nr. 581, 24. Juli 2008.
199 Pressemitteilung des Oberlandesgerichts Köln, 30. Oktober 2008.
200 Als wollte jemand ernsthaft behaupten, durchschnittliche Polizeibeamte oder Staatsanwälte lernten, wie man einen Vorderladerrevolver sichert. Diesbezügliche Behauptungen von Behördenvertretern sind schlicht Wunschdenken.
201 Der Inspekteur der Polizei NRW, Dieter Wehe, in der Sitzung des Schul- und Innenausschusses am 29. November 2007 zum Thema »Amok-Fall Köln«. Ein 17-jähriger Schüler wurde bei dem Versuch, einen Amoklauf zu verhindern, in den Selbstmord getrieben.
202 Tatsächlich gibt es derart häufige Kritik an polizeilichen Gutachten, dass Fachanwälte für den Bereich Waffenrecht gemeinhin auf unabhängigen Gutachten bestehen. Gesetzlich geregelte Mindestanforderungen bei Polizeibehörden existieren in Deutschland nicht.
203 Gespräche mit Thorsten B., August 2008.
204 Taab, Daniel: »Polizisten fesseln Jäger auf einem Feld«, *Kölnische Rundschau*, 23. Oktober 2008.
205 www.vdb-waffen.de/fachgeschaefte/uebersicht_foerdermitglieder.asp. Vgl. Auch www.jsm-waffen.de/hersteller1.asp. www.shotshow.german-pavilion.com/content/english/exhibitors/exhibitors_result.php?exhibitor_id=15107.
206 www.vdb-waffen.de/wir/mitgliedschaft.asp.
207 Homepage von Armatix, Stand Mai 2009.
208 Bisher wurden Klagen eingereicht oder angedroht für: *Visier* (gleich zwei Mal), ZDF, *Wild & Hund* sowie mehrere Nutzer des Internetportals *YouTube*.
209 Zertifizierung der Physikalisch-Technischen Bundesanstalt, Nr. B 08-02, 9. Juli 2008.

210 Patentschrift 21. November 2003, EP 03780022.
211 § 20 WaffG, 1. April 2003.
212 *VentureCapital Magazin*, 9. März 2006.
213 www.brockhaus-pe.de.
214 http://www.cdv-games.de/games/pc/necrovision.
215 CDV Software Entertainment AG: Veröffentlichung gemäß § 26, Abs. 1, WpHG, 4. Februar 2009.
216 Meier, Gerd: »Schießausbildung mit Handwaffen im Heer«, *Beiträge aus Wissenschaft und Praxis*, 2001.
217 »Berlin will Kindersicherung für Schusswaffen«, *Berliner Morgenpost*, 3. April 2009.
218 *Die Pirsch*, Mai 2009.
219 Deutscher Bundestag, Drucksache 23628 (A) (B) (C) (D).
220 Versuch unter Aufsicht des Zentrums für Funktionswerkstoffe, August 2009.
221 Freundliche Mitteilung der Redaktion von *Visier*.
222 Zum Zeitpunkt der Fertigstellung dieses Buches besteht eine einstweilige Verfügung gegen das ZDF, weshalb hier auf eine Konkretisierung verzichtet werden muss.
223 Behauptungen einer »Kampagne der Waffenlobby«, vorgetragen vor der Pressekammer Hamburg.
224 Brief von Innenminister Schäuble vom 20. Mai 2009.
225 www.glock.com/deutsch/index—options.htm.
226 § 36 WaffG, 1. April 2008. § 36 WaffG, 25. Juli 2009.
227 Friederich, Thomas: »Die CDU-Spendenaffäre – eine Chronologie«, *Der Tagesspiegel*, 3. August 2009.
228 »Vierfachmord aufgeklärt«, *Focus Online*, 17. April 2009.
229 Bericht der Kommission Gutenberg-Gymnasium, S. 24.
230 Selbstauskunft auf der Homepage von Frankonia, Stand September 2009.
231 Norconia Jagd und Sport GmbH, HRB 3323.
232 www.sinodefence.com/army/logistics/nd2629a.asp.
233 Homepage von Norinco, Stand September 2009.
234 In den 1920er- und 30er-Jahren wurden in chinesischen Hinterhofwerkstätten moderne westliche Waffen derart dreist kopiert, dass sogar die Beschriftungen der Waffen einfach übernommen wurden. Betroffen waren davon nicht nur deutsche Pistolen Mauser C96, sondern auch amerikanische Pistolen, etwa die Colt M1903. Ein ganz ähnliches Vorgehen verfolgte man zu dieser Zeit auch in Spanien.

235 Versuch des Autors, 2008.
236 Amnesty International: »China: Secretive arms exports stoking conflict and repression«, 10. Juni 2006.
237 http://www.iansa.org/regions/safrica/safrica.htm.
238 »Anatomy of a sting«, *Time*, 24. Juni 2001.
239 »Chinese firm hit with U.S. sanctions«, *Washington Times*, 23. Mai 2003.
240 www.ottogroup.com/frankoniao.html?&L=1.
241 Norconia Jagd und Sport GmbH, HRB 3323, Änderung zum 28. März 2006.
242 Jacobi, Claus: »Der Mensch ist wichtiger als Geld«, *Die Welt*, 8. August 2004.
243 Beim Amoklauf von Bad Reichenhall schoss ein 16-Jähriger am 1. November 1999 aus dem Haus seiner Eltern auf die Straße, drei Menschen starben, sechs wurden verletzt.
244 Im Angebot eines Hamburger Fachhändlers 2008. Vgl. auch ZDF, *Frontal21*, 6. Oktober 2009, und www.wdr.de/themen/politik/nrw04/polizeiwaffenverkauf/index.jhtml?rubrikenstyle=politik.
245 Im Angebot der Firma WF-Sports, Burgdorf. Vgl. auch www.teuto-arms.de.
246 Landtag von Baden-Württemberg, Drucksache 14/4735, 29. Juni 2009 (Belegstück im Besitz des Autors).
247 Angebote bei eGun, 2008.
248 *Tagesschau*, 19. Juni 2009.
249 Verkaufsangebot der Polizei Niedersachsen im *Deutschen Waffen-Journal*.
250 Gängige Angebote im Gebrauchtwaffensegment von Frankonia zu Preisen ab etwa 90 Euro. Im Angebot eines Bremer Großhändlers, Stand September 2009.
251 *Tagesschau*, 19. Juni 2009.
252 »Schünemann verteidigt Waffenverkäufe«, *Behörden Spiegel*, 24. September 2009.
253 Angaben des Herstellers.
254 Erzielter Verkaufspreis eines Schweizer Fachhändlers im Jahr 2007.
255 www.a-z.ch/news/vermischtes/basler-sammler-zuernen-wegen-staatlicher-waffenverschrottungs-aktionen-3754698.
256 Pressemitteilung des Innenministeriums Niedersachsen, 31. August 2009.
257 Verkaufspreis der alten Dienstwaffen bei Abnahme durch Polizeibeamte, Angebot von 2006.

258 Interview mit dem Stuttgarter Waffenhändler Claus Jarzombek, September 2009.
259 Verwertungsunternehmen des Bundes: www.vebeg.de.
260 »Viel Geld für unsichere Polizeiwesten«, ZDF, *Frontal21*, 7. Juni 2005.
261 Beschussversuch des Autors vom Juni 2008, 9 mm Luger 124grs Vlm, geschossen aus BWT5 auf fünf Meter Entfernung.
262 Stand Juni 2008.
263 www.wbversand.de.
264 Angaben gegenüber dem Autor im Mai 2007.
265 www.mdr.de/fakt/4640761.html.
266 BBC Global Crime Report.
267 www.advocacynet.org/resource/1230.
268 www.stroebele-online.de/suchen/2284115.html?searchshow= waffengesetz.
269 »Waffen, Schimmel, blanke Brüste«, *Der Tagesspiegel*, 16. April 2004.
270 www.burks.de/burksblog/2009/03/16/waffen-fur-salvador.
271 Pitzke, Marc: »Waffen für die Wall Street«, *Der Spiegel*, 26. Oktober 2009.
272 »Gewerkschaften verkaufen Wohnungen an US-Finanzinvestor«, *Handelsblatt*, 10. November 2005.
273 Steinkirchner, Peter: »Wachstum in drei Phasen«, *WirtschaftsWoche*, 14. Dezember 2005.
274 Wolfgang Dicke im Interview, März 2009.
275 Wilfried Albishausen (Bund Deutscher Kriminalbeamter) in »Mordwaffen statt Sportwaffen – Aufrüstung im Schützenverein«, NDR *Panorama*, 26. März 2009.
276 ARD, *Report München*, 15. Juni 2009.
277 Zitiert nach Dicke, Wolfgang: Referat.
278 http://www.iwa.info/de/aussteller/lawenforcement/.
279 Niels Heinrich, Pressekonferenz vom 1. April 2009.
280 Derzeit gelten das WaffG, das KrWaffKontrG, die AWaffV, das BeschG, das SprengG, das BJagdG, das LJagdG, das BayJG, das LJagdG Bln sowie 13 weitere Landesjagdgesetze, zahlreiche Richtlinien der EU usw., usw.
281 Dicke, Wolfgang: Referat.
282 »Waffenlobby steht zu Einflussnahme auf Schäuble«, *Netzeitung*, 4. September 2007.
283 »Von Mafiawaffen und anderen Lügengeschichten«, *Visier*, 7/2002.
284 Innenausschuss Wortprotokoll 100. Sitzung, Protokoll Nr. 16/100.
285 Dicke, Wolfgang: Referat.

286 www.weiberrevier.com.
287 www.smith-wesson.com/webapp/wcs/stores/servlet/ProductDisplay?catalogId=11101&storeId=10001&productId=14753&langId=-1&parent_category_rn=15704&isFirearm=Y.
288 www.pinkpistols.org.
289 Brief des Berliner Innensenators Körting an Rainer Wendt (DPolG) vom 12. Dezember 2007.
290 Mai 2009, anlässlich von Informationsgesprächen der Parteien zum Waffengesetz in Berlin.
291 http://forum.waffen-online.de/index.php?showtopic=339908.
292 Ob diese Briefe von selbst ernannten Spaßvögeln geschrieben wurden oder ernsthaften Protest der Betroffenen darstellten, bleibt dahingestellt.
293 Innenausschuss Wortprotokoll 100. Sitzung, Protokoll Nr. 16/100.
294 § 58, Abs. 8, WaffG.
295 Lutz, Martin: »Illegale Waffen: Strafe trotz Amnestie«, *Die Welt*, 5. Januar 2010.
296 »Gericht: Kein Verkauf von Soft-Air-Waffen an Kinder«, *Handelsblatt*, 26. Juni 2007.
297 Innenausschuss Wortprotokoll 100. Sitzung, Protokoll Nr. 16/100.
298 Ebenda.
299 Ebenda.
300 Das genaue Gegenteil dieser Behauptungen dürfte dem geneigten Leser inzwischen hinreichend bekannt sein.
301 § 37 WaffG in der Fassung bis 1. April 2003, § 40 WaffG in der Fassung ab 1. April 2003, § 40 WaffG vom 25. Juli 2009.
302 http://www.fvlw.de/wp-content/uploads/2009/07/WO_A4_weiss.pdf.
303 *Deutsches Waffen-Journal* zur Veranstaltung vom 10. September 2009 in Forst.
304 http://www.bundeswahlleiter.de/de/bundestagswahlen/BTW BUND_09/ergebnisse/wahlkreisergebnisse/l08/wk264/.
305 Lutz, Martin: »Koalitionsverhandlungen: CDU und FDP richten sich auf eine Nachtsitzung ein«, *Die Welt*, 17. Oktober 2009.
306 Name dem Autor bekannt.
307 83 Empfehlungen des Expertenkreises Amok der Landesregierung Baden-Württemberg.
308 »Da kotzt der Bär«, *Visier*, 10/2003.
309 »Das können wir niemals kontrollieren«, *Süddeutsche Zeitung*, 20. März 2009.

310 www.bmi.bund.de/DE/Themen/Sicherheit/Waffenrecht/waffenrecht_node.html.

311 http://www.nrahq.org/safety/eddie/.

312 Beispiel: Pflichtenheft Faustfeuerwaffen, Stand 19. Juni 1975.

313 Dicke, Wolfgang: »Am Ende bleibt der Mensch«, *Deutsche Polizei*, 5/2009.

314 Ebenda.

Weitere Titel von Fackelträger

Fackelträger